KB091020

웹3와 소유 경제의 핵심
NFT
올 가이드

웹3와 소유 경제의 핵심

올 가이드

박근모 지음

BM (주)도서출판 성안당

NFT

Preface

NFT 파티는 끝났다.

지난 2년 사이 그야말로 눈먼 돈을 벌어 보겠다는 마음으로 너나 할 것 없이 NFT에 뛰어들었다. 그야말로 '광풍'이었다.

모두가 처음 듣는 프로젝트의 NFT를 사려고 난리법석이었다. 이걸 사기만 하면 (결국 되팔아야 하지만) 돈을 번다는 말에 이성이 무너졌다. 그 프로젝트 혹은 NFT가 무엇인지도 모르고 일단 그것을 사야만 했다. 아니 살 수밖에 없었다. 다들 NFT로 돈을 번다는데, 나만 빠질 수 없기 때문이다. NFT 시장에는 욕망만이 꿈틀거렸다.

2017년 〈크립토키티(CryptoKitties)〉라는 고양이 수집 게임이 나올 때만 해도 NFT 시장이 이렇게 활성화될 것이라 예상한 전문가는 거의 없었다. 〈크립토키티〉는 한때 큰 인기를 끌며 이더리움 네트워크를 마비시키기도 했지만, 반짝 인기에 불과했고 소수의 수집가를 제외하고 〈크립토키티〉를 즐기는 사람은 급격하게 줄어들었다. NFT에 대한 관심도 모래성처럼 무너졌다.

▲ 크립토키티(출처: 크립토키티 페이스북)

다시 한번 NFT 붐을 일으킨 것은 2021년 3월 비플의 NFT 디지털 아트 작품 〈매일: 첫 번째 5,000일〉이 6,930만 달러에 팔리면서부터이다. 일명 '돈 버는 게임'인 P2E 〈액시인피니티〉도 한몫했다.

정확히 말하면 비플의 작품이 비싸게 팔리고, 〈액시인피니티〉가 세계 최고의 인기 게임이 된 것은 '가상자산(혹은 '코인')'의 가격이 미친 듯이 폭등했기 때문이다. 우리는 흔히 비플의 작품을 6,930만 달러에 팔렸다고 이야기하지만, 실제로는 4만 2,329ETH에 팔렸다. 이를 현재 가격으로 환산해 보면 약 5,079만 달러가 된다. 이 작품이 2021년 3월에 팔렸으니 불과 2년 사이에 1,900만 달러에 달하는 작품 가치가 사라진 셈이다.

NFT의 내재적 가치 때문이 아닌 가상자산 가격의 폭등으로 인한 NFT 붐은 누구나 예상했듯이 '크립토 겨울'이 오면서 꺼지기 시작했다. '위기가 기회'라는 말처럼 NFT 광풍이 지나가자 그제서야 NFT의 본질적인 가치에 대해 고민하는 이들이 생겨났다. 무턱대고 NFT 만들거나, 팔거나, 사는 것이 능사가 아니라는 것을 깨닫게 된 셈이다.

이 책에는 NFT에 관심 있는 사람들과 직접 NFT를 만들어 보고 생태계를 경험해 보고자 하는 사람들에게 도움이 되는 내용이 수록돼 있다.

NFT를 경험하기 전에 NFT가 어떻게 탄생하게 됐는지를 소개한다. 특히, 인터넷의 역사를 통해 NFT가 어떻게 '웹3' 시대로 연결되는지 살펴본다. 그리고 디지털 트랜스포메이션(Digital Transformation, DX)이 더 이상 선택이 아닌 필수가 된 시대에 NFT가 어떠한 역할을 해야 하는지에 대해 알아본다.

NFT 시대는 우리에게 어떤 형태로 다가올 것인지 NFT의 과거와 현재, 미래를 살펴본다.

향후 도래할 NFT 시대를 알기 위해 최초의 NFT인 케빈 맥코이의 〈퀀텀〉부터 NFT 디지털 아트 시장, 데미안 허스트의 NFT 사회 과학 실험 등 NFT 역사의 한 획을 그은 사건을 되짚어 보고 루이비통, 삼성전자, 나이키 등 글로벌 기업이 NFT에 관심을 가지는 이유를 분석한다. 특히 각각의 사례를 바탕으로 NFT가 성장하게 된 배경과 현상황을 알아본다. 끝으로 NFT를 활용한 실물 거래의 움직임과 SBT(SoulBound Token) 등 다가오는 NFT 시대의 미래를 예상해 본다.

NFT는 만드는 방법만 알면 누구나 만들 수 있다. 이 책에서는 NFT를 만들기 위한 모든 과정을 쉽게 소개했다. 이를 위해 NFT를 경험하기 위한 필수 조건인 '메타마스크 지갑 만들기'부터 오픈시, 룩스레어, 매직에덴 등 전 세계에서 가장 많이 활용하는 NFT 마켓플레이스의 특징과 사용법을 소개했다. 이와 더불어 NFT를 직접 만들어 경매를 하거나 2차 판매를 하는 과정도 소개했다.

내가 만든 NFT가 보이지 않는 이유는 무엇일까?, 실수로 발행한 NFT는 어떻게 삭제해야 할까?, NFT는 창작물일까, 복제물일까?, NFT 수익에 대한 세금은 얼마일까?

이런 점을 궁금해하는 독자를 위해 직접 NFT를 만들고, 판매하고, 구매하는 과정에서 발생할 수 있는 다양한 궁금증과 법적 이슈 그리고 주의해야 할 점까지 실제 사례를 중심으로 해결책을 제시했다.

글로벌 리서치 기업 마켓앤마켓(MarketsandMarkets)은 〈2027년

›››››

까지 NFT 시장 전망(Non-Fungible Tokens Market - Global forecast to 2027)〉이라는 보고서를 통해 전 세계 NFT 시장이 연평균 성장률(CAGR) 35%를 기록하며, 2027년까지 136억 달러 수준으로 성장할 것으로 전망했다. 이는 마켓앤마켓뿐 아니라 세계 유수의 시장조사 업체, 금융 기관의 공통된 시각이다.

결론적으로 'NFT 시대는 저문 것이 아니라 지금이 시작'이라는 의미이다. 앞으로 새롭게 쓰여질 NFT 시대의 미래는 이 책을 보고 있는 당신의 손에 달려 있다.

진정한 NFT 시대는 지금부터 열린다.

Contents

1 NFT 이해하기

2 NFT 산업의 어제와 오늘, 그리고 내일

3 NFT 따라 하기

4 NFT 투자에 대한 궁금증 파헤치기

5 NFT에서 알아 두면 좋은 법적 지식

NFT
NON-FUNGIBLE TOKEN
NFT
Non-Fungible Token

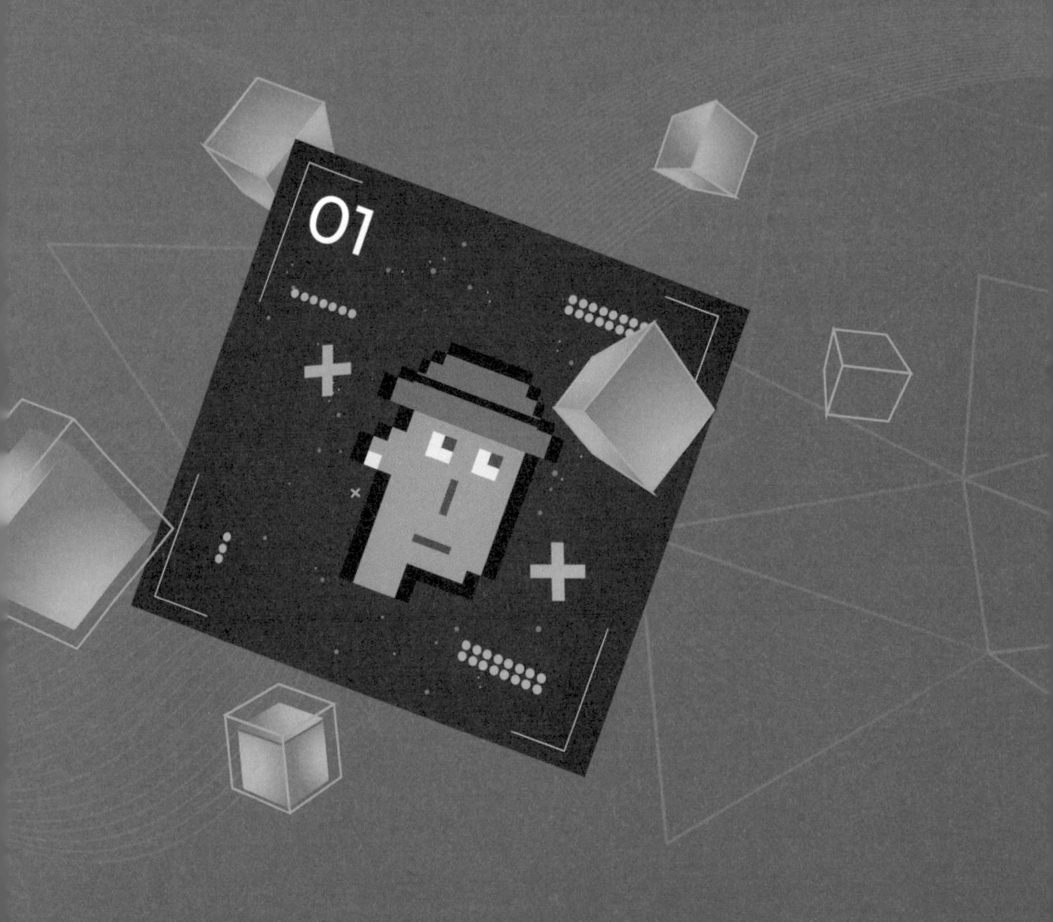

"우리가 가치를 부여하는 거예요. 모든 사람이 갖기를 원하면 그건 가치를 갖게 되는 거죠. 명품이 그런 것처럼…."

– 마이크 윈켈만(Mike Winkelmann)

1
NFT 이해하기

① 디지털 자기주권의 도구이자 핵심으로 급부상한 NFT

② NFT의 정의

③ 인터넷의 역사와 NFT

④ NFT와 블록체인

⑤ 비트코인, 이더리움과 NFT의 차이

⑥ NFT의 장점

디지털 자기주권의 핵심이자 도구로 급부상한 NFT

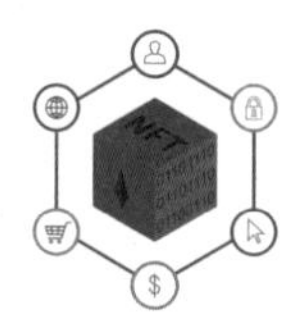

디지털 트랜스포메이션(Digital Transformation), 디지털 트윈(Digital Twin), 디지털 리터러시(Digital Literacy)라는 용어는 집에서, 회사에서, 텔레비전에서, 인터넷에서 한 번쯤 들어 봤을 것이다. 그만큼 디지털(Digital)은 우리 생활 속에서 더 이상 떼려야 뗄 수 없는 존재가 됐다. 디지털이 대체 뭐길래 여기저기에서 중요하다고 이야기하는 걸까? 그리고 디지털 시대에 왜 대체 불가능 토큰(NFT)이 핵심 요소로 손꼽히는 걸까?

잠시 과거로 돌아가 보자. 1990년대만 하더라도 지금은 우리 생활의 일부가 된–필수 요소가 된–'인터넷(Internet)'(인터넷은 1969년 미국 국방부 산하의 고등연구국(Advanced Research Projects Agency, ARPA, 현재는 DARPA)이 만든 ARPANET에서 시작했다. 이를 바탕으로 1989년 유럽입자

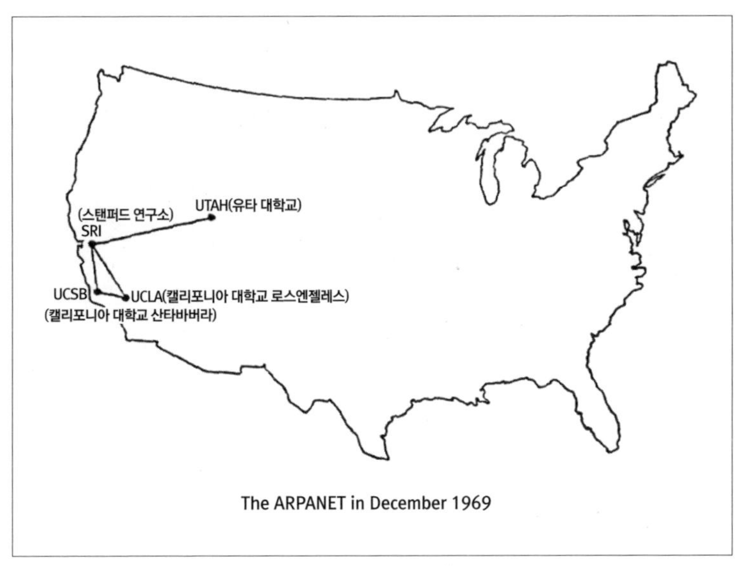

그림 1-1 | 최초의 인터넷 알파넷 구축 모습(출처: ars technica)

물리연구소(CERN)의 소프트웨어 개발자 팀 버너스리가 월드 와이드 웹(World Wide Wed, WWW)을 고안했다. 팀 버너스리는 1991년 1월 WWW를 세상에 공개했다.)은 널리 쓰이지 못했다. 좀 더 정확히 말하면, 널리 쓰이지 못한 것이 아니라 IT 네트워크 인프라의 한계로 쓰고 싶어도 쓸 수 없었다.

시간이 지나 1990년대에서 2000년대로 넘어가는 시기에도 여전히 디지털은 일상에 가까운 단어가 아니었다. 물론 세기말이라고 부르는 1999년 Y2K(Year 2000 Problem, K는 킬로(kilo)를 의미하며, 초창기 컴퓨터가 연도의 끝 두 자리만 인식하도록 설정돼 있는 탓에 컴퓨터가 2000년의 00을 1900년의 00과 동일하게 인식해 발생하는 오류를 의미한다.) 문

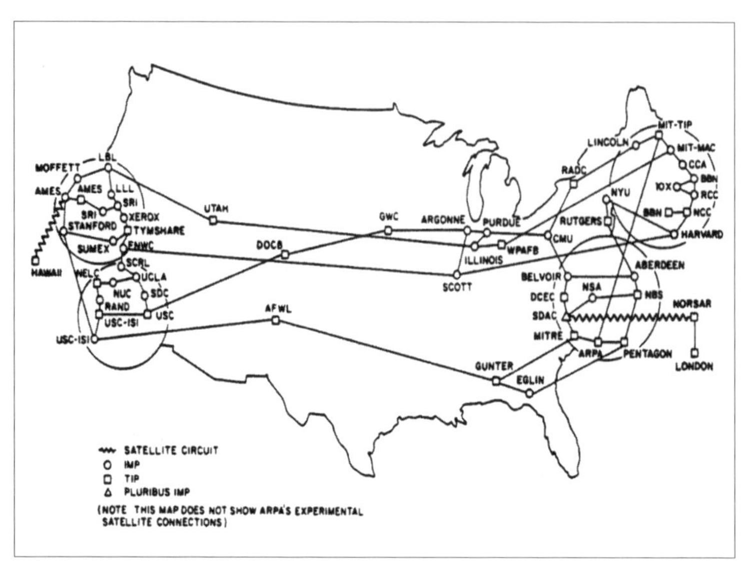

그림 1-2 | 1980년대 인터넷 구축 모습(출처: ars technica)

제가 세계적인 IT 이슈로 부각되면서 디지털의 무서움과 가능성을 체감할 수 있었다.

2023년 현재, 디지털은 상상 속에서 나와 현실과 결합되고 있다. 특히 2000년대 말 스마트폰이 등장한 이후 현실과 인터넷을 연결시켜 준 '디지털 커넥트(Connect)'는 단순한 기술이 아니라 하나의 문화(文化)로 자리잡았다. 디지털 커넥트가 이뤄지면서 일반 대중의 관심은 일방적인 주체의 정보 제공(웹 1.0)과 콘텐츠 수익 독점화(웹 2.0) 환경에서 벗어나 자기주권(Self Sovereignty)에 관한 욕망으로 커져갔다. 이 과정에서 자기주권의 핵심 수단이자 도구로 'NFT'가 급부상했다.

그림 1-3 | 비플 〈매일: 첫 번째 5,000일〉(출처: Christie's)

2021년 3월, 그동안 전통 예술계의 아류로 평가절하돼 온 디지털아트 작가 비플(본명 마이크 윈켈만)의 작품 〈매일: 첫 번째 5,000일(Everydays: The First 5000 Days)〉이 NFT로 만들어져 크리스티 경매소에서 무려 6,930만 달러에 판매됐다. 이는 전통 미술사를 통틀어 역대 세 번째로 높은 가격이다.

"우리가 가치를 부여하는 거예요. 모든 사람이 갖기를 원하면 그건 가치를 갖게 되는 거죠. 명품이 그런 것처럼…."

– 마이크 윈켈만

비플을 시작으로 아날로그(Analogue)의 디지털화는 미래가 아닌 현실이 됐다. 심지어 2021년 3월 3일 현대 미술을 대표하는 그라피티(Graffiti) 작가 뱅크시(Banksy)의 작품 〈바보들(Morons)〉이

NFT로 만들어져 경매가 이뤄졌다. 해당 NFT는 약 10만 달러에 팔렸는데, 이 프로젝트를 진행한 수퍼팜(SuperFarm)과 인젝티브 프로토콜(Injective Protocol)은 뱅크시의 실물 작품을 불태웠다. 실물을 없애는 방식으로 NFT가 유일한 존재가 되도록 함으로써 가치를 부여한 셈이다. 이런 방법이 "성공적이다.", 혹은 "효과적이다."라고 말하는 것은 중요하지 않다. 핵심은 실물과 디지털의 경계가 허물어지면서 특정 부류의 독점 구도를 깨뜨리고 누구나 자유롭게 가치를 창출할 수 있다는 데 의의가 있다.

이것이 바로 NFT의 핵심 가치이다.

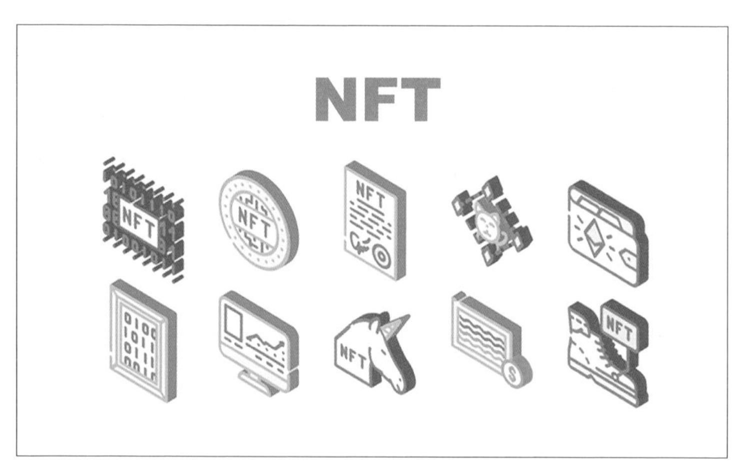

그림 1-4 | NFT(출처: SK네트워크)

NFT의 정의

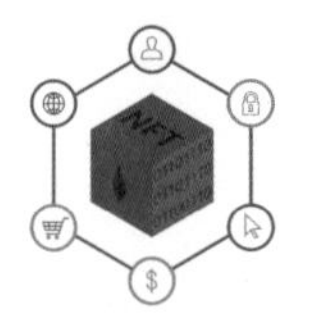

먼저 NFT의 기술적인 정의를 살펴보자. NFT는 'Non-Fungible Token'의 머리글자에서 따온 단어이다. 이를 한글로 풀이하면, '대체(Fungible)할 수 없는(Non) 토큰'을 의미한다. 그래서 우리는 '대체불가능 토큰'이라고 부른다.

'대체 불가능'은 무엇을 의미하는 걸까? 이를 알기 위해서는 '대체 가능'이 뭔지부터 알아야 한다. 대체 가능은 말 그대로 A와 A'는 서로 대체해서 사용할 수 있다는 의미이다. 쉽게 말해 A와 A'는 동일한 가치를 지녔다는 것이다. 예를 들어 철수에게 있는 1만 원짜리 지폐와 영희에게 있는 1만 원짜리 지폐는 서로 교환해서 사용할 수 있다. 철수가 갖고 있든, 영희가 갖고 있든 1만 원짜리 지폐는 항상 같은 가치를 지니고 있기 때문이다.

반면 대체 불가능은 A와 A′는 서로 대체해서 사용할 수 없다는 의미이다. 간단히 말해 A와 A′는 동일한 가치를 지니지 않는다는 이야기이다. 예를 들어 철수가 갖고 있는 A는 영희의 A′와 비슷하게 생겼다고 하더라도, 동일한 가치를 갖고 있지 못한 만큼 서로 교환해서 사용할 수 없다.

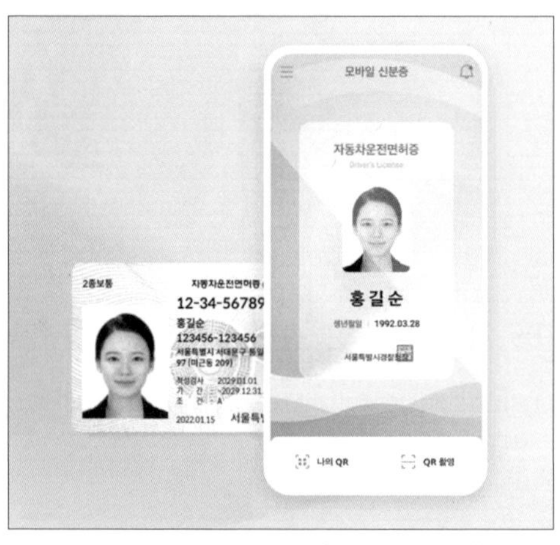

그림 1-5 | NFT는 신분증에 가깝다(출처: 행정안전부).

쉽게 말해 NFT는 화폐라는 개념보다 신분증, 신원 인증, 소유권 등에 가까운 특성을 지닌다. 결국 NFT는 '디지털 정품 인증서'라고 할 수 있다. 이런 특성은 아무런 제약 없이 원본을 복제할 수 있는 디지털 커넥트(Digital Connect) 시대의 한계를 극복할 수 있는 최적의 도구로 꼽히는 이유이기도 하다.

아날로그 혹은 세상에 실물로 존재하는 그림, 음악, 문자,

금, 부동산 등을 디지털로 바꾼다고 가정해 보자. 내가 직접 실물을 디지털로 옮겼는데, 그걸 다른 이가 인정해 주지 않는 다면 어떻게 될까? 내가 내 실물(진품)을 디지털로 트랜스포메이션(Transformation)했다고 주장해도 믿지 않는다면, 현실과 디지털 세계의 '커넥트'가 아닌 '단절'이 될 수밖에 없다. 이 과정에서 NFT는 기술적으로 원본과 복사본을 구분할 수 있으며, 그렇다는 것을 모든 이와 컨센서스(Consensus)하고 있다.

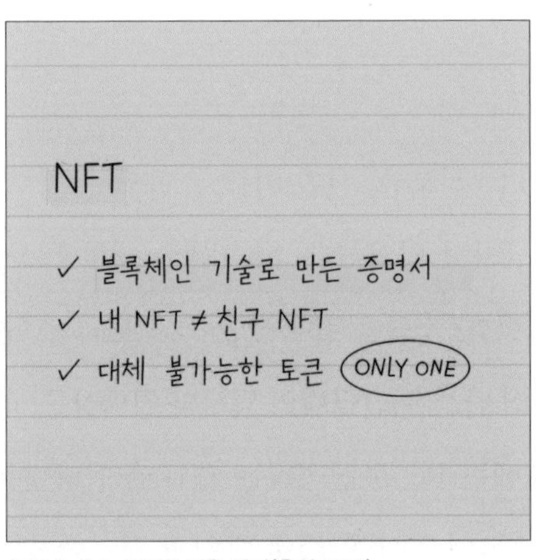

그림 1-6 | NFT에 대한 정의(출처: 토스)

인터넷의 역사와 NFT

앞서 NFT는 신분증, 신원 인증, 소유권 등을 나타내는 '디지털 정품 인증서'라고 정의했다. NFT는 이러한 특성을 어떻게 가질 수 있게 된 걸까? 정답은 '블록체인(Blockchain)'에 있다.

블록체인의 탄생은 인터넷의 역사와 일맥상통(一脈相通)한다.

1990년대에는 PC 통신이라는 형태로 인터넷을 즐겼다. 구체적으로는 1994년 현재 인터넷 환경의 근간이 된 '월드 와이드 웹(WWW)'을 만든 팀 버너스리는 동료인 로베르 카이오와 함께 1993년 4월 30일 세계 최초의 웹사이트인 'info.cern.ch'를 공개했다. 그러면서 그는 웹상의 정보를 누구나 자유롭게 공유할 수 있도록 'HTML(HyperText Markup Language)'과 'HTTP(HyperText Transfer Protocol)' 기술을 완성했다. 이 두 가지 기술은 현재도 인터넷의 기본 기술로 활용되고 있다.

그림 1-7 | 초창기 인터넷 서비스(출처: flickr)

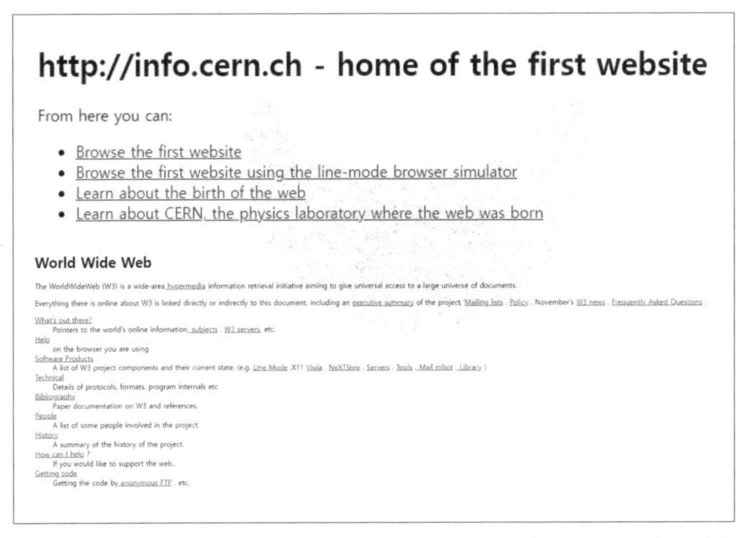

http://info.cern.ch - home of the first website

From here you can:

- Browse the first website
- Browse the first website using the line-mode browser simulator
- Learn about the birth of the web
- Learn about CERN, the physics laboratory where the web was born

World Wide Web

The WorldWideWeb (W3) is a wide-area hypermedia information retrieval initiative aiming to give universal access to a large universe of documents.

Everything there is online about W3 is linked directly or indirectly to this document, including an executive summary of the project, Mailing lists , Policy , November's W3 news , Frequently Asked Questions .

What's out there?
    Pointers to the world's online information, subjects , W3 servers, etc.
Help
    on the browser you are using
Software Products
    A list of W3 project components and their current state. (e.g. Line Mode ,X11 Viola , NeXTStep , Servers , Tools , Mail robot , Library)
Technical
    Details of protocols, formats, program internals etc
Bibliography
    Paper documentation on W3 and references.
People
    A list of some people involved in the project.
History
    A summary of the history of the project.
How can I help ?
    If you would like to support the web..
Getting code
    Getting the code by anonymous FTP , etc.

그림 1-8 | 팀 버너스리가 만든 세계 최초의 웹사이트로, 웹 1.0의 전형적인 특징을 보여 주고 있다(출처: info.cern.ch).

첫째, 운영자만 모든 정보를 생산·관리한다.

둘째, 모든 자료는 '디렉터리(directory)'로 분류돼 관리된다. 디렉터리는 일반적으로 대상의 이름과 그것과 관련된 정보를 모아 놓은 표나 구조를 말한다. 지금은 찾아보기 힘들지만, 이름 혹은 지역으로 분류돼 정리한 '전화번호부'가 대표적인 사례이다.

쉽게 말해 웹 1.0은 '읽기만 가능(Read Only)'한 인터넷이었으므로 관리자나 운영자가 일방적으로 기록한 정보만을 볼 수 있었다.

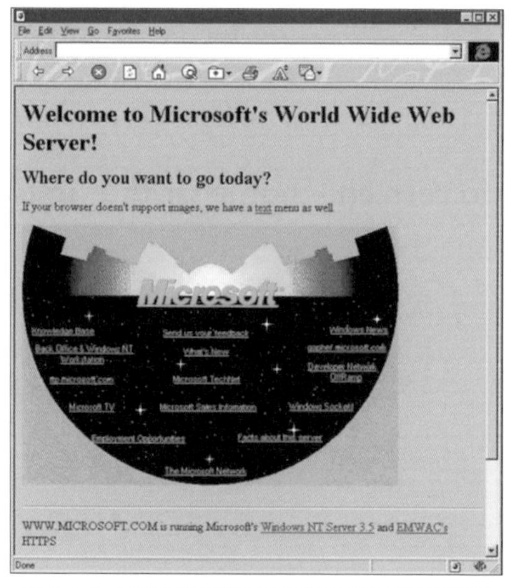

그림 1-9 | 1994년에 등장한 마이크로소프트 홈페이지(출처: saic.edu)

웹 1.0의 인터넷 환경은 2000년대 이후 스마트폰이 등장하면서 크게 달라진다. 웹 2.0이 등장한 것이다.

웹 1.0이 운영 주체가 일방적으로 정보를 다수에게 전달하는 닫힌 인터넷(Closed Internet)이었다면 웹 2.0은 사용자가 스스로 정보를 생산하고, 서로 공유하는 '열린 인터넷(Open Internet)'이라 할 수 있다. 대표적인 결과물로 '소셜네트워크 서비스(SNS)'를 들 수 있다.

2003년 10월 페이스매시(FaceMash)라는 서비스가 등장했다. 페이스매시를 처음 만든 마크 저커버그는 이듬해 2월 '더페이스북(TheFacebook)'으로 사명을 변경했고, 지금의 페이스북이 됐다.

나중에 다시 언급하겠지만, 마크 저커버그는 사명을 2021년 10월 페이스북에서 '메타 플랫폼스(Meta Platforms, Inc.)'로 변경했다. BBC는 "페이스북이 사명을 메타버스를 암시하는 '메타 플랫폼스'로 변경한 것은 이 개념이 인터넷의 미래가 될 것이라고 봤기 때문"이라고 분석했다. 메타버스는 웹 3.0을 대표하는 서비스로, 페이스북은 웹 2.0을 지나 웹 3.0이 인터넷의 대세가 될 것이라고 바라보고 있는 셈이다.

웹 1.0은 운영자 혹은 관리자만 정보를 생산하고, 관리한다고 설명했다. 하지만 웹 2.0은 참여자 누구나 정보를 생산하고, 공유할 수 있다. 그것도 인터넷상에서, 디지털을 기반으로 말이다.

여기서 치명적인 문제가 발생했다. 현실에서도 종종 일어나지만, 디지털이라서 좀 더 쉽고, 편하게, 누구나 문제라고 인식하지 못하고 자연스럽게 행했던 것이 바로 '복제(Replica)'이다.

그림 1-10 | 웹 2.0 인터넷 서비스(출처: impactplus.com)

웹 2.0 인터넷 환경에서는 이미지, 음성, 영상 등 다양한 디지털 콘텐츠가 원저작자의 승인이나 확인 없이도 품질의 저하 없이 무한대로 복제될 수 있다. 심지어 원본과 복사본을 구분하는 것조차 거의 불가능하다. 쉽게 말해 원저작자는 해당 콘텐츠에 대한 저작권이나 소유권을 주장하기 어렵고, 인터넷 세상에 무차별적으로 복제돼 뿌려진 콘텐츠의 출처를 추적하기 어렵다. 바로 이 점에서 NFT는 기술적으로 원본과 복사본을 구분하는 가장 효과적인 방식으로 손꼽힌다. 그리고 여기에 한 번 기록된 데이터는 위변조할 수 없는 블록체인의 특징이 더해지면서 디지털 세상 속에서 원본의 가치를 부여해 크리에이터(Creator)에게 힘을 실어 주게 됐다.

요약하면, NFT는 디지털 콘텐츠의 가치를 부여하고, 유지시켜 줌으로써 웹 3.0 인터넷 환경의 디지털 세상을 가속화하고 있다.

웹 3.0은 웹 1.0이나 웹 2.0과 달랐다. 웹 1.0은 운영 주체가 일방적으로 콘텐츠를 제공한다는 한계가 있고 웹 2.0은 여기서 더 나아가 참여자끼리 콘텐츠를 생산하고 즐길 수 있는 토대가 마련됐다는 점에서 의의를 가진다. 하지만 이 역시도 콘텐츠로 인해 발생한 수익을 참여자가 아닌 플랫폼 사업자가 모두 가져간다는 점에서 새로운 변화의 필요성이 대두됐다.

웹 3.0은 이런 상황 속에서 등장했다. 웹 2.0의 주인공이 플랫폼 사업자라면, 웹 3.0의 주인공은 참여자 혹은 크리에이터(Creator)라고 할 수 있다. 웹 3.0은 진정한 의미의 '오픈 콘텐츠 플랫폼'으로, 누구나 참여해 콘텐츠를 만들고, 발생한 이익을 공유하고자 한다. 특히 웹 3.0은 다양한 플랫폼과 서비스가 연결돼 그동안 단절돼 있던 참여자와 크리에이터 그리고 콘텐츠가 상호 작용하며 영향력을 발휘한다. 여기서 얻어지는 수익은 기여분 만큼 참여자가 나눠 가진다.

여기서 꼭 기억해야 할 점이 있다. 웹 3.0 시대에는 '콘텐츠 소유권'과 '가치'를 부여하거나 구분할 수 있어야 한다는 점이다. 시간이 흘러 블록체인과 스마트 계약 기능을 통해 탄생한 NFT는 이를 현실화할 수 있도록 해 줬다. NFT로 인해 웹 3.0의 '콘텐츠 소유 경제'가 비로소 현실이 된 셈이다.

요약하면, NFT는 디지털 콘텐츠의 위변조를 원천적으로 방지함으로써 가치를 부여하고, 공유하며, 수익을 나눠 갖는 진정한 의미의 웹 3.0을 가속화했다.

NFT와 블록체인

NFT의 핵심은 '디지털 데이터의 원본과 복사본을 얼마나 효과적으로 구분할 수 있느냐?'에 달려 있다.

개념적으로 원본(原本)이라는 것은 '최초로 만들어진 서류'를 의미한다. 영어로는 '오리지널(Original)', '유니크(Unique)' 등으로 표현할 수 있다.

예전부터 국가나 기업은 원본(혹은 진본)과 복사본을 구분하기 위해 다양한 방법을 활용했다. 가장 흔한 방법으로는 원본에 도장을 찍는 방식을 들 수 있다. 특정한 효력을 부여하는 도장을 문서에 찍음으로써 해당 문서를 원본으로 인정하는 방식이다. 이를 '원본 대조필'이라고 부른다. 하지만 이런 방식으로는 문서의 위변조를 막기 어렵다. 동일한 모양으로 만들어진 도장을 찍으면 이를 구분하기가 어렵기 때문이다.

현재는 '복사 방지 코드', '워터마크', '2차원 바코드' 등을 원본에 삽입하는 형태로 원본과 복사본을 구분하고 더 나아가 문서의 위변조를 방지하고 있다.

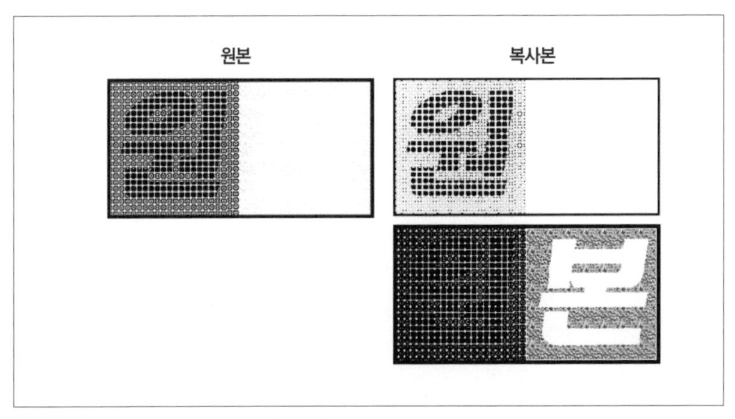

그림 1-11 | 복사 방지 코드(출처: 대신증권)

특히 민사나 형사 등 법적 다툼에 있어서 문서의 원본이나 위변조 여부는 법률적 증거 능력을 좌우하는 데 큰 영향을 미친다. 쉽게 말해 사본이나 위변조된 문서는 법적 효력이 없다.

이처럼 원본과 복사본의 구분은 오래전부터 사회 계약 관계를 형성하는 데 중요한 요소로 자리잡았다. 웹3, 메타버스 등 디지털 트랜스포메이션이 가속화하는 시점에는 디지털 콘텐츠의 원본 여부가 중요하다. 기본적으로 디지털은 '복사', '붙여넣기' 등 간단한 명령어만으로 시간과 장소에 관계없이 무한 복제가 가능하기 때문이다. 결과적으로 원본과 동일한 디지털 복사본으로 인해 효용(Utility)의 차이가 사라진다. 이는 원본, 독창성, 창조력 등을 의미하는 '오리지널리티(Originality)'의 상실로 이어진다. 결과적으로 원본과 복사본 사이에 희소성, 유일성, 독창성, 창조성 등이 무의미해지면서 무분별한 '짝퉁의 시대'가 도래할 수 있다.

물론 디지털 콘텐츠에 있어서도 원본과 복사본을 구분할 수 있는 DRM(Digital Rights Management, 콘텐츠 불법 복제 방지 기술) 등이 있다. 하지만 복제 자체를 방지하는 기술인 만큼 일단 복제가 이뤄지면 앞서 설명한 대로 디지털 콘텐츠의 원본과 복사본을 구분하기가 어려워진다.

NFT의 장점은 바로 여기서 빛난다. NFT는 블록체인 기술을 활용해 디지털 콘텐츠의 원본과 복사본을 구분하고 데이터의 위변조를 원천적으로 방지할 수 있다. 특히 일련의 작업이 클릭 몇 번으로 가능하다는 점에서 NFT가 디지털 시대의 유용한 도구임에 틀림없다는 사실을 누구도 부정할 수 없다.

그렇다면 블록체인이 무엇이기에 NFT와 결합해 원본과 복사본을 구분하고 데이터의 위변조까지 '원천적'으로 방지할 수 있다고 하는 걸까? 쉽게 말해 블록체인은 디지털 데이터를 분산해서 저장하는 방식이다. 일반적으로 문서를 작성한 후에는 서류함에 보관한다. 컴퓨터로 작성한 파일도 하드디스크에 저장한다. 만약 누군가 서류함을 열어 내가 작성한 문서를 수정하거나 내가 저장한 파일에 접근해 내용을 바꾸거나 삭제한다면 어떻게 될까?

블록체인은 이런 상황에 대비하기 위해 동일한 데이터를 분산해서 저장한다. 데이터를 상자(Block)에 담은 후 새로운 상자를 만들어 새로운 데이터를 담는다. 그리고 각각의 상자를 연결(Chain)한다. 이를 그림으로 표현하면 다음과 같다.

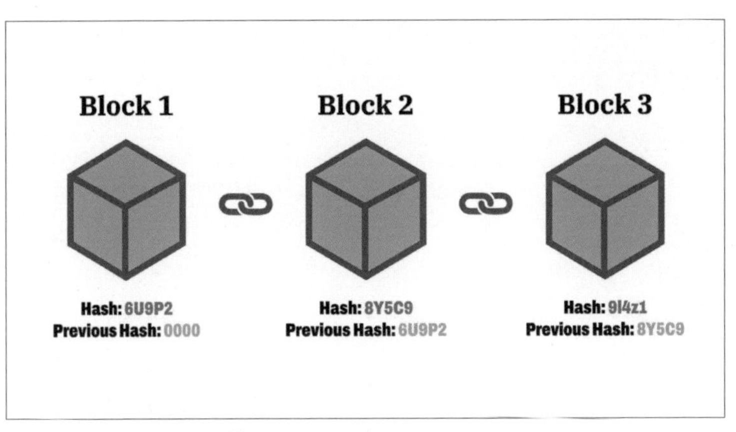

그림 1-12 | 블록체인의 구조(출처: money.com)

여기서 '해시(Hash)'는 상자에 담은 데이터를 암호화한 값을 의미한다. 만약 상자에 담은 데이터가 바뀌면 해시값도 변하게 된다. 달리 말해서 해시값이 그대로이면 데이터도 처음 그대로라는 의미가 된다. 이를 '데이터 무결성(Data Integrity)'이라고 부른다.

또한 블록체인은 블록 안에 담긴 정보를 누구나 확인할 수 있도록 공개한다. 일종의 자율 감시 체계를 도입한 셈이다. 결과적으로 블록체인은 해시값이 처음과 동일할 경우, 그 데이터가 위변조되지 않았다는 것을 보장할 수 있게 된다.

NFT는 이러한 특성을 지닌 블록체인 기술을 활용해 디지털 콘텐츠의 원본과 복사본을 구분해 주는 표식(Marking)의 역할을 수행한다.

NFT와 코인의 차이

이처럼 NFT는 디지털 콘텐츠의 원본과 복사본을 구분하고, 위변조를 막기 위해 블록체인 기술을 기반으로 탄생했다. 잠시 생각해 보자. NFT가 블록체인을 기반으로 만들어졌다면 NFT와 코인은 같은 존재일까? 우리는 지금까지 비트코인, 이더리움 등 수많은 가상자산(코인)이 블록체인을 기반으로 한다고 말하지 않았던가?

결론적으로 말해 NFT와 코인은 블록체인이라는 부모 아래에서 태어난 존재이다. 단 한 가지, 'NFT는 유일하다'라는 점만 빼고 거의 모든 부분에서 쌍둥이처럼 일치한다. 이를 '대체 불가능(Non-Fungible)하다'라고 표현한다. 그래서 NFT를 '대체 불가능 토큰(Non-Fungible Token)'이라고 부른다. 이와 반대로 일반적인 가상자산은 '대체 가능(Fungible)하다'라고 표현한다.

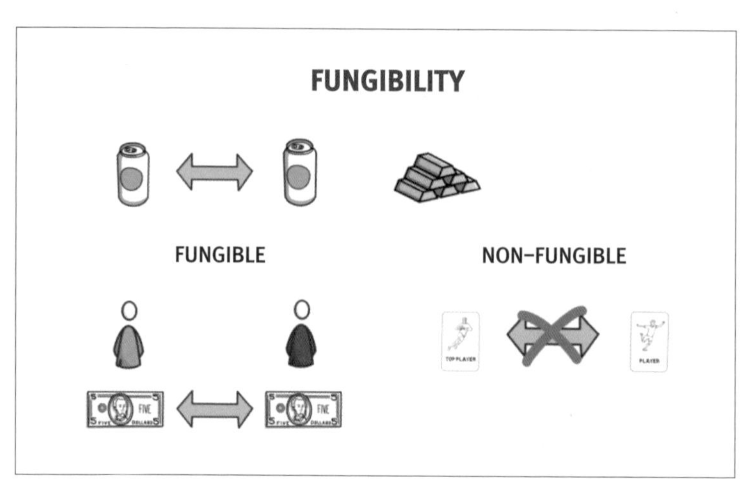

그림 1-13 | 대체 가능(Fungible)과 대체 불가능(Non-fungible)(출처: finematics)

대체 불가능, 대체 가능이 무엇인지 알 것 같으면서도 쉽게 이해되지 않을 수 있다. 이를 쉽게 이해하기 위해서는 블록체인 기술의 탄생 배경을 알아야 한다. 앞서 설명한 대로 분산원장(Distributed Ledger) 기술의 일종으로 탄생한 블록체인은 이론적으로는 가능했지만, 현실적으로는 불가능하다는 평가를 받았다. 하지만 이를 실현하려는 시도는 끊임없이 이어졌다.

암호학자 데이비드 차움(David Chaum) 박사는 1982년 세계 최초의 중앙 집중형 온라인 암호화폐, 1988년 오프라인 암호화폐를 개발했다. 하지만 실제 사용 단계까지 넘어가진 못했다. 1994년 비트코인의 모태가 된 최초의 전자화폐 '이캐시(eCash)'를 선보였다. 이제 막 인터넷이 대중화되는 시점에서 전자화폐라는 개념은 시장에서 받아들여지기 어려웠다. 결과적으로 이캐시는 시대를 앞섰다는 평가를 받으면서 곧 사라졌다.

그러나 이런 시도는 헛되지 않았다. 2008년 10월 31일 〈비트코인: 개인 간 전자화폐 시스템(Bitcoin: A Peer-to-Peer Electronic Cash System)〉이라는 한 편의 백서가 세상에 공개됐다. 이 백서의 작성자가 바로 '사토시 나카모토(Satoshi Nakamoto)'이다. 아직까지도 사토시 나카모토가 누군지는 알려진 바가 없다.

Bitcoin: A Peer-to-Peer Electronic Cash System

Satoshi Nakamoto
satoshin@gmx.com
www.bitcoin.org

Abstract. A purely peer-to-peer version of electronic cash would allow online payments to be sent directly from one party to another without going through a financial institution. Digital signatures provide part of the solution, but the main benefits are lost if a trusted third party is still required to prevent double-spending. We propose a solution to the double-spending problem using a peer-to-peer network. The network timestamps transactions by hashing them into an ongoing chain of hash-based proof-of-work, forming a record that cannot be changed without redoing the proof-of-work. The longest chain not only serves as proof of the sequence of events witnessed, but proof that it came from the largest pool of CPU power. As long as a majority of CPU power is controlled by nodes that are not cooperating to attack the network, they'll generate the longest chain and outpace attackers. The network itself requires minimal structure. Messages are broadcast on a best effort basis, and nodes can leave and rejoin the network at will, accepting the longest proof-of-work chain as proof of what happened while they were gone.

그림 1-14 | 〈비트코인〉 백서 첫 페이지(출처: bitcoin.org)

이 백서는 비트코인을 '누구에게도 통제받지 않고 자유롭게 사용할 수 있는 금융 서비스 수단'이라고 설명했다. 이를 위해 '블록체인'이라는 기술을 활용하고 있다는 것도 밝혔다. 그리고 이는 2009년 1월 3일 현실로 구현됐다. 블록체인 기술로 구동되는 첫 암호화폐가 등장한 것이다.

비트코인이 등장하기 전까지 전자화폐(혹은 디지털화폐)가 실패한 이유로 '위변조 가능성', '이중 지급(Double Spending)' 문제 등을 들 수 있다. 블록체인 같은 분산원장 시스템에서 하나의 거래가 완료되기까지는 일정 시간이 걸린다. 예컨대 비트코인은 3~15분, 이더리움은 30초~3분 정도 지나야 결제나 전송 확인을 받을 수 있다. 여기서 한 가지 궁금증이 생긴다. 비트코인으로 결제한 후 1분 후(결제 완료가 되기 전)에 다시 결제를 하면 어떻게 될까? 내게 비트코인이 10개 있는데 이 중 5개를 쓴 직후(5개가 남은 상황) 7개를 다시 쓴다면?

이 문제를 '이중 지급'이라고 부른다. 비트코인이 등장하기 전까지 이 문제를 해결한 전자화폐는 존재하지 않았다. 하지만 비트코인은 블록체인 기술을 통해 이 문제를 해결했다. 블록체인은 구조적으로 각각의 거래 내역이 담긴 상자(Block)를 연결(Chain)하는 방식으로 데이터 무결성(Data Integrity)을 보장한다.

특히 블록체인은 가장 멀리까지 확산된 블록(전체 블록체인 네트워크의 블록 중 최소 51% 이상 확인한 거래 내역)에 담긴 정보만을 유효한 거래 내역으로 확정하는 방식으로 이중 지급 문제를 해결한다. 어찌보면 비효율적으로 보일 수도 있지만, 여러 단계를 거치면서 '참(true value)'이라고 검증된 것만 인정한다는 점에서 디지털 방식의 한계를 극복하는 데 합리적인 방법으로 손꼽힌다. 이런 알고리즘 방식을 '작업증명(PoW)'이라고 부른다. 이처럼 블록체인(비트코인)은 디지털 세상 속에서의 다양한 실패를 극복하고 한계를 넘어서기 위한 노력으로 탄생한 결과물이라고 할 수 있다.

다시 돌아와서, 이중 지급 문제를 해결한 블록체인 기반 암호화폐(법적 용어가 가상자산인 만큼 앞으로는 가상자산이라고 표기하겠다.)에는 서로 주고받거나(송금), 사용(결제)하는 데 필요한 특징이 있다. 그것은 바로 '대체 가능하다'라는 것이다.

A라는 사람에게 있는 1만 원짜리 지폐와 B라는 사람에게 있는 1만 원짜리 지폐는 서로 동등한 가치를 지니고 있다. 여기서 주목해야 할 점은 A가 갖고 있는 1만 원짜리 지폐나 B가 갖고 있는 1만 원짜리 지폐는 교환하더라도 가치가 그대로라는 점이다. 서로 교환하더라도 동일한 가치를 지닌다는 것이 바로 '대체 가능하다'라는 특징이다. 돈, 금, 주식 등 우리가 일상적으로 교환이나 거래의 매개체로 사용하는 모든 것이 이에 해당한다.

그렇다면 '대체 불가능하다'라는 것은 무엇일까? A가 가족사진을 한 장 갖고 있다고 가정해 보자. 이 가족사진은 A에게 있어서 1만 원의 가치가 있다고 가정했을 때 B에게도 1만 원의 가치가 있을까? 당연히 그렇지 않을 것이다.

또 다른 예로는 나의 신원을 확인해 주는 신분증을 들 수 있다. 내 신분증은 다른 이의 신원을 확인해 줄 수 없는 만큼 나에게만 필요하고 어떤 누구에게도 의미를 부여할 수 없다. 쉽게 말해 내 신분증을 다른 이에게 전달해도 그 사람에게는 쓸모없는 카드 조각에 불과하다. 나에게는 소중하지만(혹은 가치가 크지만) 다른 이에게는 의미가 없어서(가치가 없어서) 동등한 가치로 교환이나 거래가 불가능한 것이 바로 '대체 불가능하다'라는 특징이다.

비트코인, 이더리움 등 여타 코인과 비교되는 NFT의 가장 큰 차별점이자 가치로 '대체 불가능하다'라는 특징을 꼽는다. 이것이 바로 NFT를 '대체 불가능 토큰(Non-Fungible Token)'이라고 부르게 된 이유이다.

지금까지 NFT의 핵심이라고 할 수 있는 '대체 불가능'에 대해 설명했다. 여기서 궁금증이 생긴다. NFT는 어떻게 대체 불가능을 구현했을까? 정답을 미리 말하면, '스마트 계약(Smart Contract)'이라는 기술 덕분이다.

스마트 계약은 블록체인에서 실행되는 프로그램 코드로, 특정 조건을 만족했을 때 중개인이나 사람의 개입 없이 자동으로 계약을 실행하는 명령어 기능을 말한다. 쉽게 말해 스마트 계약 기능이 있으면 다양한 애플리케이션을 만들 수 있다.

블록체인 기술을 현실에서 구현한 비트코인이 등장했던 당시에는 스마트 계약 기능이 존재하지 않았다. 좀 더 자세히 말하면 결제, 송금 등을 처리하는 스마트 계약 기능은 존재했지만, 그 이상의 조건은 처리할 수 없었다.

본격적인 스마트 계약 기능은 2015년 비탈릭 부테린(Vitalik Buterin)이 선보인 이더리움(Ethereum)에서 시작한다. 당시 21살에 불과했던 비탈릭 부테린은 블록체인을 누구나 쉽게 사용할 수 있는 '월드 컴퓨터'로 만들자고 주장하면서 이를 구현하기 위한 핵심 기술로 '스마트 계약'을 선보였다.

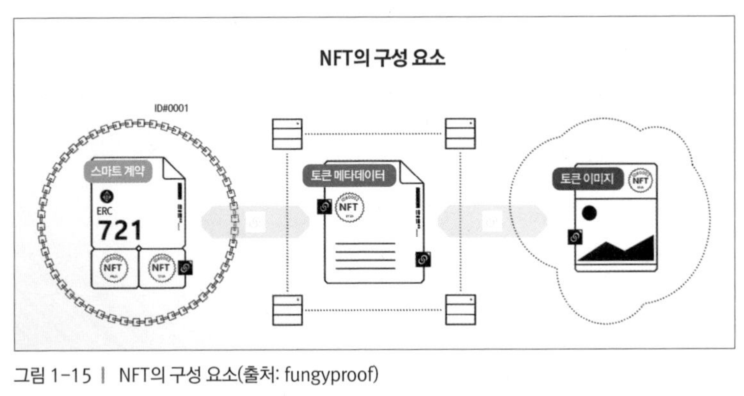

그림 1-15 | NFT의 구성 요소(출처: fungyproof)

블록체인 속 스마트 계약은 NFT를 구성하는 핵심 요소로, 그림 1-15와 같이 ERC(Ethereum Request for Comments)-721 같은 이더리움 토큰 발행 표준 프로토콜에 의해 발행한다.

NFT의 구조를 좀 더 자세히 들여다보자. NFT는 크게 ▲ NFT 미디어 데이터(NFT Media Data), ▲ NFT 메타데이터(NFT Metadata), ▲ NFT 스마트 계약(NFT Smart Contract)으로 이뤄져 있다. 이 중 NFT 미디어 데이터가 바로 우리가 흔히 말하는 NFT라고 하면, 보는 '이미지'(정확히 말하면 섬네일(Thumbnail) 등은 디지털 콘텐츠를 담고 있는 공간이다. NFT 메타데이터는 원본 데이터에 관한 설명, 생성자 정보, 원본 데이터가 저장돼 있는 주소를 담고 있다. 끝으로 NFT 스마트 계약에는 이 NFT의 소유권자, 거래 내역, 조건, 가격 등이 기록된다. 즉, NFT에는 단순히 이미지 파일만 있는 것이 아니라 데이터 위변조와 복제를 막고 소유권자를 증빙하는 정보까지 저장돼 있는 셈이다.

그렇다면 NFT에 모든 이미지 파일이 함께 저장돼 있는 것일까? 그렇지는 않다.

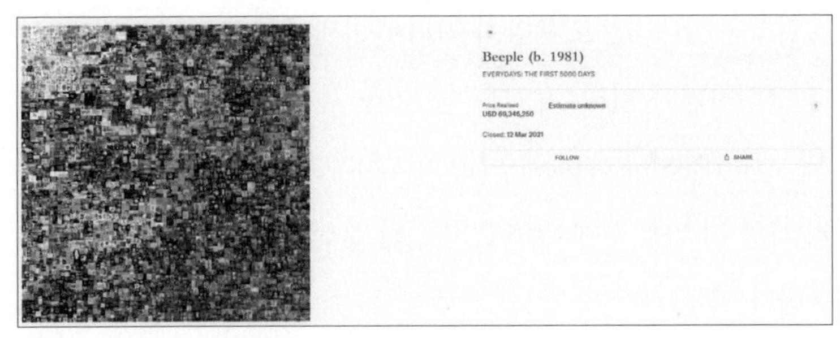

그림 1-16 | 크리스티 경매에 올라온 비플의 작품(출처: Christie)

예를 들어 지난 2021년 3월 크리스티(Christie) 경매에서 6,930만 달러에 판매된 비플(Beeple, 본명은 마이크 윈켈만)의 〈매일: 첫 번째 5,000일(Erverydays: The First 5000 Day)〉은 그림 1-16과 같이 생겼다. 보통 NFT를 판매할 때 보이는 이미지를 원본으로 착각하는 경우가 많다. 우리가 지금까지 NFT를 두고 원본과 복사본을 구분할 수 있는 기술이자 도구라고 말해 왔기 때문이다.

다시 비플의 작품으로 돌아가 보자. 그림 1-16은 원본이 아니다. 정확히 말하면, 1.5MB짜리 섬네일에 불과하다. 진짜 원본 이미지는 'https://ipfs.io/ipfs/QmXkxpwAHCtDXbbZHUwqtFucG1RMS6T87vi1CdvadfL7qA'에 있다. 무려 300MB가 넘는 대용량 이미지이다.

300MB가 넘을 정도로 큰 동영상 파일을 블록체인에 직접 올린다면, 막대한 가스비(Gas Fee)가 나올 수 있다. 또한 블록체인 네

트워크는 상대적으로 중앙화 서버에 비해 속도가 느린 만큼 NFT를 생성하거나 거래하는 데 어려움을 겪을 가능성도 크다. 그래서 보통 IPFS(InterPlanetary File System)라고 부르는 인터플래네터리 파일 시스템, 쉽게 말해 P2P 기반 분산 파일 공유 시스템을 이용한다.

IPFS는 데이터를 작은 블록으로 쪼개 서로 다른 여러 대의 컴퓨터(Node)에 분산, 저장하기 때문에 단일 장애 지점(Single Point of Failure, 하나의 노드나 컴퓨터가 멈추면 전체 네트워크가 중지되는 문제)에서 자유롭다. 언뜻 보면 IPFS는 블록체인의 일종처럼 보이기는 하지만, '분산 해시 테이블(Distributed Hash Tables, DHT)', '비트토렌트(BitTorrent)', '깃(Git)', '자체 인증 파일 시스템(SFS, Self-Certified File Systems)' 등과 같은 P2P 기술을 활용한 시스템이다.

물론 대부분의 NFT는 이미지를 저장할 때 IPFS를 사용하기는 하지만, 일부 NFT 서비스는 중앙화 방식의 서버를 활용하기도 한다. 블록체인식으로 설명하면 오프체인을 활용해 필요할 때마다 온체인과 연결하는 방식이다. 보통 자체 서버를 구축해 운영하는 온프레미스(On-premise) 방식과 아마존 웹 서비스(AWS), 마이크로소프트 애저(Azure), 구글 클라우드(Google Cloud) 등의 클라우드 서비스를 활용해 디지털 콘텐츠를 보관·관리한다.

이런 방식은 IPFS에 비해 처리 속도가 빠르고 관리가 편하다는 장점이 있다. 하지만 치명적인 위험이 내재돼 있다. 만약 내가 만든 NFT나 구입한 NFT의 디지털 콘텐츠(이미지)가 특정 기업의 서버나 클라우드에 저장돼 있다고 가정해 보자. 만약 이 회사가 파산해 서버를 멈춘다면 어떻게 될까? 물론 NFT 자체는 온체인상에 있기 때문에 원본을 구별해 주는 '인증서'의 역할을 할 수 있다. 하지만 그 밖의 정보, NFT를 나타내는 이미지 등은 영원히 사라진다.

그림 1-17 | 서비스가 중단된 니프티모지(출처: 니프티모지 홈페이지)

2020년 10월 NFT 기반 이모티콘 서비스로 등장한 니프티모지(Niftymoji)는 3,186개의 NFT를 발행해 판매했지만, 코인브리더(CoinBreeder)가 니프티모지를 인수한 후 '먹튀(Rug Pull)'를 하면서

NFT 메타데이터만 남고 모든 것이 사라지는 사건도 발생했다.

이를 계기로 IPFS 등 분산 파일 저장 시스템을 이용하는 비율이 높아지긴 했지만, 아직도 중앙화 방식으로 관리하는 서비스가 남아 있다는 점에 유의해야 한다.

NFT의 장점

지금까지 NFT의 구조와 특징을 다양한 사례를 통해 설명했다. 그렇다면 NFT의 진짜 장점은 무엇일까?

1. 진품 증명 - 정품 인증서

전통 예술계의 가장 큰 문제는 무엇일까? 바로 '위조(falsification) 문제'이다. 제네바 주재 스위스 미술품감정협회(Fine Art Expert Institution, FAEI)의 2014년 보고서에 따르면, 진위 판정 의뢰를 받은 작품 중 70~90%는 가짜이며 현재 미술 시장에 유통되는 작품 중 50% 이상은 위작으로 추정된다.

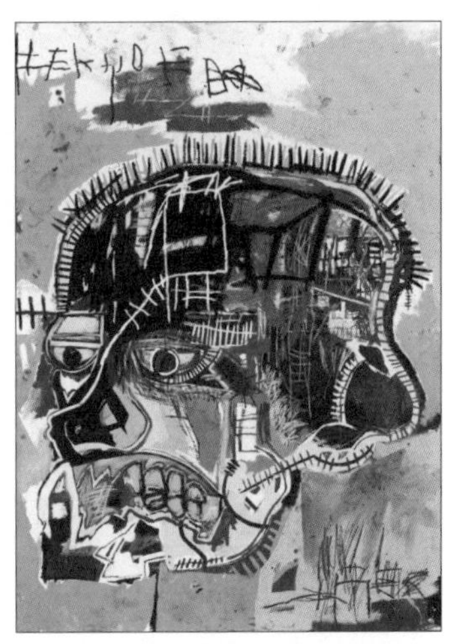

그림 1-18 | 장 미셸 바스키아의 1981년작 〈언타이틀(Untitled)〉(출처: 위키피디아)

2021년 6월 미국 올랜도 미술관은 미국의 한 개인 소장가가 소유한 바스키아 작품 25점을 전시했는데, 미 연방수사국(FBI) 미술품 범죄 전담반에서 조사한 결과, 모두 위작으로 판명돼 압수됐다. 해당 작품을 위조한 멕시코 출신 엔젤 페레다는 진품이 약 1,000억 원에 거래되고 있다는 점을 노린 것으로 알려졌다. 28세의 나이로 단명한 장 미셸 바스키아(Jean Michel Basquiat)는 그래피티(Graffiti)를 비롯해 잉크, 연필 등을 활용한 낙서화 등 자유로운 스타일로 이뤄진 만큼 그의 작품은 모작하기 쉽고, 카탈로그 레조네(Catalogue Raisonne, 주요 작품 목록)가 없는 탓에 위작 여부를 판단하기 어렵기 때문이다.

이 밖에도 네덜란드 화가 프란스 할스(Frans Hals)의 초상화, 잭슨 폴록(Jackson Pollock), 마크 로스코(Mark Rothko), 로버트 마더웰(Robert Motherwell), 알베르토 자코메티(Alberto Giacometti), 빌렘 데 쿠닝(Willem de Kooning), 프란츠 클라인(Franz Kline) 등의 외국 작가를 비롯해 박수근, 이중섭, 김환기, 이우환, 천경자 등 국내 작가의 작품이 위작으로 제작돼 유통되고 있는 실정이다.

전통 예술 시장에서는 인공지능(AI) 기술을 활용해 예술품의 진위 여부를 확인하는 사례도 늘어나고 있다. 한 가지 예로, 영국 내셔널 갤러리 소장품인 피터 파울 루벤스(Peter Paul Rubens)의 〈삼손과 데릴라(Samson and Delilah)〉를 스위스의 예술품 인공지능 진

그림 1-19 | 루벤스의 〈삼손과 데릴라〉 (출처: 영국 런던 내셔널 갤러리)

위 분석 기업 '아트 레커니션(Art Recognition)'이 분석해 보니 '위작 가능성이 90%'라는 결과가 나와 논란이 되기도 했다. 내셔널 갤러리 측은 "AI의 의견을 존중하지만, 100% 위작이라는 것을 증명하는 결과가 나오기 전까지는 공식 입장을 밝히지 않겠다"라고 말했다. 그러면서 내셔널 갤러리는 작품의 진위 여부를 판단하기 위해서는 작품의 역사나 소장 기록인 프로브넌스(Provenance), 작품 스타일의 변화, 작가의 심리 등을 고려하는 등 종합적인 검토가 필요하다고 강조했다.

바로 이 지점에서 NFT의 장점이 나타난다. NFT는 블록체인을 통해 진위 여부가 검증된다. NFT는 블록체인을 기반으로 스마트 계약 기능을 활용해 만들어지는 순간, 유일한 값을 꼬리표처럼 갖게 된다. 이 값은 그 누구도 바꿀 수 없고, 동일한 작품으로 NFT를 만들더라도 각각의 NFT는 서로 다른 값을 갖게 된다. 쉽게 말해, NFT를 발행하는 순간 그 NFT는 세상의 유일한 존재가 된다.

전통 예술 시장에서 진위 여부를 판단하기 위한 수단으로 활용하는 프로브넌스도 NFT에서는 간단히 해결된다. NFT는 만든 사람의 정보는 물론, 거래한 모든 거래 내역을 블록체인에 기록한다. 블록체인에 기록된 정보는 블록체인 익스플로러(이더리움이라면 이더스캔, 솔라나라면 솔스캔 등)에서 누구나 확인할 수 있다. 특히 프로브넌스가 중요한데도 테이트 갤러리(Tate Gallery), 빅토리아 앤드 앨버트 박물관(Victoria and Albert Museum), 영국 문화원(British Council) 등 전통 예술 시장의 유서 깊은 갤러리에서 가짜 프로브넌스를 삽입하는 사례도 발견됨에 따라 미술품의 진품 여부의 파악이 어려워지고 있다. 하지만 NFT는 모든 거래 내역이 블록체인에 기록돼 관리된다는 점 외에도 이 거래 내역을 위변조하는 것은 기술적으로 가능하지만, 현실적으로 불가능에 가까운 영역으로 여겨진다.

예컨대 이더리움 기반 NFT가 있다고 가정했을 때 해당 NFT의 거래 내역을 변경하려면 전 세계 이더리움 노드의 51% 이상을 동시간에 해킹해 거래 내역을 변경해야 한다. 이더리움 거래 내역을 볼 수 있는 이더스캔의 정보에 따르면, 2022년 11월 기준 전 세계 이더리움 노드 수는 7,506개로, 3,800여 개의 노드를 동시에 해킹해야 하는 셈이다. 이것이 바로 사실상 블록체인에 한 번 기록된 정보는 위변조가 불가능하다고 평가받는 이유이다.

2. 불변성

물질로 이뤄진 예술 작품은 결국 시간이 지남에 따라 망가지게 된다. 혹은 불의의 사고로 손상되거나 파괴되기도 한다. 하지만 NFT는 그럴 염려가 없다. 블록체인에 만들어진 NFT는 소유자가 의도적으로 파괴하는 것 외에는 사라지게 할 수 없다. 가상자산 업계에서는 이런 작업을 '소각(burning)'이라고 부른다.

3. 탈중앙화

블록체인을 기반으로 한 만큼 NFT는 탈중앙화의 장점을 그대로 갖게 된다. 중앙화 시스템 구조의 대표적인 사례인 은행은 자체적으로 모든 고객의 개인 정보와 거래 내역을 관리한다. 특히 고객이 송금 등을 요청하면 은행이 이를 실행한다. 또 범죄 자금 등이 발견되었을 때 은행은 임의로 해당 계정을 중단하는 등 통제 권한을 갖는다.

하지만 탈중앙화 시스템에는 은행 같은 단일 통제 기관이나 중개 기관이 없다. 누구나 P2P(Peer to Peer) 방식으로 직접 거래할

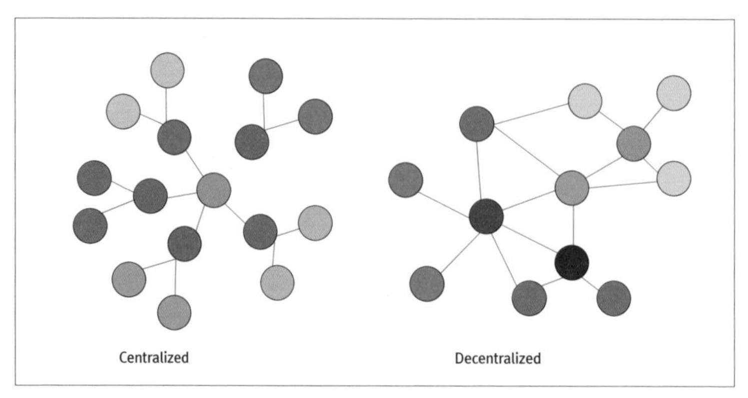

그림 1-20 | 중앙화 구조와 탈중앙화 구조(출처: cryptogeek)

수 있다. 본인의 블록체인 계정(Wallet)에 접근할 수 있는 암호화된 개인 키(Private-Key)를 잘 보관하면, 그 누구의 통제도 받지 않고 자산을 관리할 수 있다. 개인 키만 잘 관리하면 그 누구도 내 NFT를 탈취하거나 임의로 통제할 수 없다.

탈중앙화는 NFT를 주고받는 데 있어서도 강점이 있다. 만약 한국에 사는 사람이 미국에 사는 사람에게 돈을 보낸다고 가정해 보자. 현금을 한국 은행에 입금하고 미국에서 받을 은행 정보를 기입하고, 수수료를 내면 은행은 국제 해외 송금 네트워크인 SWIFT(Society for Worldwide Interbank Financial Telecommunication)를 통해 목표 은행에 돈을 보내게 된다. 이와 같은 해외 송금은 1~2 영업일이 걸리고 송금 수수료가 비싸며 SWIFT에 가입된 곳끼리만 주고받을 수 있다.

블록체인은 이와 다르다. 만약 한국에 있는 사람이 미국에 사는 사람에게 이더리움을 보낸다고 가정해 보자. 이 경우, 한국에 있는 사람이 미국에 사는 사람의 이더리움 지갑 주소로 이더리움을 보내면 모든 과정이 끝난다. 여기서 네트워크 사용료로 2~3달러 내외의 가스비 외에 더 이상 들어가는 비용도 없다.

NFT도 이와 마찬가지이다. 내 NFT를 다른 누군가에게 팔거나 전달하고 싶다면 그 사람의 지갑 주소만 알면 된다. 이더리움 블록체인이라면 약 3분 안에 상대방 지갑으로 전달될 것이다. 트론(Tron), 폴리곤(Polygon), 솔라나(Solana) 등은 1분도 채 안 걸린다. 블록체인을 활용하면 시공간의 제약이 사라지게 된다. 이는 NFT의 생태계를 하나의 지역으로 국한되지 않고 전 세계로 확장시키는 핵심 요소로 손꼽힌다.

NFT는 DAO(Decentralized Autonomous Organization, 탈중앙화 자율조직)의 활성화도 이끌었다. DAO는 2016년 4월 이더리움 내 벤처 펀드를 만들기 위해 등장한 '더 다오(The DAO)'가 첫 시작점이다. 하지만 초창기 다오는 해킹과 허술한 운영 구조로 인해 지리멸렬했다. 하지만 NFT가 등장하면서 새로운 변곡점을 맞이했다. NFT는 DAO에 참여하기 위한 입장권의 역할을 했다. NFT는 참여자간 느슨했던 연결고리를 단단하게 묶어 주는 역할을 했고 투자 DAO, 커뮤니티 DAO 등 다양한 형태의 DAO가 등장하는데도 일조했다.

"자바 스크립트와 웹 GL을 이용해 만든 예술 작품이 있다고 가정하면, 이 작품은 웹브라우저에서 볼 수 있겠죠. 보여지는 건 웹브라우저이지만, 해당 작품에 대한 매개변수는 토큰(NFT)에 저장돼 있습니다. 메타마스크와 같은 지갑 소프트웨어는 토큰을 읽어 내부 정보를 실행할 수 있습니다. 결국 NFT가 소프트웨어로 연결돼 동작하게 되는 겁니다."

– 케빈 맥코이(Kevin McCoy)

"이런 쓰레기를 사는 바보들이 있다니, 믿을 수가 없다."

– 뱅크시(Banksy)

"우리는 NFT가 흥미롭고 민주적이라고 믿습니다. 그들은 재판매 로열티의 직접적인 혜택을 받을 수 있는 신흥 디지털 아티스트를 위한 글로벌 시장을 열고자 합니다."

– 크리스티(Christie's)

"NFT는 국제적인 사기꾼이 하는 것"

– 데이비드 호크니(David Hockney)

"아킬렉트(Archillect)는 처음에는 영감을 주는 이미지를 찾는 데 낭비하는 시간을 줄이기 위해 만든 실험적인 프로젝트"… "인공지능 기술을 활용한 만큼 다같이 만들어가는 이미지 큐레이션 서비스이자 공공 서비스"

– 팍(Pak)

2
NFT 산업의 어제와 오늘, 그리고 내일

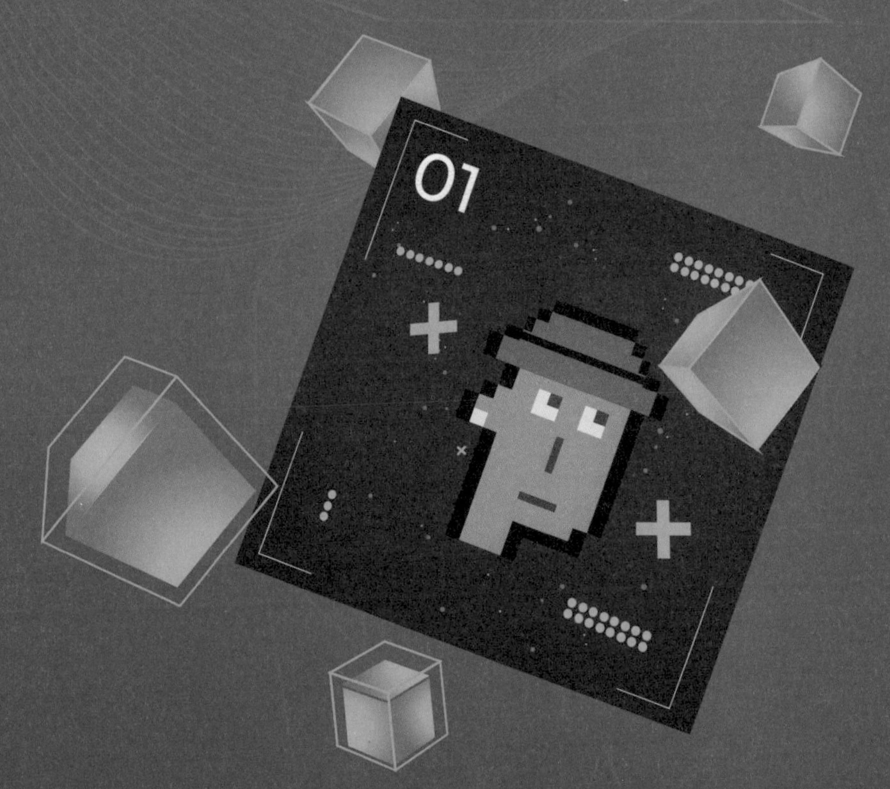

NFT의 어제

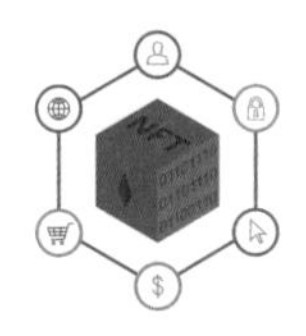

흔히 NFT는 2015년 이더리움 메인넷 가동 이후 스마트 계약 기능이 도입되면서 등장한 것으로 알려져 있다. 하지만 NFT의 역사는 이보다 더 길고 오래됐으며 치열했다.

2009년 비트코인과 블록체인이 등장한 지 얼마 지나지 않아 NFT의 개념이 서서히 자리잡기 시작했다. 사실 이때까지만 하더라도 NFT라는 용어가 없었고 그 대신 블록체인 기술을 활용해 실물자산을 디지털화하기 위한 시도가 있었다. 외형적으로는 NFT가 아니더라도 개념적으로는 NFT와 정확히 일치하는 셈이다.

대표적인 사례로는 2012년 3월 27일 요니 아시아(Yoni Assia)에서 공개된 '비트코인 2.X(Bitcoin 2.X, Colored Bitcoin)를 들 수 있다. 같은 해 발표된 〈컬러드 코인(Colored Coins)〉이라는 백서(http://www.ma.senac. br/

그림 2-1 ❙ 〈컬러드 코인〉(출처: unblock.net)

wp-content/uploads/2018/05/ColoredCoinswhitepaper-DigitalAssets.pdf)와 깃허브(https://github.com/Colored-Coins/Colored-Coins-Protocol-Specification)를 통해 비트코인 등장 이후 가상자산이 새로운 자산으로 자리잡을 것으로 예견하면서 각각의 비트코인을 구별하기 위해 '색상(Color)'을 속성값으로 활용하자는 아이디어를 제시하고 있다.

이 백서는 컬러드 코인이 활용될 수 있는 사례로 '상품 인증서(Commodity Certificates)', '대체 통화(Alternative Currencies)', '스마트 자산(Smart Property)'을 비롯해 주식, 채권 등 전통 금융 상품을 들고 있다. 이는 사실상 NFT의 개념 정리에 가깝다.

컬러드 코인의 재미있는 점은 이더리움이 등장하기 이전(이더리움은 2015년에 출시됐다.) 비트코인을 기반으로 NFT를 만들고자 했던 것인데, 백서를 만든 이가 이더리움의 창시자 비탈릭 부테린과 이스라엘의 비트코인 개발자 메니 로젠필드(Meni Rosenfeld)였다는 점에서 이더리움에 NFT를 위한 스마트 계약이 들어간 것은 어찌 보면 당연한 것일지도 모른다.

컬러드 코인 이후 이더리움이 등장했으며, 현재 NFT 발행의 표준 방식으로 자리매김한 ERC-721, ERC-1155 등이 나오기 전인 2015년 10월 이더리움 블록체인을 활용해 가상 세계의 토지를 거래할 수 있도록 한 '이더리아(Etheria)' 프로젝트가 진행되기도 했다.

참고로 ERC-721은 2018년 6월 21일 이더리움 기반 NFT 표준 발행 방식으로 확정됐다. 최근에는 ERC-1155로 NFT가 발행되고 있는데, 이는 블록체인 기반 게임 아이템 거래 프로젝트 '엔진코인(Enjin Coin)'의 최고 기술 책임자(CTO) 비텍 라돔스키(Witek Radomski)가 개발했다.

ERC-721과 ERC-1155는 대체 불가능한 NFT를 발행한다는 점에서는 같지만, 몇 가지 측면에서 차이점이 있다. 먼저 ERC-721은 1개의 NFT에 하나의 가치만 담을 수 있다. 만약 동일한 디지털 콘텐츠로 NFT 10개를 만든다고 가정하면 ERC-721에서는 발행(Mint) 과정을 10번 반복해야 한다. 이 과정에서 수수료(Gas Fee)가 중복해서 나가는 것은 덤이다. 반면, ERC-1155는 동일한 디지털 콘텐츠로 복수의 NFT를 한 번의 발행 과정으로 끝낼 수 있다. 이런 특성은 최근 급부상하고 있는 'P2E(Play to Earn)', 일명 '돈 버는 게임'에서 강점을 가진다. 게임 내 아이템을 NFT로 만들어 사고팔거나 나만의 아이템을 만들어 다른 계정과 교환한다고 가정할 경우, ERC-721은 복잡하고 비용 측면에서도 불리하다. 하지만 ERC-1155를 활용하면 한 번에 복수의 아이템(예 물량, 게임 머니 등)을 만들어 배포하거나 거래하기 쉽다.

결과적으로 최근에는 게임 내 NFT 아이템뿐 아니라 예술품이나 수집품 등에 있어서도 '리미티드 에디션(Limited Edition)'을 제

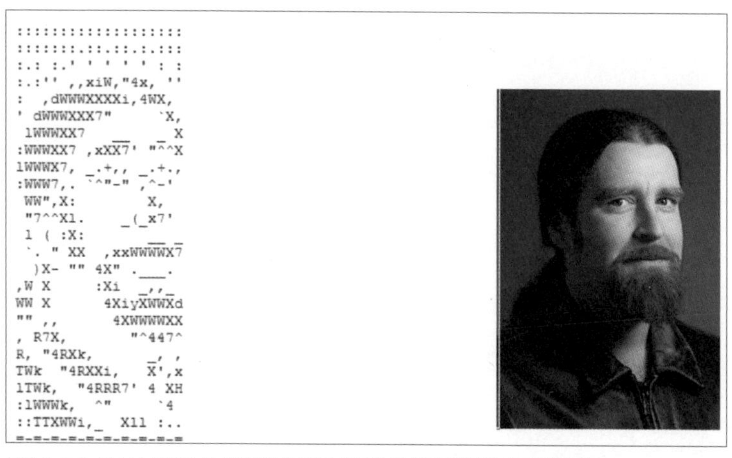

그림 2-2 | 아스키 코드로 작성해 비트코인에 기록한 렌 새서맨(출처: 위키피디아)

공해 수집 욕구를 높이거나 동일한 디지털 콘텐츠라도 발행 순번에 따라 가치에 차등을 두는 식으로 독특한 재미 요소를 부여하는 데 ERC-1155를 활용하고 있다.

참고로 NFT는 아니지만, 블록체인을 활용한(정확히 말하면 비트코인을 활용한) 디지털 아트는 2011년 미국의 컴퓨터 보안 전문가 다니엘 카민스키(Daniel Kaminsky)가 친구인 천재 프로그래머 렌 새서맨(Len Sassaman)의 죽음을 기리기 위해 그의 얼굴을 아스키(ASCII) 코드로 만든 초상화가 비트코인을 활용한 최초의 작품으로 손꼽힌다. 아스키 코드는 1963년 미국국립표준협회(ANSI)가 만든 정보 교환용 7비트 부호 체계를 말한다. 현존하는 대부분 프로그래밍 코드는 아스키 코드를 표준으로 인코딩돼 인터넷이나 프로그램 개발에 활용되고 있다. 다니엘 카민스키는 이런 아스키 코드로 친구의 초상화를 만들었고 이 정보를 비트코인에 넣은 것이다.

1. 최초의 NFT 작품: 케빈 맥코이의 〈퀀텀〉

최초의 NFT 작품은 언제 나왔고, 누가 만들었을까? 지금까지 우리가 이야기한 대로, NFT는 블록체인과 스마트 계약 기능을 활용해 만들어진다. 그렇다면 최초의 NFT도 개발자가 만들었을 것이라고 생각할 수 있다. 하지만 그렇지 않다.

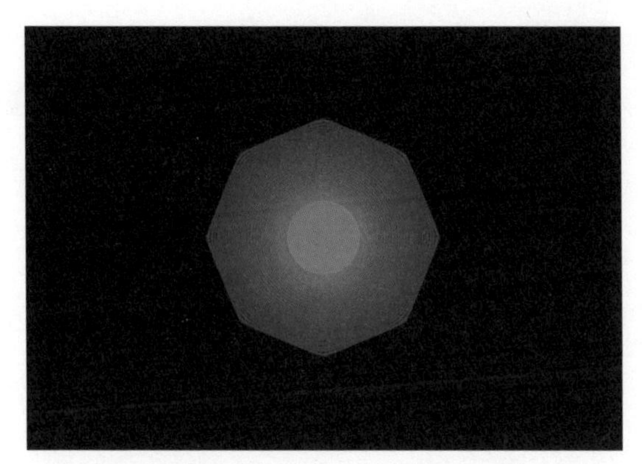

그림 2-3 | 케빈 맥코이의 〈퀀텀〉(출처: mccoyspace.com)

최초의 NFT는 뉴욕대학교에서 예술을 가르치는 디지털 아티스트 겸 미디어 아티스트 케빈 맥코이(Kevin McCoy)가 만들었다. 케빈 맥코이는 "예술가들이 자신의 디지털 작품을 팔고 그걸 추적할 수 있게 하자."라는 아이디어를 바탕으로 고민하기 시작했다. 그러다가 2012년 비트코인에 대해 알게 되면서 자신의 상상을 현실화할 수 있는 실마리를 찾았다.

그는 이를 두고 "비트코인은 디지털 형태로 어디에나, 동시에, 고유하고, 희소하며, 소유 가능한 형태로 존재하잖아요. 비트코인은 개방형인 동시 폐쇄형이기도 해요. 디지털 아티스트들이 비트코인과 비슷한 기술을 써먹을 수 있겠다는 생각이 들었어요."라고 평가했다.

케빈 맥코이는 비트코인의 아이디어를 디지털 아트에 어떻게 접목할 것인지를 고민했다. 그러다가 미국 뉴욕 기반의 디지털 예술 조직인 '라이좀(Rhizome)'의 조언으로 아티스트-기술 행사 '세븐 온 세븐'에 참여했다.

케빈 맥코이는 세븐 온 세븐에서 만난 개발자 애닐 대시(Anil Dash)와 함께 2014년 〈퀀텀(Quantum)〉을 NFT로 만들어 뉴욕 현대 미술관에서 발표했다.

그는 "〈퀀텀〉의 원본 이미지는 디지털 스케치북에 있던 거였어요. 코드를 활용해 작업하는 많은 예술가가 쓰는 '프로세싱'이라는 툴을 이용해 프로그래밍했죠. 만약 최초의 NFT를 만든 게 기술자나 개발자였다면, 아마 비트코인 이미지 같은 걸로 만들었겠죠."라며 〈퀀텀〉 원본 이미지의 메타데이터를 블록체인에 기록해 최초 제작자와 소유권을 검증하는 작업을 했다고 설명했다. 그의 작품인 〈퀀텀〉은 2021년 6월 소더비 뉴욕 경매에서 147만 달러에 낙찰되면서 뒤늦게 화제가 되기도 했다.

먼저 이더리움과 스마트 계약 기능은 2015년에 등장했다는 것을 상기해 보자. 케빈 맥코이의 NFT 작품 〈퀀텀〉은 무엇으로 만들어졌을까? 정답은 바로 2011년에 등장한 '네임코인(Namecoin)' 블록체인이다.

네임코인은 '도메인 네임(domain name)', 쉽게 말해 인터넷 주소의 소유주 정보를 블록체인에 저장함으로써 정보가 무단으로 삭제 또는 수정되는 것을 막고자 했다. 또한 해당 도메인 정보를 누구나 손쉽게 확인할 수 있도록 고안했다. 일종의 도메인 네임에 대한 디지털 등기소 서비스를 제공하고자 했던 것이다. 물론 이때는 NFT라는 명칭이 나오기 전이었다.

케빈 맥코이는 NFT라는 개념을 처음 떠올린 것이 기술자가 아니라 예술가였다는 사실의 역사적 중요성을 강조하면서 NFT를 정의했다.

'이미지의 현금화'

케빈 맥코이는 〈퀀텀〉 발표 이후 2014년부터 2016년까지 '예술 작품의 토큰화'라는 아이디어를 현실화하기 위해 노력했다. 케빈 맥코이의 작품은 홈페이지(www.mccoyspace.com)에서 볼 수 있다.

최초의 NFT 작가 케빈 맥코이가 바라본 미래는 어떨까? 케빈 맥코이는 오늘날에 존재하는 대부분의 NFT를 블록체인 위에 흘러다니는 메타데이터 조각으로 바라봤다. 그러면서 블록체인과 NFT 기술이 고도화됨에 따라 각각의 메타데이터 조각은 상호 작용을 하는 소프트웨어로 기능할 것으로 전망했다. 이를 위한 시도로 탄생한 작품이 바로 〈퀀텀 점프(Quantum Jump)〉와 〈퀀텀 리프(Quantum Leap)〉이다.

그림 2-4 | 케빈 맥코이의 〈퀀텀 리프〉(출처: mccoyspace.com)

"자바 스크립트와 웹 GL을 이용해 만든 예술 작품이 있다고 가정하면 이 작품은 웹브라우저에서 볼 수 있겠죠. 보이는 건 웹브라우저이지만, 해당 작품에 대한 매개변수는 토큰(NFT)에 저장돼 있습니다. 메타마스크와 같은 지갑 소프트웨어는 토큰을 읽어 내부 정보를 실행할 수 있습니다. 결국 NFT가 소프트웨어로 연결돼 동작하게 되는 겁니다."

- 케빈 맥코이(Kevin McCoy)

NFT 작품의 창시자 케빈 맥코이는 현재 무엇을 하면서 지낼까? 2022년 1월 20일 개막한 2022 선댄스 영화제에서 케빈 맥코이는 '인사이드 월드'라는 NFT 프로젝트를 소개했다. 인사이드 월드 프로젝트는 14개의 인공지능 캐릭터가 라스베이거스를 운영한다는 설정으로 이뤄진 수집형 카드 게임이다. 이 중 하나는 인간인데, 그 누구도 14개의 인공지능 중 어느 것이 인간인지 알 수 없다. 인사이드 월드 참여자는 다양한 방식으로 캐릭터 NFT 카드를 수집하고 메인 스토리의 전개에 영향을 미칠 수도 있다. 쉽게 말해 NFT를 활용한 '공유 스토리' 혹은 '오픈 스토리' 프로젝트라고 할 수 있다.

그림 2-5 |
데스몬드 폴 헨리의 1963년 작품
〈Pattern: Geometric〉
(출처: desmondhenry.com)

참고로 '디지털 아트(Digital Art)' 혹은 '컴퓨터 아트(Computer Art)'의 역사는 1950년대 데스몬드 폴 헨리(Desmond Paul Henry)의 디지털 아티스트로부터 시작됐다. 그는 아날로그 폭탄 조준기 컴퓨터를 기반으로 3대의 기계식 드로잉 머신(Drawing Machines)을 1960년, 1963년, 1967년에 각각 만들었다.

그는 드로잉 머신에 명령어를 입력하는 방식으로 기계가 그림을 그릴 수 있는지를 실험했고 이를 작품으로 남겼다. 그의 작품은 '기계적 프랙탈(Mechanical Fractals)' 요소를 도입한 첫 시도로 기록된다.

1984년 애플(Apple) 사는 GUI(Graphical User Interface)를 도입한 매킨토시(Macintosh)를 선보였다. 매킨토시는 맥페인트라는 전용 이미지 소프트웨어를 제공하면서 디지털 아트가 대중화되는 데 일조한다.

곧이어 1988년 출시된 어도비 사의 포토샵(Photoshop)은 상상력을 디지털 아트로 옮길 수 있는 자유를 선사했으며, 1992년 와콤(Wacom) 사가 펜으로 컴퓨터에서 그림을 그릴 수 있는 와콤 태블릿을 출시하면서 본격적인 디지털 아트 시대가 시작됐다. 1997년에는 디지털 아트만을 전문으로 하는 '오스틴 뮤지엄 오브 디지털 아트(Austin Museum of Digital Art) 미술관'이 미국 텍사스 주에 문을 열기도 했다.

디지털 아트와 NFT가 결합하면서 아티스트와 관객이 상호작용을 하는 인터랙티브 아트(Interactive Art)로 진화하고 있다. 테오 얀센(Theo Jansen)이라는 디지털 아티스트를 비롯해 예술가, 개발자, 수학자, 건축가 등 각 분야 전문가 650여 명으로 이뤄진 인터랙티브 그룹 '팀랩(teamLab)' 등 다양한 활동이 이어지고 있다.

최근에는 가상현실(VR), 증강현실(AR), 혼합현실(MR) 등이 결합한 메타버스(Metaverse)에서 NFT로 발행된 디지털 아트가 전시되고 판매가 이뤄지는 사례도 늘어나고 있다.

2. NFT의 첫 대중화 게임: 〈크립토키티〉

NFT는 발행한 토큰마다 고유한 값을 지정할 수 있는 만큼 수집형 카드 게임에 최적화된 도구였다.

2017년 10월 캐나다 밴쿠버에 기반을 둔 엑시엄 젠(Axiom Zen)이라는 블록체인 개발사가 고양이를 수집하고 키우는 게임인 〈크립토키티(CryptoKitties)〉를 공개했다. 〈크립토키티〉는 〈다마고치〉나 〈포켓몬고〉처럼 가상의 고양이를 수집해 육성하는 게임이다. 희소성이 높은 고양이는 사용자 간의 거래도 가능하다.

이더리움을 기반으로 탄생한 〈크립토키티〉는 NFT 표준 발행

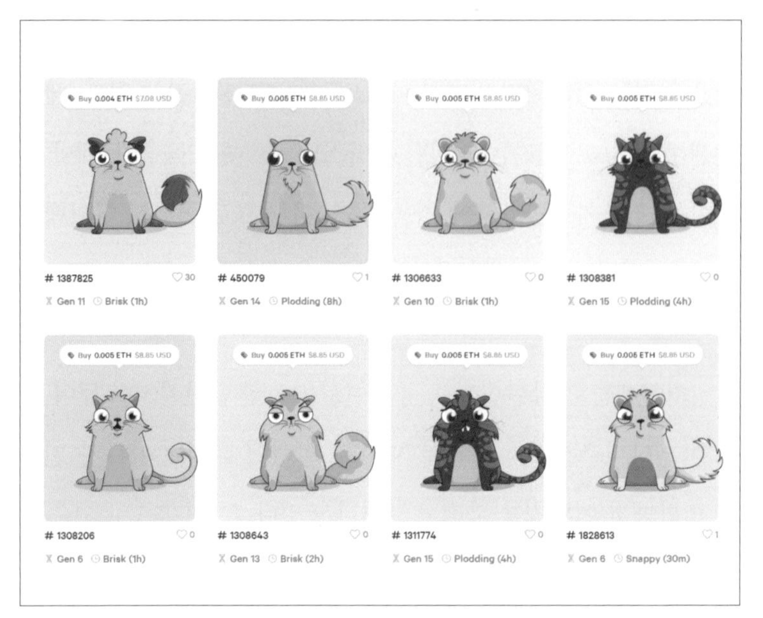

그림 2-6 | 〈크립토키티〉(출처: cryptokitties.co)

방식인 ERC-721을 활용한 첫 결과물이다. 엑시엄 젠은 게임의 출시와 동시에 총 100마리의 '원조 고양이'를 공개한 후 15분마다 0세대 고양이가 한 마리씩 등장하는 형태로 구성했다. 15분마다 고양이가 등장하는 것은 이더리움의 블록 생성 시간을 고려한 것이다.

각 〈크립토키티〉에는 다른 〈크립토키티〉와 교배했을 때 나올 수 있는 256비트에 달하는 조합 정보가 내장됐다. 256비트는 2^{256}-1에 해당한다.

당시에는 NFT라는 것은 몰랐지만, 블록체인 기반의 뽑기라는 요소로 고양이를 뽑아서 교배해 새로운 고양이를 만들어 비싸게 팔 수 있다는 콘셉트는 신선한 충격을 줬다. 그 덕분에 2017년 말 이더리움 블록체인 네트워크가 〈크립토키티〉에서 발생한 트래픽으로 마비가 될 정도로 인기를 끌었다. 블록체인 네트워크 사용료 개념인 가스비도 평상시보다 수백 배 이상 급증하며 이더리움에서 돌아가는 것은 "고양이 키우기 게임밖에 없다."라는 우스갯소리도 나올 지경이었다.

사실 블록체인 기반이라는 점을 제외한다면, 〈크립토키티〉는 여타 수집형 카드 게임과 별반 다른 구석이 없다. 그 대신 블록체인으로 인해 독특한 특징을 갖게 된다. 블록체인 기반이라는 것은 필연적으로 특정 기업에 종속되지 않는 탈중앙화 구조를 기본으로 한다. 이는 해당 개발사가 망해 사라지더라도 내가 만든 고양이 혹은 내가 구입한 고양이는 블록체인상에서 영원히 내 것이 된다. 또한 원본과 복사본을 구분할 수 있는 만큼 불법 복제나 위변조도 원천적으로 방지한다.

이런 특징으로 인해 〈크립토키티〉는 출시 이후 1만 달러 이상의 희귀도가 높은 비싼 고양이가 100마리 이상 거래됐고, 심지어 고양이 한 마리에 10만 달러 이상으로 거래되기도 했다. 결과적으로 〈크립토키티〉의 게임 아이템(고양이)은 일정 가치를 지닌 나만을 위한 자산으로 자리매김하는 대표적인 사례가 됐다.

아쉽게도 현재 국내에서는 〈크립토키티〉를 즐길 수 없다. (2022년 6월) 방송통신심의위원회(방심위)가 〈크립토키티〉를 불법·유해 정보(사이트)로 차단했기 때문이다. 이는 게임물관리위원회의 조처에 따른 것으로, 국내에서 등급을 받지 못한 '등급 미필' 게임이라는 이유에서였다.

그림 2-7 | 대퍼랩스 NBA탑샷(출처: nbatopshot.com)

참고로 〈크립토키티〉를 만든 엑시엄 젠에는 ▲ 젠 허브(Zen Hub), ▲ 라우티픽(Routific), ▲ 브이알 마스터리(VR MASTERY), ▲ 토비(TOBY), ▲ 대퍼랩스(Dapper Labs) 등 5개의 독립 사업팀이 존재했다. 2018년 2월 엑시엄 젠은 대퍼랩스를 분사했다. 이후 대퍼랩스는 〈크립토키티〉의 개발과 운영을 전담했으며 NBA탑샷, 플로우(FLOW) 등과 같은 NFT 프로젝트도 진행했다.

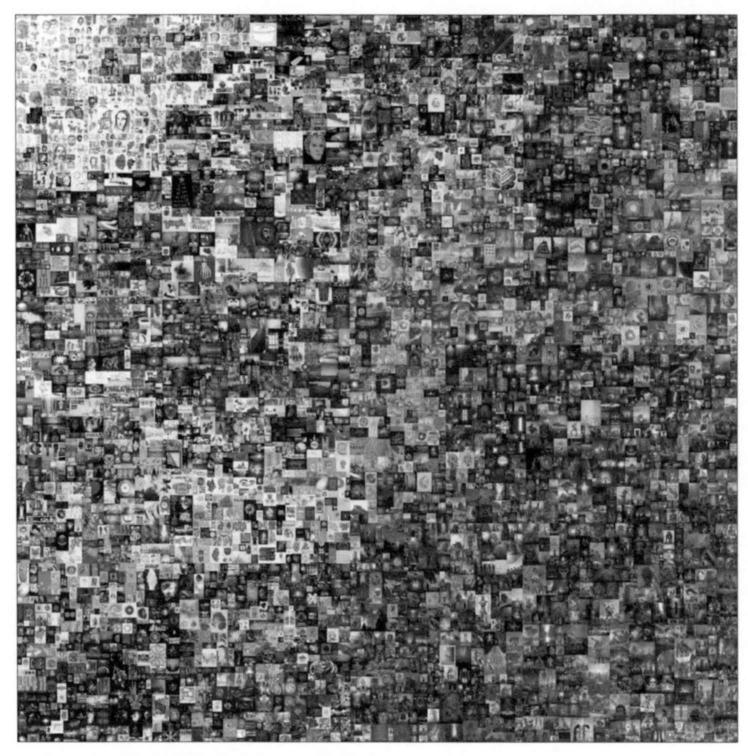

그림 2-8 | 비플의 〈매일: 첫 번째 5,000일〉(출처: Christie's)

3. 비플이 문을 연 NFT 디지털 아트 시장

2021년 3월 11일 NFT 역사에 길이 남을 만한 사건이 발생했다. 크리스티(Christie's) 뉴욕 경매에서 비플(Beeple, 마이크 윙켈만)의 〈매일: 첫 번째 5,000일(Everydays: The First 5000 Day)〉이 6,930만 달러에 낙찰된 것이다.

비플의 〈매일: 첫 번째 5,000일〉은 현대 미술사에서 역대 세 번째로 높은 가격으로 낙찰된 작품이다. 영역을 디지털 아트로 한정한다면 역대 최고가를 기록한 셈이다. 하지만 디지털 아트라고 해서—컴퓨터로 만든 그림이라고 해서—쉽게 만들어진 작품은 아니다. 적어도 이 작품은 말이다. 비플은 2007년 5월 1일부터 2021년 1월 7일까지 5,000일, 약 13년 반에 걸쳐 'Everydays 프로젝트'를 진행했다. 그는 포토그래피, 3D 애니메이션, 시네마 4D 등 다양한 형태의 디지털 작품을 매일 그려 공개했다.

아티스트	작품명	낙찰가	낙찰연도
제프 쿤스	토끼	9110만달러	2019년
데이비드 호크니	예술가의 초상	9030만달러	2018년
비플	매일: 첫 5000일	6930만달러	2021년

그림 2-9 | 현대 미술 역대 경매 가격(출처: 코인데스크 코리아)

비플의 작품이 처음부터 인기를 끈 것은 아니었다. 경매가 시작되기 2주 전만 하더라도 이 작품의 시작가는 고작 100달러에 지나지 않았다. 하지만 경매가 시작되자 180여 건에 달하는 치열한 입찰 경쟁이 발생했고, 순식간에 3,000만 달러까지 급등했다. 여기서 끝이 아니었다. 가격이 종료되는 시간까지 입찰이 쏟아졌고 경매 시간이 2분간 추가 연장되기도 했다.

비플은 작품이 판매된 후 "예술가들은 지난 20여 년간 디지털 기기와 기술로 예술 작품을 만들어 인터넷에 배포했지만, 이를 진정으로 소유하고 수집하는 방법은 없었다. NFT의 등장으로 상황이 바뀌었다. 나는 미술사의 다음 장인 디지털 아트의 시작을 보고 있다고 믿는다."라고 말했다. 그는 〈매일: 첫 번째 5,000일〉이 판매된 후에도 여전히 매일 작품 활동을 하고 있다고 전했다. 만약 자신이 말한 대로 계속 작업을 했다면, 현재 그는 약 5,700여 일째 작품을 이어가고 있는 셈이다.

결과적으로 경매 이후 비플의 해당 작품 이미지는 인터넷상에서 누구나 보고 즐길 수 있지만, 소유권은 NFT 전문 펀드 메타퍼스(Metapurse)의 메타코벤(Metakovan) CEO에게 넘어가게 됐다. 참고로 메타코벤은 가명으로, 실제 신원은 알려지지 않았다. 다만 메타코벤은 메타버스에 NFT 박물관을 준비 중이며 이를 위해 NFT 디지털 아트를 수집하고 있다고 CNBC와의 인터뷰에서 밝히기도 했다. 그러면서 해당 작품 외에 비플의 작품 컬렉션을 소유하고 있으며 'B.20'이라는 코인으로 소유권을 쪼개 관리하고 있다고 설명했다.

재미있는 점은 비플의 작품 경매가 끝난 지 3개월 후인 5월 12일 소더비 뉴욕 경매가 열린 것이다. 이날 경매에는 프랑스 인상파 작가로 유명한 크로드 모네의 〈수련 연못(Le Bassin aux Nympheas)〉이 나왔고 7,040만 달러에 낙찰됐다. 디지털 아트 작품과 명화로 손꼽히는 작품의 경매 낙찰가의 차이가 겨우 100만 달러에 불과한 셈이다. 이는 디지털 아트, NFT 예술품 시장이 전통적인 예술 시장과 비견될 수준으로 성장했다는 것을 의미한다는 분석이 나올 정도로 전통예술 업계에 센세이션(Sensation)을 일으켰다.

그림 2-10 | 비플의 〈POLITICS IS BULLSHIT〉(출처: beeple-crap.com)

〈매일: 첫 번째 5,000일〉이 비플의 첫 NFT 작품이라고 생각하면 오산이다. 디지털 아티스트로 컴퓨터 작업에 익숙했던 비플은 2020년 10월 NFT 마켓플레이스 니프티 게이트웨이(Nifty gateway)에서 〈POLITICS IS BULLSHIT(정치는 헛소리다)〉라는 작품을 개당 1달러로 총 100개를 판매했다. 물론 판매 즉시 전량 매진됐다. 이 작품은 4개월 후인 2021년 2월 10만 달러에 거래되면서 성공적인 재판매 사례로 남았다.

그림 2-11 | 비플의 〈휴먼 원(Human One)〉(출처: Christie's)

비플은 앞서 말한 것처럼 NFT 디지털 아트 작업을 쉬지 않았다. 2021년 11월 10일 실물 설치 예술과 3D 디지털, NFT를 결합해 만든 작품 〈휴먼 원(Human One)〉을 공개했다. 이 작품은 은색 우주복을 입고 메타버스 속을 걸어가는 인간을 표현했다. 전통 설치 예술과

NFT를 결합한 하이브리드 작품으로 평가받는 이 작품은 크리스티 뉴욕 경매에서 2,890만 달러에 팔렸다.

그림 2-12 | 비플이 만든 NFT 플랫폼 '위뉴'(출처: wenewmoments.com)

비플은 NFT 디지털 아트 작업만 하지 않았다. 직접 다양한 NFT 작품을 소개하고 판매할 수 있는 플랫폼을 만들고 싶었다. 그 결과물이 2021년 7월 2일 출시한 NFT 거래 플랫폼 '위뉴(WENEW)'이다. 위뉴는 첫 NFT 경매 작품으로, 세계 정상급 테니스 선수 앤디 머레이(Andy Murray)가 2013년 세계 최대 테니스 대회인 윔블던에서 우승을 차지한 장면을 담은 〈승리의 순간(THE WINNING MOMENT)〉이라는 NFT를 선보였다.

위뉴는 비플과 라이언 슈라이버 피치포크 설립자가 공동 설립했으며 타임(TIME), 인데버(Endeaver), IMG, 유니버셜뮤직그룹, 워너뮤직그룹 등이 파트너 사로 참여하고 있다. 비플은 위뉴를 시작한 이유에 대해 "디지털 소유권인 NFT가 사라질 것으로 생각하지 않는다. 미래에 NFT는 이메일처럼 흔하게 사용될 것"이라고 전망했다.

4. 불에 타 사라진 작품

충격적인 사건이 발생했다. 실물 그림을 불태운 것이다. 그것도 공개적으로…. 하지만 불타버린 작품은 약 4억 원 정도에 팔렸다.

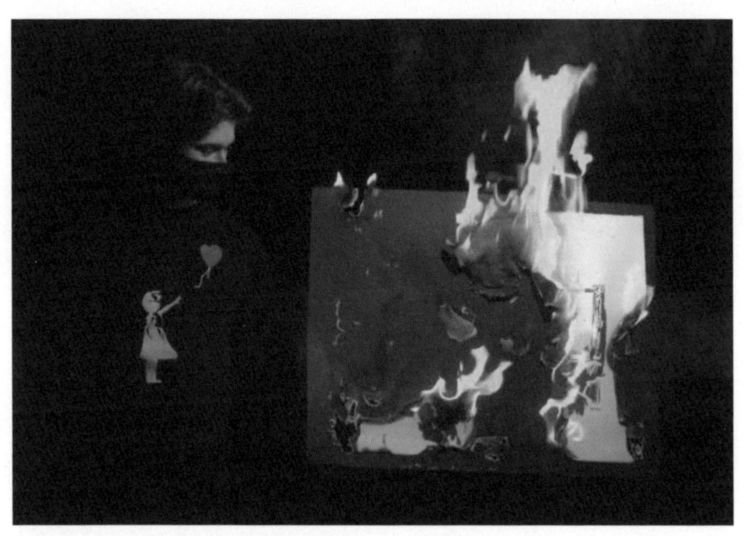

그림 2-13 | 불타버린 뱅크시의 〈바보들〉(출처: Burnt Finance)

어찌된 것일까? 불타버린 작품은 신원 불명의 그래피티 작가 뱅크시(Banksy)가 2006년에 그린 〈바보들(Morons)〉이었다.

사건의 전말은 이렇다. 번트 파이낸스(Burnt Finance)라는 블록체인 기업이 인젝티브 프로토콜(Injective Protocol), 슈퍼팜(SuperFarm) 등과 함께 2018년 〈바보들〉을 9만 5,000달러에 구매했다. 이들이 뱅크시의 작품을 구매한 이유는 원본 작품을 불태우기 위해서였다. 그 대신 실물 작품을 디지털화해 NFT로 만든 후에 불태웠다. 세상에 존재하는 뱅크시의 〈바보들〉은 이들이 만든 NFT뿐인 셈이다.

번트 파이낸스는 2021년 3월 4일 유튜브 채널을 열고 뱅크시의 작품을 불태우는 퍼포먼스를 생중계했다. 그러면서 불타버린 뱅크시의 작품을 〈번트 뱅크시(Burnt Banksy)〉라고 명명했다. 이들은 2021년 3월 5일 오픈시에서 〈번트 뱅크시〉를 경매에 올렸다. 3일 후 〈번트 뱅크시〉는 당시 이더리움 228.69개, 약 40만 달러에 팔렸다.

번트 파이낸스는 경매 수익을 모두 기부했고 구매자에게는 예술 작품 검증 업체 페스트 콘트롤(Pest Control)로부터 뱅크시의 작품이라는 진품 인증서를 받았다. NFT가 진품 인증서의 역할을 하지만, 불타버린 원본으로 NFT가 만들어진 것인지 검증하기 위한 절차가 한 번 더 필요했던 것이다.

번트 파이낸스는 "물리적 예술 작품이 디지털 작품으로 전환되는 최초의 사례"라며 "NFT로 인해 새로운 형태의 예술 작품이 만들어지고 있다."라고 주장했다. 그러면서 "NFT는 뱅크시 작품을 소각하는 것으로 입증한 만큼 예술을 다양화하는 데 도움이 될 것이라고 믿는다."라고 덧붙였다.

그림 2-14 | 불타버린 뱅크시의 〈바보들〉(출처: Burnt Finance)

번트 파이낸스가 불태운 〈번트 뱅크시〉(뱅크시의 〈바보들〉)에는 재미있는 문구가 쓰여 있다.

"I Can't believe you morons actually buy this shit."

이는 "이런 쓰레기를 사는 바보들이 있다니, 믿을 수가 없다." 정도로 의역할 수 있다. 이는 경매장에서 그림을 구입하기 위해 모여든 사람들 옆에 세워진 작품에 쓰여진 문구이다. 아무런 기준 없이 가격이 책정되고 팔리는 현대 미술 시장을 풍자하는 뱅크시의 시각이 고스란히 담겨 있다. 이런 작품이 원본은 불에 타고 디지털 이미지만 남긴 채 더 비싼 가격에 NFT가 팔리는 아이러니한 상황이 나타난 셈이다. 과연 뱅크시는 이런 상황을 어떻게 생각할까?

중요 포인트는 하나 더 있다. 〈번트 뱅크시〉를 불태우는 사람이 입고 있는 옷이 눈에 띈다. 여자아이가 하늘로 날아가는 빨간 하트 모양의 풍선을 향해 손을 뻗고 있는 작품이다. 바로 뱅크시의 〈소녀와 풍선(Girl with Balloon)〉이라는 작품으로, 2018년 10월 6일 영국 런던의 소더비 경매에서 112만 달러에 판매됐다. 소녀와 풍선의 오리지널 작품은 뱅크시가 2002년 영국 런던 워털루교(Waterloo Bridge)에 이미지를 판에 새긴 후 벽에 스프레이 페인트를 이용해 그리는 '스텐실 기법'을 활용해 만들어졌다. 소더비에서 판매된 소녀와 풍선은 그래피티 작품을 액자로 만든 것이다.

이 작품이 유명세를 탄 것은 뱅크시의 작품이라는 것도 있지만, 112만 달러에 낙찰돼 경매사가 망치를 내리치면서 확정하는 순간, 액자 속 작품이 파쇄됐기 때문이다. 이는 뱅크시가 미리 준비한 것으로, 예술이 시장의 부속품이 되는 것을 거부하는 메시

지라는 분석이 나오기도 했다. 뱅크시의 파쇄된 〈소녀와 풍선〉은 2021년 10월 14일 영국 런던의 소더비 경매에 〈사랑은 쓰레기통에(Love is in the Bin)〉라는 이름으로 재등장했다. 그 결과는 놀라웠다. 반쯤 파쇄된 채로 나온 작품은 첫 경매가보다 20배가량 비싼 약 2,100만 달러에 판매됐다.

결과적으로 뱅크시가 시작한 원본 파괴 퍼포먼스가 본인의 작품이 불태워지는 것으로 이어진 셈이다.

그림 2-15 | 불타버린 프리다 칼로의 〈불길한 유령들〉(출처: Frida.NFT 유튜브)

뱅크시의 실물 작품을 불태움으로써 NFT만을 유일한 원본으로 만들어 판매에 성공하자, 이와 비슷한 사례가 세계 곳곳에서 등장했다.

2022년 7월 30일 블록체인 업체 '프리다.NFT(Frida.NFT)'의 창업자인 마르틴 모바라크(Martin Mobarak)는 멕시코 유명 화가 프리다 칼로(Frida Kahlo)의 1994년도 작품 〈불길한 유령들(Fantas mones Siniestros)〉을 불태웠다. 이 작품은 프리다 칼로가 일기장에 그린 작품으로, 약 1,000만 달러 상당의 가치로 평가된다. 이런 작품이 한순간에 잿더미가 된 것이다. 마틴 모바라크는 프리다 칼로의 〈불길한 유령들〉을 불태우는 장면을 '1,000만 달러짜리 프리다 칼로 그림 소각(Burning of a $10M Frida Kahlo Painting)'이라는 제목으로 자신의 유튜브 채널로 생중계했다. 그는 미국 플로리다 주 마이애미의 저택에서 멕시코 민속 음악을 연주하는 가운데 큼지막한 마티니 잔에 가로 23cm, 세로 15cm 크기의 그림을 클립에 끼우고 불을 붙였다.

마르틴 모바라크는 작품을 불태운 후 미리 디지털 이미지로 만들어 둔 〈불길한 유령들〉을 NFT 1만 개로 만들어 개당 이더리움 3개에 판매했다. 판매 시점 기준으로 환산하면 약 500만 원 정도에 판매한 셈이다. 그는 "불길한 유령들은 재로부터 부활해 불사조처럼 예술이 영원으로 다시 태어났다."라며 "이는 메타버스로 전환된 것"이라고 표현했다.

마르틴 모바라크의 퍼포먼스는 실패로 끝났다. 〈불길한 유령들〉 NFT는 겨우 4개밖에 팔리지 않았기 때문이다. 가격으로 환산하면 1,000만 달러에 사서 1만 달러가량만 회수한 것이다. 그의 불행은 여기서 끝나지 않았다. 프리다 칼로의 〈불길한 유령들〉은 1984년 멕시코 국가 기념물로 지정된 작품이라는 이유로 멕시코 국립미술문학연구소(INBAL)가 문화재 파괴에 따른 연방법 위반 혐의로 수사를 진행 중이다.

5. NFT 디지털 아트 시장이 성장한 이유

예술 작품을 블록체인에 옮겨 NFT 디지털 아트로 구현한 사례는 전통 예술 시장에서 아티스트로 일컫는 '크리에이터(Creator)'에게 커다란 충격을 줬다.

먼저 전통 예술 시장을 살펴보자. 전통 예술 시장은 크게 미술관과 갤러리로 나뉜다.

미술관은 '미술 박물관(Museum of Art)'의 줄임말로, 미술 작품을 소장하거나 전시하는 곳을 의미한다. 전시 작품의 판매도 이뤄지는 경우가 종종 있지만, 이보다는 작품을 전시하고 입장료, 부대시설(카페, 레스토랑, 아트샵 등)을 통한 수익으로 운영한다. 그렇다면 예술 작품이 거래되는 곳은 바로 갤러리(Gallery)이다.

현대의 갤러리는 작품을 전시하고, 판매하는 곳을 의미하지만, 중세 시대의 갤러리는 폭이 좁고 길이가 긴 복도를 의미했다. 이와 더불어 긴 복도를 지나가는 동안 볼 수 있는 그림을 걸어 두면서 미술품을 전시 진열하는 공간을 갤러리라고 부르기 시작됐다.

일반적으로 갤러리는 운영하는 주체가 직접 전시회를 기획하고 작가와 작품을 섭외해 전시전을 연다. 이 경우에는 입장료를 받고 갤러리에 온 이들에게 작품을 판매한다. 이와 반대로 작가가 본인의 작품을 팔기 위해 갤러리와 전시전을 여는 경우도 빈번하다. 중요한 것은 갤러리의 주 수입은 작품 판매라는 점이다.

갤러리와 비슷하면서도 좀 더 '작품 판매'라는 점에 특화된 형태도 있다. 바로 '화랑(畫廊)'이다. 화랑은 '작품 판매를 전문으로 하는 갤러리'라고 할 수 있다. 갤러리는 전시를 하면서 작품을 판매해야 하므로 일정 규모의 공간에서 이뤄진다. 하지만 화랑은 그렇지 않다. 다양한 작가의 작품 혹은 한 작가의 주요 작품을 빽빽하게 보여 주면서 판매를 한다. 또한 '컬렉터(Collector)'라 부르는 수집가가 원하는 작가나 작품을 의뢰하면 구매 대행도 진행한다.

끝으로 예술품 전문 경매장이 있다. 먼저 미국 뉴욕에 본사가 있는 소더비(Sotheby's)는 280여 년에 달하는 역사를 가진 곳이다. 소더비는 1744년 3월 11일 영국 런던에서 중고 서적을 판매하던 사무엘 베이커(Samuel Baker)가 창업했다. 사무엘 베이커는 조지 레이(George Leigh)와 함께 영국 귀족 존 스탠리의 도서관에 보관된 책과 다양한 인쇄물, 동전 등을 경매하며 성장했다. 당시 법인명은 창업자

그림 2-16 | 소더비 경매 장면(출처: Sotheby's)

의 이름을 따서 '베이커 & 레이'로 지었다. 사무엘 베이커가 죽은 후 경매 사업은 조지 레이의 조카 존 소더비(John Sotherby)가 물려받으면서 명칭을 '레이와 소더비'라고 변경했다. 이후 다양한 이름을 거쳐 최종적으로 '소더비(Sotherby's)'로 확정됐다. 소더비는 1965년 본사를 뉴욕 매디슨가로 이전한 후 파리(1967년), 홍콩(1973년), 모스크바(1988년) 등 전 세계 주요 도시에서 예술품 경매 사업을 진행하고 있다.

소더비는 1990년대부터 단순한 예술 작품에서 벗어나 직접 미술관과 갤러리를 운영하기도 했다. 1996년 안드레 에메리히 갤러리를 인수해 '에메리히/소더비'를 운영했고 1996년에는 디치 프로젝트(Deitch Projects)를 인수해 직접 진행하기도 했다. 디치 프로젝트는 미술관 큐레이터 제프리 디치(Jeffrey Deitch)가 시작한 것으로, 미국 뉴욕시 소호 구역에서 그래피티(Graffiti) 등 다양한 작품을 매년 새롭게 선보였다. 디치 프로젝트는 2010년을 끝으로 종료했지만 제프리 디치는 지난 2014년 디치 프로젝트의 15년 역사를 정리한 『라이브 더 아트(Live the Art)』를 출판했다.

2008년 전 세계 경제 위기로 인해 예술품 거래 시장이 크게 위축됐다. 미술 시장 통계 정보 업체인 아트프라이스(artprice.com)에 따르면, 이때부터 전 세계 예술 작품 거래 규모는 매년 전년 대비 7.5%가량 줄어들었다.

소더비는 경제 위기가 오기 전부터 전통 예술품 거래 시장이 흔들릴 수 있다고 판단해 다양한 자구책을 고민했다. 대표적으로 2004년 8월 소더비는 '마이소더비(MySotherby)'라는 온라인 시스템을 도입해 고객에게 새로운 작품이 출시되면 자동으로 업데이트 알림을 제공하는 서비스를 제공했다. 2012년에는 입찰자가 방송 경매를 시청하면서 온라인으로 실시간 입찰할 수 있는 '비드나우(BIDnow)' 서비스도 제공했다. 소더비는 2015년 2월 RM 옥션 지분을 인수하면서 전통 예술품 시장에서 벗어나 클래식 빈티지 자동차 경매 사업에도 진출했다.

소더비의 NFT 시장 진출은 2021년 4월 12~14일 진행한 디지털 아티스트 팍(Pak)의 NFT 작품 〈더 펀지블(The Fungible)〉 컬렉션으로 볼 수 있다. 이때까지만 해도 자체 NFT 거래 플랫폼이 없었던 소더비는 '니프티 게이트웨이(Nifty Gateway)'와 함께 진행해 총 137개의 NFT가 판매됐다. 금액으로는 1,402만 6,000달러에 달한다. 특히, 팍의 작품 중 〈더 스위치(The Switch)〉와 〈더 픽셀(The Pixel)〉은 각각 144만 달러, 136만 달러에 팔리는 등 성공을 거뒀다.

그림 2-17 | 소더비가 진행한 디지털 아티스트 팍의 〈더 스위치〉(출처: Sotheby's)

그림 2-18 | 소더비가 만든 NFT 거래 플랫폼 '소더비 메타버스'의 첫 판매 컬렉션(출처: Sotheby's)

2021년 10월 소더비는 NFT 거래 전용 플랫폼 '소더비 메타버스(Sotheby's Metaverse)'를 만들기에 이른다. 소더비의 NFT 플랫폼에서 경매가 이뤄진 NFT 전용 첫 컬렉션 작품은 브라질의 아티스트 세바스티오 살가도(Sebastiao Salgado)의 사진 작품 시리즈 '아마조니아(Amazonia)'이다. 세바스티오 살가도가 10년간 아마존에서 촬영한 사진 작품 중 5,000장을 선별해 NFT로 만든 것으로, NFT 1개당 250달러에 구입할 수 있다. 소더비는 이더리움 블록체인 기반으로 NFT를 발행하며, 판매 수익금 전액은 세바스티오 살가도가 설립한 비영리 단체 '인스티튜토 테라(Instituto Terra)'에 전달돼 멸종 위기에 처한 동식물을 지키는 데 사용될 예정이다. 2022년 11월 기준 현재 2,395개가 미판매로 남아 있다.

2022년 10월 소더비는 한국의 아이돌 그룹 에스파(Aespa), NFT 디지털 아티스트 블레이크 캐서린(Blake Kathryn)과 함께 소더비 메타버스에서 '아이 걸즈(ae girl)' 컬렉션을 출시했다. 아이 걸즈 컬렉션은 '마이 패스(MY Pass)', '얼터즈(Altars)', '드림스페이스(Dreamspace)' 등 3개의 시리즈로 구성됐다.

마이클 부한나(Michael Bouhanna) 소더비 디지털 아트 책임자는 소더비의 이러한 프로젝트 진행 배경에 대해 "NFT는 미술 수집가와 음악 팬들 모두에게 새 시대를 열었다."라고 설명했다.

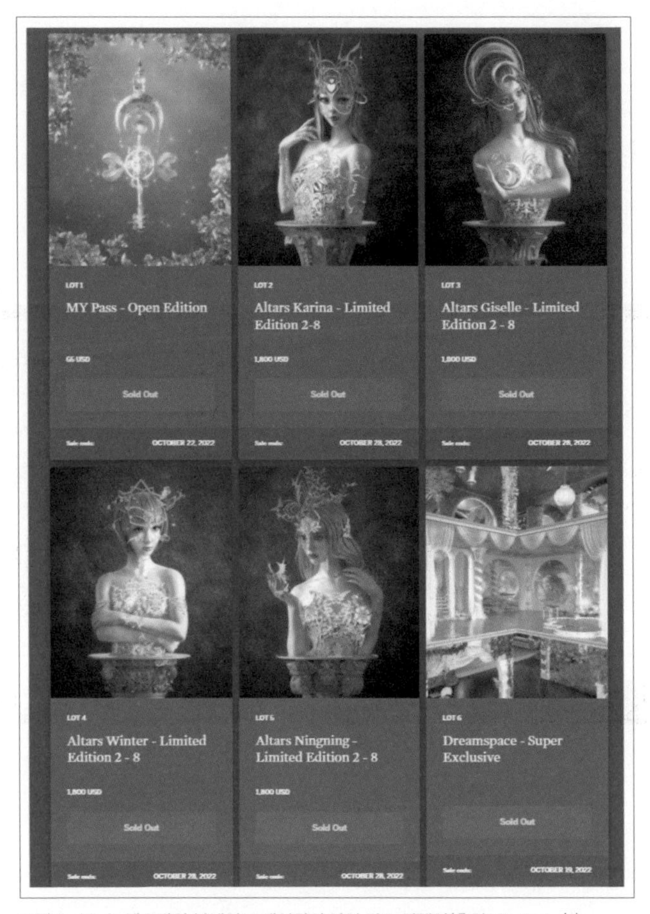

그림 2-19 | 에스파와 블레이크 캐설린의 아이 걸즈 컬렉션(출처: Sotheby's)

전 세계 예술품 경매 시장은 크게 소더비와 크리스티가 양분하고 있다고 봐도 무방하다. 2020년 기준 전 세계 예술품 경매 점유율은 소더비 50.4%, 크리스티 40.9%로, 양사가 91.3%를 차지하고 있다.

소더비와 치열한 경쟁을 하고 있는 크리스티(Christie's)는 어떨까? 크리스티는 1766년 12월 5일 영국 런던에서 문을 연 경매회사이다. 256년의 역사를 자랑하는 만큼 소더비와 과거부터 현재까지 치열한 경쟁을 계속해 오고 있다.

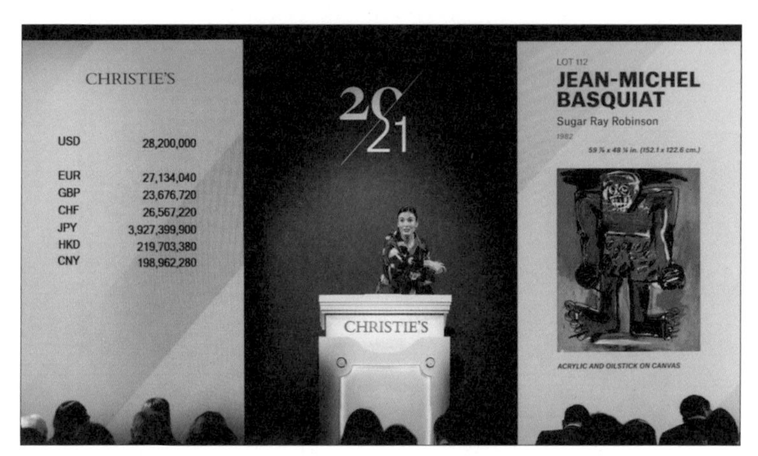

그림 2-20 | 2022년 11월 17일 크리스티 뉴욕 경매 모습(출처: Christie's)

크리스티라는 이름은 창업자 '제임스 크리스티(James Christie)'의 성에서 따온 것으로 보인다. 크리스티는 서적 경매에서 시작한 소더비와 달리, 처음부터 예술품을 취급했다. 소더비가 1957년 '와인버거 컬렉션' 경매를 통해 당시 영국 여왕을 비롯한 3,000여 명의 유명 인사가 참석했다. 특히, 와인버거 컬렉션이 높은 낙찰가율을 기록하면서 소더비가 크리스티를 따돌리고 성장을 기록하는 데 일조했다. 와인버거 컬렉션은 네덜란드 은행가인 와인버거의 소장품을 말한다.

사실 크리스티는 소더비에 밀려 2인자라는 평가를 받아왔다. 이를 타개하기 위한 카드가 바로 1990년 5월 15일 뉴욕 경매에서 내세운 '미술품 최저 가격 보장제'였다. 최저 가격 보장제는 판매자를 위한 정책으로, 내부적으로 평가한 사전 판매 추정치 범위에서 최저가 이상 가격으로 판매하겠다는 것이 주요 골자이다. 이는 소더비에 뺏긴 판매자를 불러모으기 위한 고육지책이었다. 이 방식은 매출 증대를 이끌었고 1996년에는 소더비의 판매량을 넘어서는 기염을 토했다. 하지만 수익은 크게 늘지 않았다는 한계도 있었다.

이처럼 크리스티는 소더비와 경쟁하기 위해 다양한 시도를 하는 것으로 잘 알려졌다. 대표적인 결과물이 2021년 3월 11일 뉴욕 경매에서 진행한 비플의 NFT 작품 〈매일: 첫 번째 5,000일(Everydays: The First 5000 Day)〉의 경매이다. 이 작품은 구매자 수수료 포함 6,930만 달러에 낙찰되면서 NFT 디지털 아트의 가능성을 보여 줬다. 특히, 크리스티는 NFT 디지털 아트가 밀레니얼 세대(1981~1996년생)에서 아트테크(Art-Tech) 열풍이 불면서 수요가 급증한 것으로 분석하며 이 영역에 적극적으로 대응하기 시작했다. 먼저 2020년부터 젊은 고객층을 확보하기 위한 온라인 전용(Online Only) 경매 창구를 만들어 온라인 판매를 추진했다. 그 결과, 코로나19 이후 크리스티 신규 고객 중 63%가 온라인 판매 창구를 통해 참여한 것으로 나타났다. 또한 크리스티 홈페이지와 유튜브, SNS

등으로 경매 상황을 생중계하면서 '온라인 미술 시장'의 성장 가능성을 보여 줬다.

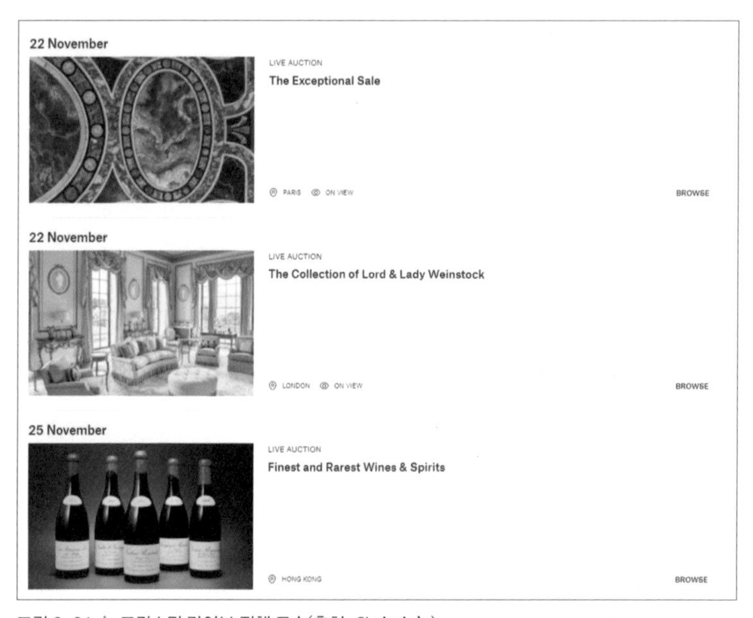

그림 2-21 | 크리스티 라이브 진행 모습(출처: Christie's)

2022년 들어서는 실시간 온라인 경매 플랫폼 '크리스티 라이브(Christie's LIVE)'를 시작하며 예술품의 판매와 유통 경로를 확장해 나가고 있다.

크리스티는 2022년 7월 18일 투자 회사인 '크리스티 벤처스'도 설립했다. 크리스티에 따르면, 크리스티 벤처스는 미술품 등의 거래 방식을 혁신할 수 있는 기술을 보유한 스타트업 투자에 나선다.

특히, 미술품 등의 진품 여부 감정, NFT 등 디지털 아트를 위한 기반 기술에 집중할 계획이다. 현재 크리스티 벤처스는 이종 블록체인을 연결하고자 하는 프로젝트 '레이어제로 랩스(LayerZero Labs)'에 투자를 고민 중인 것으로 알려졌다. 레이어제로 랩스는 이종 블록체인 사이에 자산을 옮길 수 있는 인프라를 만드는 곳으로, 쉽게 말해 이더리움 기반 NFT를 솔라나(Solana)에서도 활용하고자 한다. 현재 이더리움 기반 NFT는 이더리움, 솔라나 기반 NFT는 솔라나, 클레이튼 기반 NFT는 클레이튼에서만 사용할 수 있다.

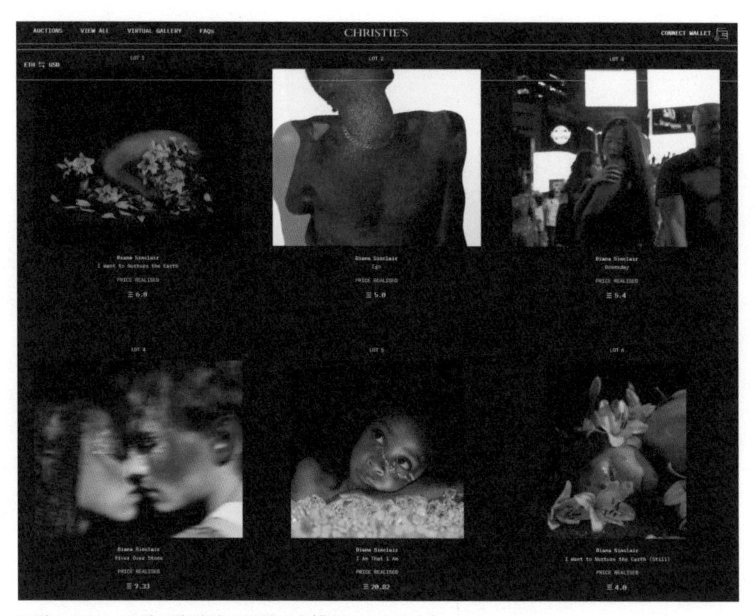

그림 2-22 | 크리스티 라이브 진행 모습(출처: Christie's)

크리스티는 소더비에 비해 다소 늦었지만, NFT 온체인 경매 플랫폼을 선보였다. 2022년 11월 17일 공개된 '크리스티 3.0(Christie's 3.0)'은 매니폴드(manifold), 체이널리시스(Chainalysis), 스페이셜(Spatial) 등과 협업을 통해 만든 것으로, 이더리움 네트워크를 기반으로 만들어진 NFT를 누구나 구매할 수 있도록 했다.

크리스티는 NFT 디지털 아트에 대해 "우리는 NFT가 흥미롭고 민주적이라고 믿습니다. 그들은 재판매 로열티의 직접적인 혜택을 받을 수 있는 신흥 디지털 아티스트를 위한 글로벌 시장을 열고자 합니다."라고 전했다.

디지털 아트 시장, 특히 NFT 디지털 아트 시장이 급성장한 이유로 주요 플레이어가 대거 이 시장에 뛰어든 것을 들 수 있지만 실제 작가들과 이야기해 보면 이유는 따로 있다. 일반적으로 작가가 작품을 판매하는 주요 경로는 갤러리 혹은 화랑이다. 유명 작가라면 경매장을 통해 거래가 이뤄지겠지만, 이런 경우는 많지 않다. 결국 대다수 작품은 '갤러리'나 '화랑'을 통해 유통된다. 여기서 문제가 생긴다. 작가 입장에서 작품을 유통할 수 있는 경로가 한정적이다 보니 가치를 제대로 인정받기가 힘들다. 또한 수익 측면에서도 아쉬움이 커진다. 일반적으로 갤러리나 화랑에서 작품을 판매하면 총 판매금의 40~50% 가까이 갤러리 몫으로 빠진다. 물론 갤러리나 화랑은 이미 맺어져 있는 네트워크를 통해 작품을 판매한다는 점에서 미판매에 대한 위험은 줄어들 수 있지만, 절반에 달하는 수수료는 작가의 입장에서 큰 부담일 수밖에 없다. 이런 상황에서 NFT의 등장은 단비와도 같았다. NFT는 갤러리나 화랑을 통하지 않고서도 다양한 경로로 판매할 수도 있고 수수료 역시 크게 줄일 수 있기 때문이다. 또 작가의 역량이 되거나 적절한 마케팅이나 트렌드에 올라탄다면 큰 수익을 낼 수 있다. 그리고 NFT는 특별한 기술이 없어도 만들 수 있다는 장점도 한몫했다.

이처럼 NFT는 아티스트뿐 아니라 아티스트 지망생, 취미로 작품 생활을 하는 이들까지 진입할 수 있는 훌륭한 도구가 됐다.

6. 잭 도시의 트윗이 NFT로 거래된 이유

NFT로 만들 수 있는 것은 무엇일까? 지금까지 디지털 아트라고 말하는 이미지나 영상 기반의 디지털 데이터만을 NFT로 바꿔 소장하거나 거래할 수 있다고 생각했다. 하지만 NFT는 그 지점에만 그치지 않는다. 쉽게 말해 디지털화가 가능한 모든 것, 달리 말하면 디지털(온라인)로 존재하는 것은 NFT로 만들어 발행할 수 있다. 그것이 가치가 있든 없든 말이다.

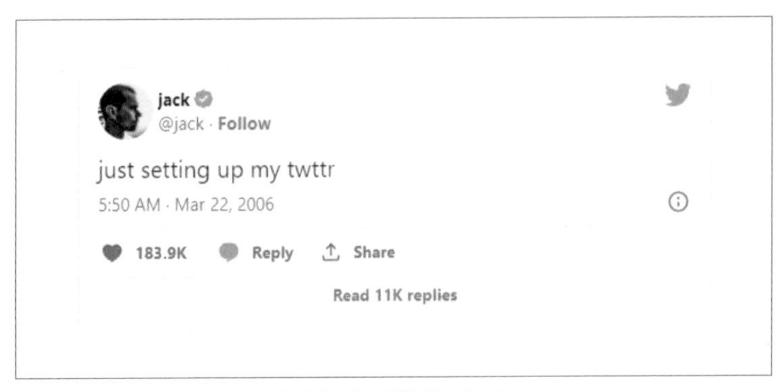

그림 2-23 | 잭 도시 트위터 창업자의 최초의 트윗(출처: twitter)

잭 도시 트위터 창업자의 최초 트윗을 살펴보자. '방금 막 내 트위터를 설정했어' 정도의 의미를 담은 해당 트윗은 2006년 3월 트위터에 처음 쓰인 글이었다. 이 트윗을 가상자산 업계에서는 최초의 블록을 의미하는 '제네시스 블록'에 빗대 '제네시스 트윗' 이라고 부른다.

당신은 이 트윗을 살 것인가? 아니 '하나의 트윗(트위터 계정이 아닌)을 산다는 게 가당키나 한 일인가?'라는 생각이 들지도 모른다. 하지만 NFT를 이용하면 가능하다.

2021년 3월 6일 잭 도시는 NFT로 만들어진 트윗을 거래하는 사이트 밸류에이블즈(Valuables)에 자신이 트위터에 올렸던 첫 트윗을 경매로 올렸다. 약 보름 간 진행된 경매는 3월 23일 시나 에스타비(@sinaEstavi)가 낙찰받으며 마무리됐다. 당시 낙찰가는 이더리움 1630.6개이다. 당시 가격으로 계산하면 약 250만 달러 상당이다.

시나 에스타비는 트론 블록체인 네트워크의 퍼블릭 오라클 시스템인 브릿지오라클의 CEO이다. 오라클(Oracle)은 고대 그리스에서 신탁 또는 신탁을 전하는 사제를 의미하는 영어식 표현으로, 블록체인 밖의 데이터를 블록체인으로 무결성을 유지하면서 가져오는 것을 의미한다.

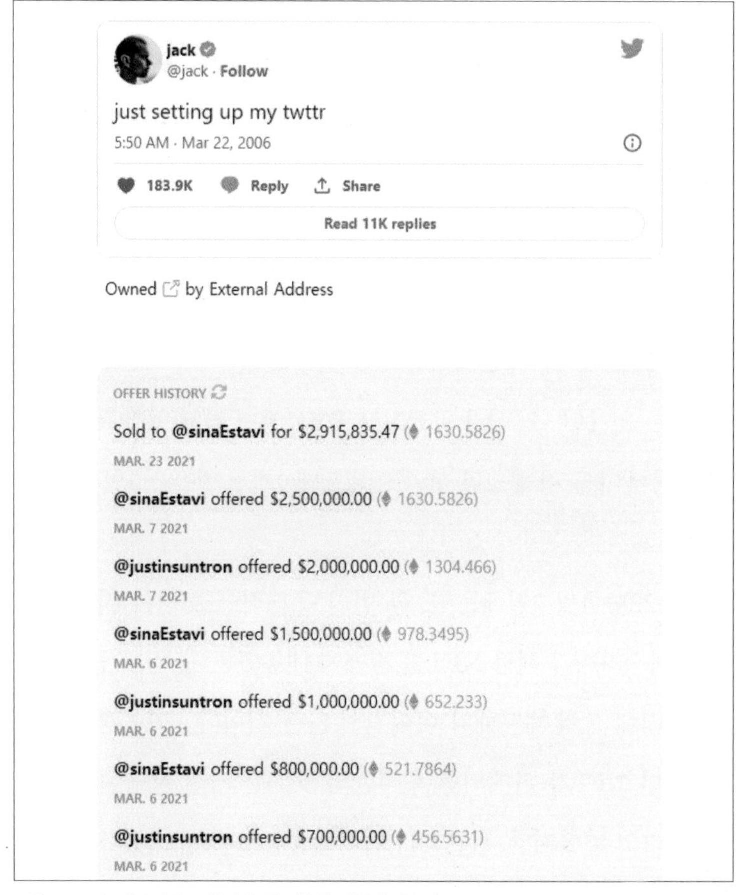

그림 2-24 | 잭 도시의 트윗 낙찰 정보(출처: 밸류에이블즈)

밸류에이블즈는 스타트업 센트(Cent)가 만든 서비스로, 진본 여부 인증을 거친 트윗을 판매할 수 있다. 진본임을 확인한 트윗은 밸류에이블즈에서 NFT로 만든 후 경매에 내놓을 수 있다. 만약 해당 NFT 트윗을 낙찰받으면, 이에 대한 디지털 증명서를 받게 된다. 디지털 증명서에는 트윗 작성자의 서명과 인증이 암호화해 담긴다.

잭 도시는 경매가 끝난 후 수익금 전액을 비트코인으로 바꿔 아프리카 구호 단체인 '기브 다이렉틀리(Give Directly)' 재단에 기부했다. NFT 발행, 판매, 기부까지 이 모든 것이 블록체인으로 이뤄진 것이다.

참고로 잭 도시 트윗 NFT를 낙찰받은 시나 에스타비(Sina Estavi)는 2021년 5월 이란 범죄수사센터로부터 경제 범죄 특별 법원의 명령에 따른 '경제 교란 혐의'로 체포돼 9개월 형을 선고받았다.

2022년 4월 7일에는 또 한 번의 충격적인 소식이 전해졌다. 시나 에스타비가 해당 NFT를 경매에 내놓았는데, 최고 입찰가가 280달러에 그쳐 재판매가 이뤄지지 않은 것이다. 그는 경매에 앞서 "이번 NFT가 판매되면 수익금의 50%를 자선 사업에 사용하겠다."라고 밝혔지만, 입찰가는 이더리움 0.09개에 그쳤다.

잭 도시의 첫 트윗 NFT가 재판매에 실패하면서 '이는 달라진 NFT 시장 상황을 보여 주는 중요한 지표'라는 분석이 나온다. 먼저 비트코인, 이더리움 등 전반적인 가상자산의 가격이 폭락하면서 전 세계적인 가상자산 시장의 부진이 영향을 미쳤다는 목소리가 나온다. 이와 함께 해당 트위터 계정의 소유권도 아닌 '하나의 트윗' NFT의 소유권을 가져봐야 쓸모없다는 것을 사람들이 인식했기 때문이라는 주장도 나온다. 결국 단순히 NFT로 만들었다고 해서 관심의 대상이 되고 가격이 오르는 것은 한 순간일 뿐, 실질적인 가치를 보여 주지 못한다면 성공할 수 없다는 사례로 꼽힌다.

7. 데미안 허스트의 NFT 사회 과학 실험

완성된 하나의 작품을 NFT로 만든 후 소각 여부를 구매자가 결정하도록 하면, 과연 어떤 결과가 나올까?

영국의 현대 예술가 데미안 허스트(Damien Hirst)는 2021년 7월 26일 색다른 프로젝트를 공개했다. 바로 '화폐(The Currency)'라는 NFT 프로젝트이다. 데미안 허스트 화폐 프로젝트의 원작은 2016년에 제작한 1만 개의 고유한 종이에 작업한 작품을 NFT로 만드는 것에서 시작한다. 데미안 허스트에 따르면, 1만 개의 원본 종이 작품은 영국의 은행 금고에 보관돼 있다.

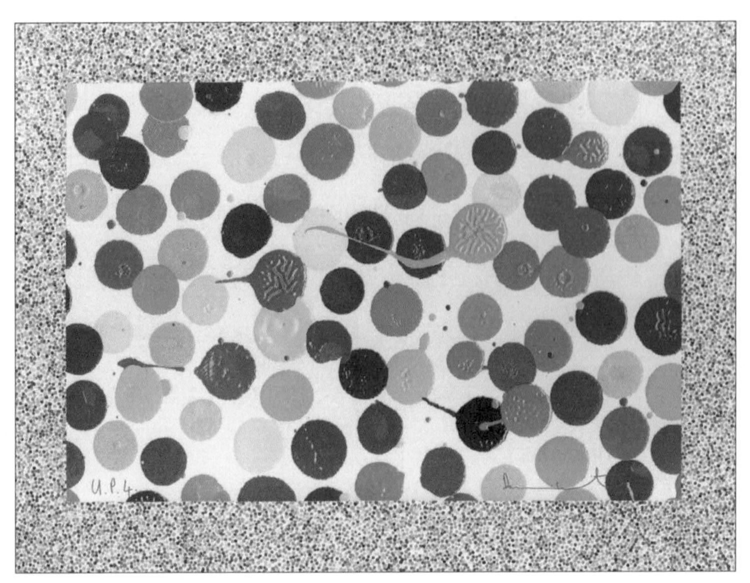

그림 2-25 | 데미안 허스트의 '화폐' 프로젝트(출처: HENI Leviathan)

허스트는 이렇게 만들어진 1만 개의 점(Spot) 시리즈를 NFT로 만들어 각 2만 달러에 판매했다. 물론 해당 작품은 모두 팔렸다.

여기서 그는 한 가지 사회 과학 실험을 한다. NFT를 구입한 구매자에게 1년 안에 실물 그림과 NFT 중 하나를 보유할 수 있는 자격을 줬다. 만약 NFT를 보유한다고 하면 실물 작품을 소각하고 이와 반대의 경우라면 NFT를 소각하고 실물 작품을 주는 식이다. 이는 예술 작품이 하나의 화폐(가치)가 될 수 있는지 확인해 보겠다는 실험적 행위 예술이다.

이번 프로젝트는 데미안 허스트가 만든 현대 미술 플랫폼 '헤니 리바이어던(HENI Leviathan)'에서 진행됐다. 헤니 리바이어던에 따르면, 해당 NFT는 2021년 7월 29일부터 배포가 이뤄졌고 출시 24시간 만에 14건(40만 달러 상당)이 판매됐다. 최종적으로 그의 작품은 약 2,634만 달러가 넘는 매출을 기록했다.

어느덧 1년이 지나 최종적인 선택 시한은 2022년 7월 27일 오후 3시가 됐고 해당 작품 구매인 4,180명은 실물 작품을 선택했으며 나머지 5,820명은 NFT를 보유하기로 결정했다. 이에 따라 데미안 허스트는 구매자가 선택하지 않은 실물 작품이나 NFT를 9월 9일부터 허스트가 운영하는 런던 갤러리에서 매일 소각했다.

데미안 허스트는 2022년 10월 10일 자신의 인스타그램을 통해 "예술의 가치는 실물과 디지털에 상관없이 사라지지 않는다."라며 "이번 행위 예술은 NFT의 가치를 따지기보다 신뢰가 시장 가치를 뒷받침한다는 생각을 검증하기 위한 것"이라고 덧붙였다. 그러면서 "작품 소각은 진정한 디지털 작품을 만드는 과정의 일부"라며 "물리적 작품과 디지털 작품은 서로 양립할 수 없다."라고 강조했다. 결국 실물 작품이든, 실물 작품을 NFT로 만든 디지털 작품이든 세상에 1개만 존재해야 그 작품의 가치를 인정받는다는 의미로 해석된다.

결과적으로 화폐 프로젝트를 통해 실물 작품보다는 실물 작품을 소각 후 NFT 작품만을 소장하겠다는 이들이 더 많았고, 이런 판단은 앞으로 실물 작품의 경매나 NFT 작품의 재판매 결과에 따라 미래 가치의 향배가 결정될 예정이다.

NFT의 오늘: 빠르게 성장하는 NFT 시장을 이끄는 이들

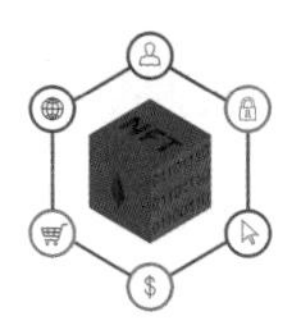

1. 전 세계 NFT 시장 규모

NFT 시장 규모를 정확히 집계한 통계는 사실 없다. 그럴 수밖에 없는 이유는 여럿 있다. 대표적으로 NFT는 전 세계 어디서나 거래가 이뤄진다. 그리고 이 모든 거래는 익명이며 거래 수단도 이더리움, 솔라나, 폴리곤, 클레이튼, 에이다, 폴카닷 등 셀 수 없을 정도로 다양하다. 마지막으로 한 번 거래로 끝나는 게 아니라 매우 적극적인 재판매가 이뤄진다. 이런 이유로 인해 NFT 시장 규모는 천차만별의 결과로 나타난다. 하지만 대부분의 조사가 일맥상통하는 지점도 있다. 우리는 이 부분에 집중할 필요가 있다.

먼저 글로벌 시장 조사 업체 블루위브(BlueWeave)가 지난 2022년

9월 12일 발표한 보고서에 따르면, 2021년 기준 전 세계 NFT 시장 규모는 43억 6,000만 달러로 추산된다. 블루위브는 2022년부터 2028년까지 NFT의 연평균 성장률(CAGR, Compound Annual Growth Rate)이 23.9%를 기록하며, 2028년경에는 195억 7,000만 달러 상당의 시장 규모를 달성할 것으로 전망했다.

특히, 블루위브는 게임과 디지털 아트 관련 NFT 시장이 가장 빠르게 성장할 것으로 예상했는데, 그 이유는 게임에서 인앱(앱 안에서 결제하는 방식) 구매 또는 무료로 제공하는 가상자산은 외부 플랫폼으로 출금하기 어려웠지만, 게임 아이템을 NFT화한 방식은 온전히 사용자 소유의 자산이 될 수 있기 때문이라고 설명했다. 결국 NFT로 만들어진 게임 아이템을 사고파는 시장이 급성장해 다양한 형태의 수익 사업으로 자리잡을 것이라는 의미이다. 대표적인 사례로는 스카이 마비스(Sky Mavis)의 〈액시인피니티(Axie Infinity)〉를 들 수 있다. 〈액시인피니티〉는 게임 내 NFT 캐릭터를 사고파는 방식을 이용해 게임 유저가 수익을 올릴 수 있다. 베트남, 필리핀 등 동남아에서는 〈액시인피니티〉를 직업으로 삼는 사용자도 많다. 그만큼 게임 내 아이템이 전 세계에 비싸게 팔리기 때문이다.

NFT 디지털 아트는 기존의 예술품 거래 시장과 형식의 경계를 넘나들 수 있고 디지털로 창작 작업이 가능한 만큼 창작 비용에 대한 부담이 줄어들어 아티스트로부터 지대한 관심을 받고 있다. 디지털이라는 방식이 무한정 재생산되고 복제될 수 있다는 점이 단점으로 지적되긴 하지만, NFT를 활용하면 원본의 정보를 블록체인에 기록하는 형태로 무분별한 복제를 방지할 수 있다고 설명했다. 특히, NFT 디지털 아트는 지역의 한계를 뛰어넘어 글로벌 시장에서 판매가 이뤄진다는 점 때문에 기존 전통 아티스트도 디지털 아트 영역으로 진입할 것으로 전망된다.

또 다른 시장 조사 업체인 베리파이드 마켓 리서치(Verified Market Research, VMR)는 2022년 7월 발표한 NFT 시장 보고서를 통해 2021년 전 세계 NFT 시장 규모를 약 113억 달러로 평가했다. VMR은 향후 8년 동안 연평균 성장률(CAGR)을 33.7%로 전망하며 2030년 전 세계 NFT 시장 규모는 2,310억 달러를 넘어설 것으로 예상했다.

VMR은 NFT 시장 확대를 이끄는 요인으로 음악, 영화, 스포츠, 게임 등을 지목했다. VMR은 미국 프로 농구(NBA)와 미국 이종 격투기 대회 UFC(Ultimate Fighting Championship) 등 프로 스포츠와 파트너십을 확대해 나가고 있는 대퍼랩스(Dapper Labs)를 NFT 스포츠 수집 영역 성장을 이끌 기업으로 손꼽았다. 또한 게임 내 자산을 현금화할 수 있도록 NFT로 변환하는 서비스를 제공하는 엔진(Enjin) 사를 게임 NFT의 성장 요인으로 지목했다.

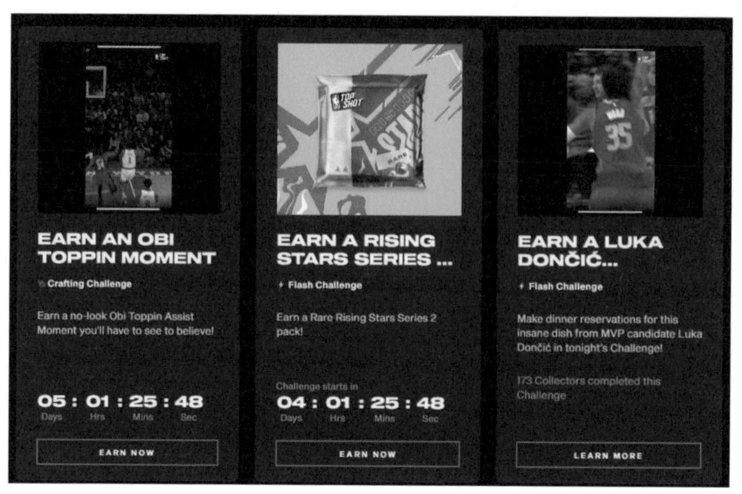

그림 2-26 | 대퍼랩스가 만든 스포츠 NFT 수집 서비스 'NBA TopShot'(출처: NBA TopShot)

2022년 5월 26일 글로벌 컨설팅 업체 스카이퀘스트(SkyQuest)의 시장 보고서는 전 세계 NFT 시장 규모는 2021년 기준 157억 달러이고 2028년까지 1,224억 3,000만 달러 수준으로 성장할 것으로 예상했다. 이는 2022년부터 2028년까지 전 세계 NFT 시장이 연평균 성장률(CAGR) 34.1%를 기록할 것이라는 의미이다.

스카이퀘스트는 2021년 NFT 시장이 급성장할 수 있었던 동력으로 '코로나19'를 손꼽으면서 "코로나19는 디지털 시장이 기하급수적으로 성장하는 배경이 됐으며, 이는 NFT가 시장에 중요한 역할을 하는 데 큰 영향을 미쳤다."라고 분석했다. 특히 코로나19로 인해 전통 예술품 경매 시장이 오프라인에서 온라인으로 빠르게 전환됐다고 지적했다. 디지털 아트 거래액 중 NFT 부분만 따로 본다면 2020년 2분기 13억 달러에서 같은 해 3분기 107억 달러로, 3개월 사이에 9배가량 급성장했다.

또한 NFT의 등장은 엔터테인먼트 산업에도 많은 영향을 미친 것으로 분석됐다. 대표적인 예로 서구권 NFT 커뮤니티 '아라비안 카멜(Arabian Camels)'은 5,000만 달러를 모금해 NFT 영화 〈안타라(Antara)〉를 제작 중이다. 글로벌 엔터테인먼트 사인 디즈니(Disney)와 라이언스게이트(Lionsgate)는 자사의 지식재산권(Intellectual Property Rights, IP)을 활용한 NFT 마켓플레이스(marketplace)를 직접 개발하고 있다.

또한 스카이퀘스트는 오픈시(OpenSea), 라바랩스(Larva Labs), 클라우드플래어(Cloudflare), 대퍼랩스(Dapper Labs) 등 북미에 자리잡은 주요 플레이어가 글로벌 NFT 시장을 주도할 것으로 전망했다. 가장 빠른 성장세를 기록할 지역으로 아시아 태평양(Asia Pacific) 지역을 꼽으며, 가상자산을 수용하는 아시아 태평양 지역 국가가 늘어남에 따라 NFT 산업 성장을 촉진할 것으로 예상했다. 주요 분야로는 NFT 게임 산업을 꼽았다.

라인(LINE)의 블록체인 개발 자회사 라인테크플러스는 2022년 1월 20일에 열린 '2022 가상자산 콘퍼런스'의 주제 발표를 통해 전 세계 NFT 시장 규모가 2021년 20조 원에서 2025년 230조 원 규모로 성장할 것으로 전망했다.

라인은 "2021년 NFT를 거래해 본 사람이 300만 명을 넘어서는 등 NFT 시장이 많은 성장을 기록했지만, 아직 대중화됐다고 말할 수는 없다."라며 "2022년은 시장이 최소 3배 이상 성장하고, 2025년에는 230조 원 규모를 형성할 것으로 예상한다."라고 말했다. 라인 측은 NFT 창작물을 생산할 수 있는 콘텐츠 IP를 가진 글로벌 엔터테인먼트 기업들이 대거 NFT 시장으로 들어올 것이고 최근 급부상하고 있는 메타버스(Metaverse)에서 사용될 디지털 자산이 NFT로 구현될 것이기 때문이라고 설명했다. 빠르게 성장하는 NFT 시장을 선점하기 위해서는 NFT에 익숙하지 않은 일반인도 유입할 수 있는 대중적인 NFT 플랫폼이 등장해야 한다는 조언도 나왔다. 특히, 현재 NFT 서비스는 브랜드와 콘텐츠 역량이 충분한 기업이나 크리에이터가 어떻게 NFT 상품을 기획할지 몰라 진입에 소극적이라고 지적했다. 이런 탓에 NFT 산업은 누구나 손쉽게, 단순하게, 별다른 고민 없이 뛰어들 수 있는 디지털 아트, 게임 아이템 등 일부 분야에 한정돼 있다는 점을 한계로 언급했다.

이번에는 시야를 좀 더 넓혀 NFT 시장 규모를 세분화해 살펴보자.

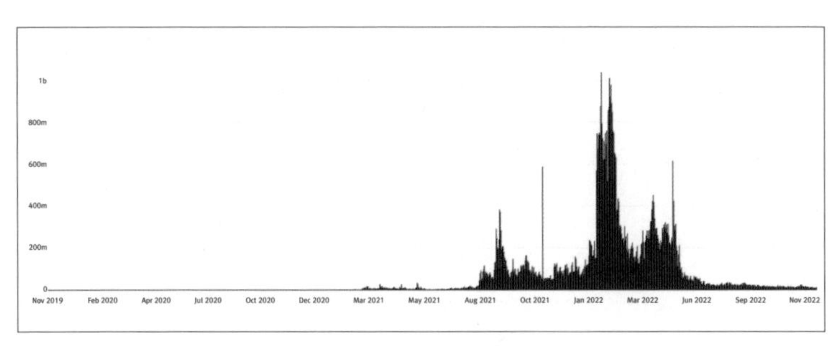

그림 2-27 | 전 세계 NFT 거래 금액 규모(출처: Dune Analytics)

블록체인 데이터 분석 기업인 듄 애널리틱스(Dune Analytics)가 제공하는 통계 분석 서비스를 통해 NFT 시장 통계를 뽑아 봤더니 재미있는 결과가 나왔다.

NFT 거래는 2021년 초부터 조금씩 거래가 이뤄진 것을 볼 수 있다. 특히, 2021년 8월부터 2022년 1월 사이에 달러로 환산한 거래 금액이 폭발적으로 늘어난 것을 확인할 수 있다. NFT 하루 거래 금액이 10억 달러를 넘는 날도 있을 정도였다. 이는 2021년 말부터 2022년 초까지 전 세계 가상자산 시장이 폭발적으로 성장한 일명 '불장(bull market)'이었기 때문으로 보인다. 이 시기에 가상자산 시장이 급등한 이유는 코로나19로 인한 경기 침체를 해결하고자 전 세계 정부가 자금을 풀었기 때문이다. 이때 시장에 풀린 자금이 가상자산 시장으로 흘러들어오면서 NFT 가격이 폭등했다. 또한 2021년 3월 비플의 NFT 디지털 아트 작품 〈매일: 첫 번째 5,000일〉이 6,930만 달러에 팔리면서 NFT 디지털 아트가 폭발적인 인기를 끌며 거래 금액 규모의 성장을 견인했다.

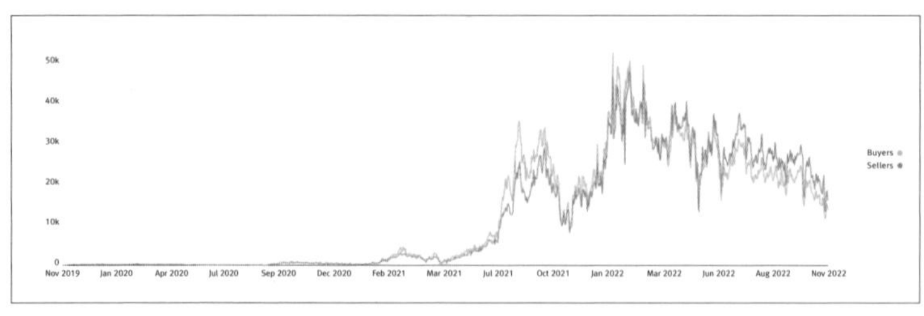

그림 2-28 | 전 세계 NFT 매수자와 매도자 규모(출처: Dune Analytics)

같은 시기에 NFT 매수자와 매도자 비율은 어떤 변화를 겪었을까? 이 정보는 NFT 시장에 공급 우위인지, 수요 우위인지를 단적으로 보여 준다.

앞의 자료와 마찬가지로 2021년부터 2022년 초까지 NFT 거래 금액이 급등한 시기에는 NFT를 매수(Buy)하려는 수요가 우위에 있었다. 매수 우위 시장이 지속되면서 NFT 가격도 급등했던 것으로 보인다. 반면, 2022년 중반부터는 이런 시장의 힘겨루기가 매도(Sell) 우위로 바뀌기 시작한다. 전 세계 NFT 거래 금액 규모도 빠르게 줄어들었다. 가상자산 가격이 하락하면서 일명 '크립토 겨울'이 오자 보유하고 있던 NFT를 내다 팔려는 이들이 크게 늘어난 것으로 보인다. 이런 추세는 2022년 11월까지 그대로 이어지고 있다는 것을 알 수 있다.

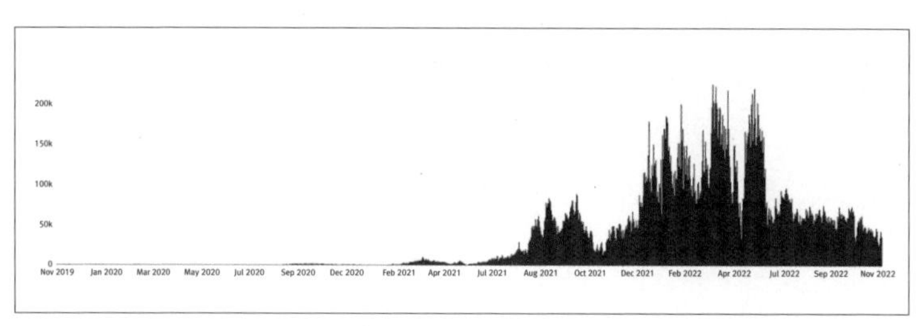

그림 2-29 | NFT 거래량(출처: Dune Analytics)

NFT의 개당 가격을 제외하고, 절대 판매 개수를 살펴보면 어떤 결과가 나올까? 이와 마찬가지로 듄 애널리틱스를 활용해 2019년부터 2022년 11월까지의 전 세계 NFT 판매 개수를 분석해 봤다.

NFT 거래 금액 규모의 성장세와 마찬가지로, NFT 거래량도 2021년 초부터 꾸준히 증가한 것을 볼 수 있다. 차이점이 있다면, NFT 거래 금액은 2022년 1월을 정점으로 크게 줄어든 모습을 보이고 있지만, NFT 거래량은 2022년 5~6월 정점을 찍은 것을 알 수 있다. 또 NFT 거래 금액은 2022년 하반기 들어 2021년 중반 수준으로 폭락했고, NFT 거래량은 일부 하락했지만, 꽤 높은 수준을 이어가고 있는 점이 눈에 띈다.

이 결과를 달리 말하면, NFT 개당 판매 가격이 크게 떨어진 이유는 비싼 NFT는 팔리지 않고 부담없이 살 수 있을 정도의 값싼 NFT의 수요는 꾸준히 이어졌기 때문이라고 할 수 있다. 2022년 하반기부터 전 세계 NFT 시장 추세가 디지털 아트에서 게임 아이템, 실생활에서 활용할 수 있는 형태로 변화하고 있다는 것을 알려 주는 지표라고 할 수 있다.

이번에는 세계 최대 NFT 시장 분석 플랫폼 '논펀지블닷컴(NonFungible.com)'의 2022년 3분기 시장 분석 보고서를 통해 시장 상황을 좀 더 세밀하게 살펴보자.

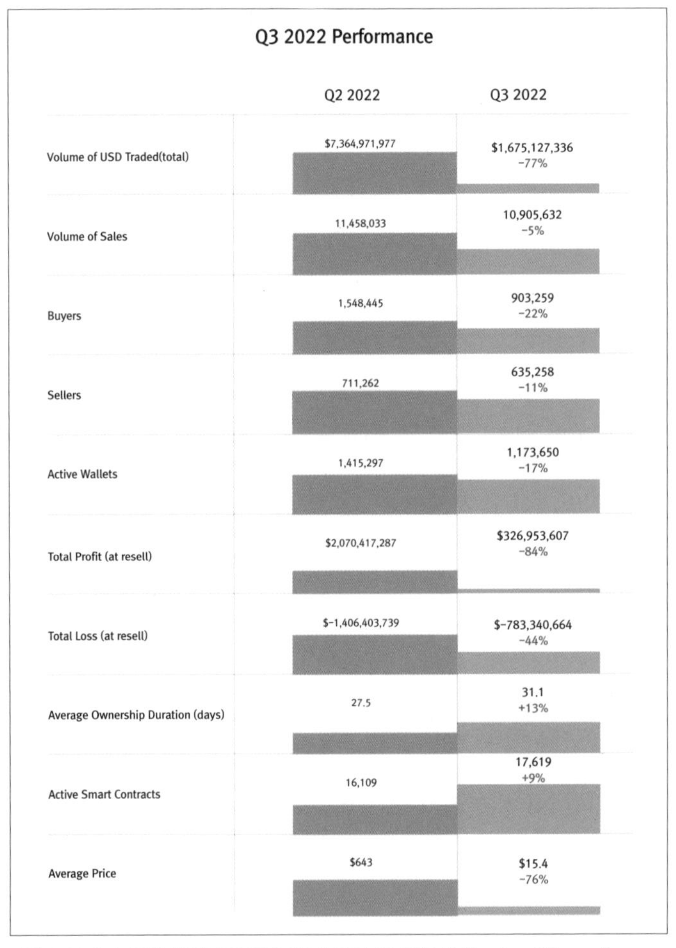

그림 2-30 | 논펀지블닷컴, '2022년 3분기 시장 보고서'(출처: NonFungible.com)

그림 2-30은 전 세계 NFT 시장의 2022년 2분기와 3분기를 비교한 결과이다.

결과를 보면 알 수 있지만, 2022년 3분기의 NFT 거래량(1차 판매 + 2차 판매 이상)은 전 분기 대비 77%가량 줄어들었다. 이 표에는 나와 있지 않지만, 2022년 2분기는 1분기 대비 약 25% 하락했다는 점에서 전 세계 NFT 시장이 빠르게 위축되고 있다는 것은 분명해 보인다.

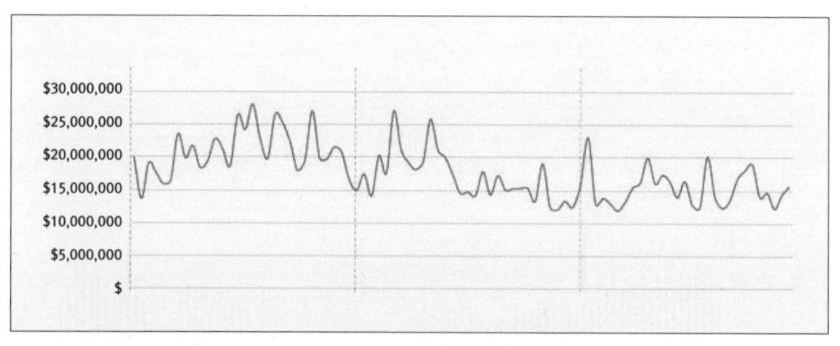

그림 2-31 | 거래량(VOLUME TRADED)(출처: NonFungible.com)

2022년 3분기 NFT 거래 규모 추이를 살펴보면, 7월부터 꾸준히 줄어들고 있다는 것을 확인할 수 있다. 중간에 간혹 특정 프로젝트가 등장하면서 일시적으로 거래량이 늘어나긴 했지만, 전체적인 상황에서는 2022년 1분기부터 꾸준한 하락세를 반전시키기 어려워 보인다.

이번 보고서에서 눈에 띄는 점은 따로 있다. NFT 재판매

(Resell) 이익 규모다. NFT 재판매 규모는 2분기 20억 달러 수준에서 3분기 3억 2,600만 달러로, 84% 감소했다. 이는 매우 극단적인 감소 현상으로, 쉽게 말하면 NFT의 핵심이라고 말할 수 있는 2차 판매가 거의 이뤄지지 않고 있다는 것을 보여 준다. 이는 2차 판매 시장을 주로 타깃으로 하고 있는 '디지털 아트 NFT'의 힘이 빠진 결과로 풀이된다.

다만, 의외의 결과도 나타났다.

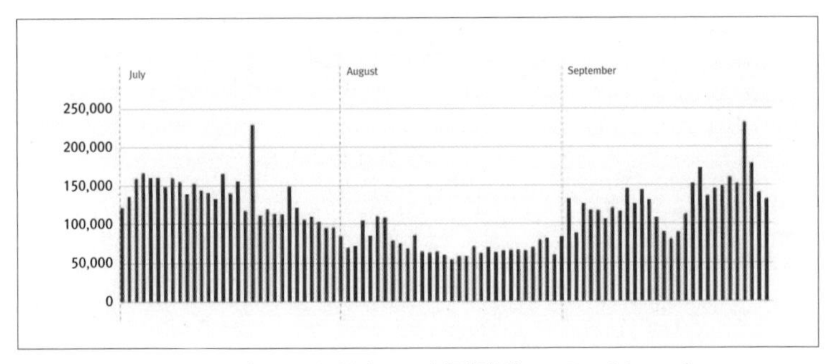

그림 2-32 | 논펀지블닷컴, '2022년 3분기 NFT 판매량'(출처: NonFungible.com)

전 세계 NFT 거래 규모는 빠르게 줄고 있지만, NFT 판매량은 8월에 감소세를 겪은 이후 다시 빠르게 증가한 것이다.

이 자료와 함께 살펴봐야 할 지표가 바로 NFT 평균 판매 가격이다.

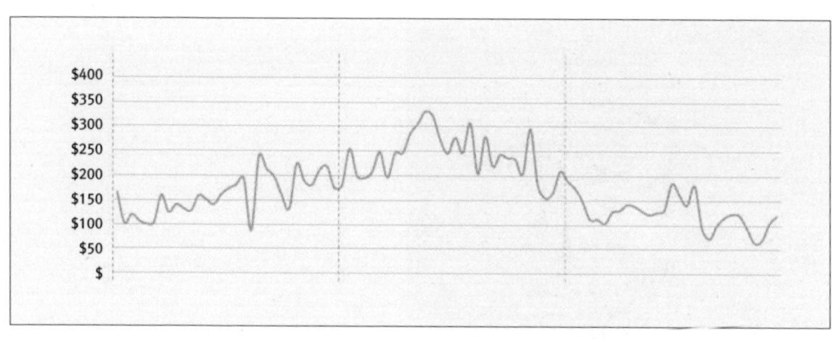

그림 2-33 | 논펀지블닷컴, '2022년 3분기 NFT 평균 판매 가격'(출처: NonFungible.com)

2022년 8월 NFT 판매량은 연중 최저점 수준을 기록했다. 하지만 같은 기간 NFT 평균 가격은 연중 최고점을 달성했다. 이는 무엇을 의미하는 것일까? 8월경에 고가의 NFT가 주로 판매됐다는 것을 말해 준다. 소수의 NFT가 전 세계 NFT 시장을 주도한 결과이다. 이 때문에 판매량은 줄어들었지만, 평균 판매 가격은 상승했다. 주로 〈보어드 에이프 요트 클럽(BAYC)〉, 〈크립토펑크〉 시리즈 등 개별 가격이 비싼 PFP(Profile Picture)나 디지털 아트 NFT가 인기를 끌었기 때문으로 보인다. 실제로 8월 17일 'BAYC #5383'이 이더리움 777개에 판매됐다. 또한 8월 31일에는 BAYC #6588이 이더리움 770에 판매되기도 했다.

이와 반대로 2022년 9월에는 판매량이 급등했지만, NFT 평균 판매 가격은 연간 최저점 수준으로 하락했다. 같은 기간 NFT 거래 규모도 판매량에 비례해 상승하는 모습을 보여 주지 못하면서 오히려 소폭 하락하는 결과가 나타났다. 이는 2022년 하반기로

그림 2-34 | 이더리움 777개에 판매된 'BAYC #5383'(출처: OpenSea)

접어들면서 고가 NFT(PFP 혹은 디지털 아트 NFT)보다 저가 NFT가 시장의 관심을 받고 있다고 해석할 수 있다.

앞의 통계는 실제 NFT를 구입했거나 구입할 생각이 있는 친NFT 성향의 수집가를 대상으로 나온 결과이다. 그렇다면, 일반 대중의 NFT 관심도는 어떻게 변화하고 있을까?

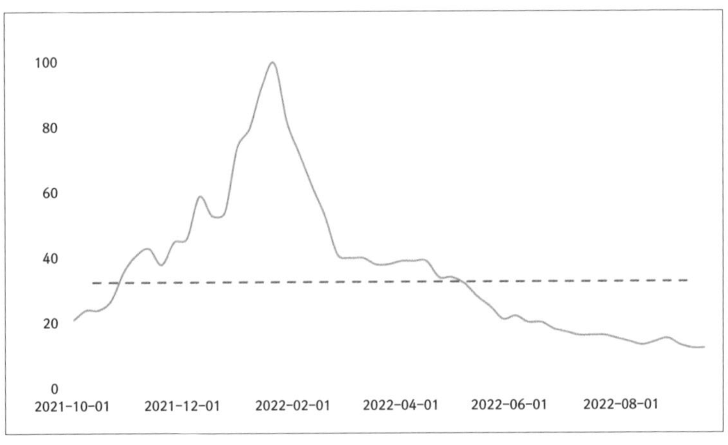

그림 2-35 | NFT와 NFT 관련 주제의 검색량 추이(출처: 구글 트렌드)

그림 2-35는 검색어를 기반으로 다양한 키워드나 주제의 관심도를 살펴볼 수 있는 세계 최대 검색 서비스 '구글 트렌드'로 살펴본 NFT 검색량 추이이다. 2021년 10월부터 2022년 9월까지 살펴보면 2022년 2월쯤 NFT에 대한 관심도가 높아졌다가 하락한 것을 볼 수 있다. 이는 전 세계 가상자산 시장이 급등했던 시기와 유사하다는 것을 알 수 있다. 2021년 하반기부터 2022년 1월까지 비트코인, 이더리움 등 주요 가상자산이 모두 급등했다. 하지만 얼마 가지 못하고 2022년 2월부터 전 세계 시장이 꽁꽁 얼어붙으며 가상자산 가격이 급락했다. 특히, 2022년 5월에는 시가총액 기준 한때 전 세계 가상자산 중 5위를 차지하기도 했던 알고리즘 스테이블 코인 테라(Terra)가 150달러에서 0.0009달러로 99.99% 하락하면서 큰 충격을 일으켰던 시기이기도 하다. 이때를 기점으로 모든 가상자산 시장은 본격적인 '크립토 겨울'에 들어선 것으로 여겨진다. 크립토 겨울은 가상자산 업계에서 말하는 '장기 하락기'로, 지금까지 4번가량 '크립토 겨울'을 맞으며 시장의 축소가 상승이 반복됐다.

결과적으로 NFT는 이더리움, 솔라나 등 주요 가상자산으로 거래하는데, 이들 가격이 하락하면서 NFT 거래도 크게 줄어든 것으로 파악된다.

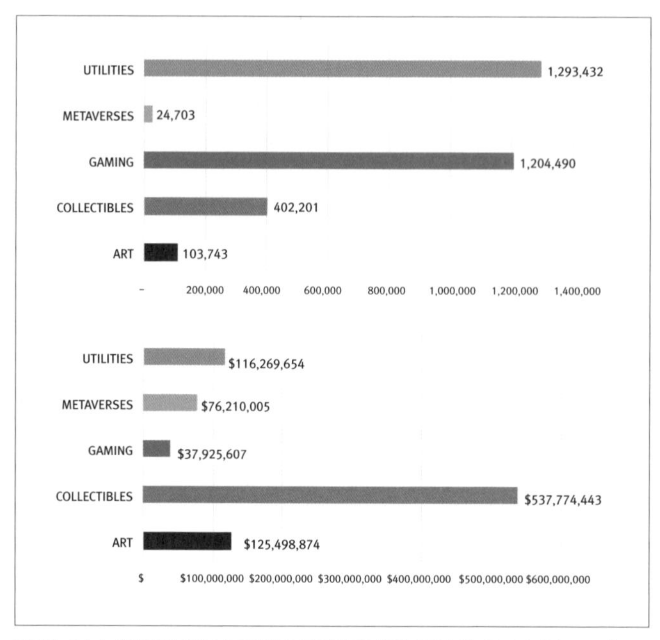

그림 2-36 | (위에서부터) 부문별 NFT 판매량과 거래 규모(출처: NonFigible.com)

향후 NFT 시장의 방향성을 점쳐볼 수 있는 재미있는 자료를 소개한다. 현재 전 세계 NFT 분야 중 가장 많은 판매가 이뤄지고 있는 영역은 '유틸리티', '게임'이다. NFT에 여러 가지 기능을 덧붙여 만든 유틸리티 기반 NFT는 최근 눈부신 성장을 기록하고 있다. 또한 〈액시인피니티〉 이후 열풍이 분 P2E(Play to Earn)는 게임 내 아이템을 NFT로 만들어 판매하는 방식으로 저변을 빠르게 확대해 나가고 있다. 특히, 유틸리티와 게임 내 NFT는 NFT 자체의 가치보다 해당 NFT로 활용할 수 있는 영역에 집중하면서 저렴한 가격에 많은 사람이 사용할 수 있는 방식으로 생태계의 확장에 주력하고 있다. 2023년에도 이런 추세는 계속 이어질 것으로 보인다.

거래 규모만을 따로 살펴보면 수집품과 디지털 아트 영역이 가장 앞선다는 것을 알 수 있다. 하지만 거래량을 보면 시장이 빠르게 쪼그라들고 있다. 초기 시장에서는 NFT가 수집품, 디지털 아트 영역을 이끌었지만, 현재는 그렇지 못하다는 것을 나타낸다. 가장 큰 원인으로는 NFT 거래 주체인 주요 가상자산의 가격이 급락하면서—크립토 겨울이 들어서면서 비트코인 -55%, 이더리움 -60%, 기타 가상자산 평균 -80% 정도 가격이 떨어졌다.—NFT로 거래한 수집품, 디지털 아트의 가치가 간접적으로 하락했기 때문으로 보인다. A라는 작품이 이더리움 10개에 거래됐다고 하지

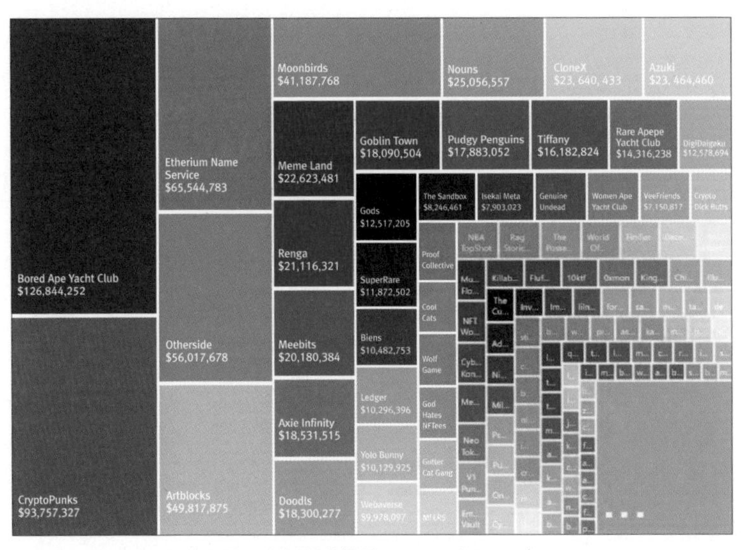

그림 2-37 | 주요 NFT 프로젝트 시장 점유율(출처: NonFungible.com)

만, 크립토 겨울 전후 이더리움 10개의 가치를 환산하면 A 작품은 50% 이상 가치가 떨어진 것과 다름없다.

주요 NFT 프로젝트의 시장 점유율 현황도 살펴보자. 먼저 〈보어드 에이프 요트 클럽(BAYC)〉이 전 세계 NFT 프로젝트 중 가장 인기를 끌고 있다는 점을 확인할 수 있다. 하지만 시장 상황은 녹록지 않았다. BAYC와 아더사이드(Otherside)는 2022년 2분기에 20억 달러 이상의 거래 규모를 기록했지만, 3분기에는 1억 8,200만 달러로, 10분의 1 토막이 난 상황이다. 특히, 유가랩스(Yuga Labs)가 진행하는 프로젝트인 '크립토펑크(CryptoPunks)', BAYC, '아더사이드(Otherside)', '미비츠(Meebits)' 등은 2022년 2분기에 전 세계 NFT 시장의 30% 이상을 차지했지만, 이들 대부분의 거래량이 크게 줄어들고 3분기에는 17% 남짓 차지하면서 그동안 제기됐던 특정 기업의 NFT 시장 집중화 문제가 일시적으로 해소됐다.

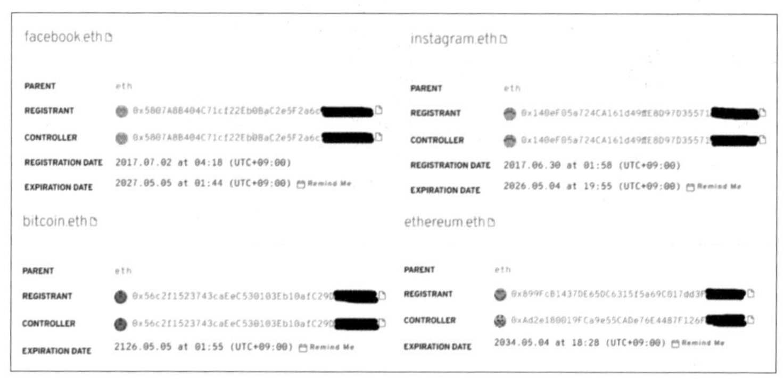

그림 2-38 | 주요 ENS 목록(출처: ENS 홈페이지)

NFT 프로젝트 중 가장 주목할 만한 프로젝트는 이더리움 기반 인터넷 주소 서비스인 '이더리움 네임 서비스(Ethereum Name Service, ESN)'이다. ENS는 2022년 2분기 14위에서 3분기에 3위까지 급상승했다. 거래량은 큰 변화가 없는 것으로 봤을 때 일정한 수요가 유지되고 있지만, 타 NFT 프로젝트의 거래가 크게 줄어들면서 반대급부로 순위가 오른 것으로 보인다. 참고로 ENS는 숫자와 알파벳으로 이뤄진 복잡한 이더리움 지갑 주소를 사람이 읽을 수 있는 형태로 바꿔 주는 서비스이다. 기존 인터넷 시스템에도 DNS(Domain Name Service)가 있는데, 기능상 이와 동일하다. 이더리움 생태계가 빠르게 성장하면서 주요 ENS 주소를 미리 선점해 직접 사용하거나 판매하는 사례가 늘어나고 있다. 단적인 예로, ENS를 사용하면, 복잡한 지갑 대신 영어로 된 간단한 주소만으로 가상자산을 주고받을 수 있다.

결과적으로 NFT 수집품의 등장은 이 시장에 막대한 이익을 가져다 주면서 급성장했다. 하지만 가상자산 시장이 흔들거리자 NFT 거래가 급감하면서 부정적인 요소가 크게 부각됐다. 고티에 주핑어(Gauthier Zuppinger) 논펀지블닷컴 공동 설립자는 이런 상황을 두고 "몇몇의 NFT 프로젝트는 이미 죽었고 다시 회복되기 어렵겠지만, NFT 산업 자체가 사라진 것은 아니다."라며 "이익과 투기가 지배했던 초기 NFT 시대는 끝났고, 앞으로 이 기술이 새롭게 쓸 역사를 지켜봐야 한다."라고 말했다.

결과적으로 NFT는 단순히 '수집'하는 시대를 지나 게임, 금융, 엔터테인먼트, 패션, 스포츠 등 NFT와 관련된 다양한 서비스가 등장하고 일상생활 속에 녹아드는 형태로 성장해 나갈 것으로 기대한다.

2. 아티스트가 NFT에 관심을 보이는 이유

수차례 반복하지만, NFT를 최초로 만든 이는 개발자가 아니라 케빈 맥코이(Kevin McCoy)라는 아티스트였다는 점을 기억해야 한다. 지금은 NFT가 다양한 측면에서 활용성을 인정받고 확장해 나가고 있지만, 처음에는 디지털 상상력을 일깨워 줄 예술 작품을 위한 수단, 한 번 만들어진 작품은 영원하고 변하지 않는다는 의미를 부여하기 위한 훌륭한 도구였기 때문이다.

첫 시작이 이런 까닭에 NFT 아트는 현대 예술에서 파생된 것이 아니라 '예술-기술-경제'가 만나는 융합적인 사고에서 태어났다. 이것이 바로 아티스트의 철학과 기술 이해가 필요한 배경이다.

필리핀 최남단 민다나오 섬 남동부 다바오에 사는 스쿼터러(Squirterer)는 2018년 가상자산, 특히 NFT를 알고 나서 인생이 달라졌다. 그 전까지는 작품을 만들어 판매하기 어려웠다. 특히, 필리핀에서는 스쿼터러의 작품을 찾는 사람이 없었다. NFT는 이 문

그림 2-39 | NFT 아티스트 크퀼터러 〈To Mend Thy Broken Heart〉(출처: KnownOrigin)

제를 해결했다. 시공간의 장벽은 NFT 세상에서 존재하지 않기 때문이다. 스퀼터러는 NFT 작품을 만들어 판매함으로써 코로나19로 인한 경제 위기도 버텨냈다. NFT 작품을 판매해 생활고도 해결하고 작품도 판매해 NFT 디지털 아트 세상에서 이름난 아티스트로 자리잡았다.

NFT 아트 혹은 NFT 아티스트는 자본에 의한 착취당하고 있다고 경고하는 목소리도 있다. 비트코인 코어 개발자로 이름 높은 지미 송(Jimmy Song)이 대표적인 예이다. 지미 송은 2021년 3월 2일 자신의 SNS에 "NFT는 아티스트의 능력을 착취하는 수단으로 활용되고 있다."라며 "아티스트, 특히 굶주린 아티스트가 NFT로 돈을 벌 수 있다는 환상을 심어 주고 있다."라고 경고했다. 지미 송의 이런 발언은 그가 비트코인 생태계에 지대한 영향을 미치고 있는 상황에서 나온 것이다. 비트코인은 탄생부터 자본주의 타계, 중앙화된 권력으로부터의 독립을 외치면서 등장했기 때문이다. 괜히 비트코인이 '무정부주의(아나키즘) 화폐'라고 불리는 것이 아니다. 이런 배경에서 자본주의의 수단으로 활용되는 NFT에 대해 부정적으로 보는 것은 일견 당연할지도 모른다.

하지만 아티스트의 세계와 철학은 개발자의 생각으로는 판단하기 어려워 보인다. 스퀻터러는 "만약 아티스트가 탈중앙화된 공간에서 악용되고 있다고 생각한다면, 그것은 전통적인 예술품 시장을 전혀 이해하지 못하고 있기 때문이다."라고 말한다. 전통 예술품 시장에서 작품 하나를 팔기 위해서는 직접 구매자를 찾거나 갤러리나 화랑에 막대한 수수료를 줘야 한다는 것, 심지어 작품 판매에 있어서 아티스트는 제외된 채로 움직이는 시장이라는 것을 말이다. NFT가 아니었다면 스퀻터러는 필리핀의 무명 작가로, 작품 하나 판매하지 못하고 더 이상 예술 활동을 하지 못하지 않았을까? 아티스트에게 있어서 NFT의 장점은 무명의 아티스트라도 예술 활동을 하기 위한 기회가 생긴다는 데 있다.

아티스트가 NFT에 빠져든 것은 사실 2021년 3월 11일 비플의 〈매일: 첫 번째 5,000일〉이 6,930만 달러에 크리스티 경매에서 팔렸기 때문이라는 것을 어느 누구도 부정할 수 없다. 비플이 5,000일 동안 매일 한 작품씩 만들어 합친 후 NFT 작품으로 만들었다는 이야기는 '대단함'을 나타내는 서사이지만, 아티스트에게 있어서 디지털 창작물이 NFT로 만들어져 비싼 가격에 팔렸다는 것 이상의 의미는 아니다. 이것이 중요한 지점이다. 기존 전통 예술품 시장에서는 불가능한 일이 NFT로 가능해진 것이 아티스트가 NFT에 본격적으로—폭발적으로—뛰어드는 하나의 분기점이 됐다.

그림 2-40 | 데이비드 호크니의 〈예술가의 자화상〉(출처: Christie's)

당연히 아티스트 내부에서도 이런 현상에 대한 반발이 있었다. 지난 2018년 9,030만 달러에 판매된 〈예술가의 자화상(Portrait of an Artist (Pool with two figures))〉을 그린 현대 예술의 거장 데이비드 호크니(David Hockney)는 "NFT는 국제적인 사기꾼이 하는 것"이라며 "NFT 아트는 전통 예술의 가치보다 과대 평가받고 있다."라고 비판했다. 예술적 가치가 없는 작품이 NFT 아트라는 이름으로 비싼 가격에 팔리는 것은 예술이 아니라 투기 수단이라는 지적인 셈이다.

NFT 아트를 두고 여러 논란이 끊임없이 이어지고 있다. 그리고 이런 논란은 NFT 아트가 진화하는 데 훌륭한 밑거름이 될 것이다. 최소한 NFT 아트는 예술 작품 본연의 가치를 평가하는 데 있어 시공간의 제약을 받지 않기 때문이다. 제3국가의 무명 작가도 작품성과 독특한 아이디어만 있다면 인정받을 수 있는 것이 아티스트가 NFT에 뛰어드는 핵심 가치이다.

3. NFT에 뛰어드는 기업: 루이비통, 나이키, 삼성전자, 포르쉐

기업의 존재 이유는 무엇일까? 다들 알겠지만, 기업의 존재 이유는 '수익'이다. 속된 말로 '돈을 벌기' 위해 존재하는 것이 바로 기업이다. NFT 작품이 비싼 가격에 팔리기 시작하고 메타버스라고 불리는 가상현실 세계에 대한 대중의 관심이 커지자 기업들은 가상 세계와 현실 세계를 잇는 피지털(Physical + Digital) 수단으로 NFT를 지목했다.

그림 2-41 | 루이비통이 만든 〈루이: 더 게임(Louis: The Game)〉의 NFT(출처: Louis Vuitton)

루이비통, 구찌, 프라다, 돌체앤가바나, 버버리 등 명품 브랜드 기업뿐 아니라 나이키, 아디다스 등 스포츠웨어 브랜드와 삼성전자, 현대자동차 등 제조업 기반 기업들도 데이터 위변조 문제, 정보의 투명성(진품의 유통 경로 투명화) 등 블록체인 기술에 관심을 보이면서 이를 한 번에 해결할 수 있는 NFT에 주목하는 것은 어쩌면 당연한 수순이었다. 인터넷, 게임, SNS 등에 익숙한 Z세대(1990년대 후반부터 2000년대 초반 사이에 태어난 사람들의 세대)의 디지털 자산 소비가 늘어나면서 NFT는 한 세대를 관통하는 키워드가 됐다. Z세대는 집단보다 개인의 행복을 중시하고, 소유보다 공유(중고 시장 등), 상품보다 경험을 중시하는 특징을 보인다. 또 단순히 물건을 구매하는 데 그치지 않고 사회적 가치, 특별한 의미, 자신의 신념을 표현하는 '미닝아웃(Meaning Out)'의 특성을 보인다. 특히, '나와 너'를 구분하기 위한 '플렉스(FLEX)' 문화와 '명품 소비'에 익숙하다.

Z세대 사이에서 NFT가 빠르게 성장할 수 있었던 것도 이 세상에서 유일하게 나만이 가질 수 있는 뭔가로 자리매김했기 때문이라고 할 수 있다. 속된 말로 '꼰대'로 대변되는 어른의 거친 시각과 명령을 받지 않고, 나를 온전히 표현할 수 있는 촉매제가 NFT였던 셈이다. 물론 Z세대가 비트코인, 이더리움 등 가상자산에 대해 거부감이 적은 것도 한몫한다. NFT를 구입하기 위해서는 '가상자산'과 '가상자산 지갑'이 있어야 한다. 보통 사용자 경험(UX)과 사용자 환경(UI)로 뭉뚱그려 말하지만, 친디지털 세대가 아니고서는 다가가는 게 어려운 것도 사실이다. 결국 Z세대에게 있어서 NFT는 디지털 세상 속에서 명품 브랜드와 같은 존재나 다름없다. Z세대의 NFT에 대한 익숙함은 당연하게도 명품 브랜드의 NFT 시장 진출을 이끌었다.

독일의 시장 조사 업체 스태티스타(Statista)의 글로벌 NFT 규모 통계에 따르면, 2019년 240만 달러에 불과했지만 2022년 350억 달러 수준으로 성장했다. 메타버스가 본격화되는 2025년에는 글로벌 NFT 시장이 800억 달러로 퀀텀 점프(Quantum Jump)할 것으로 전망된다. 그만큼 Z세대를 중심으로 메타버스와 결합된 NFT의 미래 성장 가치는 무궁무진하다고 할 수 있다.

한국산업단지공단이 2022년 8월 23일 발표한 《이슈 앤 트렌드 52》에서는 기업의 NFT 활용 영역을 크게 네 가지로 구분한다.

구분	기업	활용 목적	활용 형태
제조·유통	브라이틀링, LVHM, 까르띠에, 프라다, 도요타, 메르세데스-벤츠	정품 인증, 이력 관리	NFT 형태의 품질 보증서 발급
제품 기획 & 서비스	삼성전자, LG전자, 나이키, 아티팩트(RTFKT) 〈액시인피니티〉	메타버스와 현실 세계 연결 - 피지털 서비스	제품 내 NFT 제공, PFP, P2E 게임 아이템
마케팅	현대자동차, 포르쉐, LG유플러스, 글렉피딕	커뮤니티 기반 NFT	NFT 커뮤니티 활성화
ESG	IBM, 플로우카본, 카야 & 카토, 모스, 트리스 AI	ESG 지속 가능 제고	NFT 공급망 관리, 탄소 배출권 NFT 거래

표 1 | 기업의 NFT 활용 영역 네 가지(출처: 한국산업단지공단이 2022년 8월 23일 발표한 《이슈 앤 트렌드 52》)

❶ 제조·유통

NFT를 활용한 제조와 유통 분야 사례는 패션, 자동차 등 제조업체가 주력하고 있다. 이들은 한 번 기록된 데이터는 위변조가 불가능하다는 블록체인 기술을 간단한 형태로 구현한 NFT로 제품 제조와 유통 정보를 확인하고 진위 여부를 판별하고자 한다. 스위스의 시계 업체 브라이틀링은 아리아니(Arianee) 기반의 NFT를 제작해 정품 인증에 활용하고 있고 LVMH, 까르띠에, 프라다 등은 블록체인 컨소시엄 아우라(Aura)를 통해 명품 NFT 보증서를 발행하고 있다. 이 명품 NFT 보증서에는 제품의 고유 식별 번호, 원자재, 제조 공장, 매매 기록 등이 기록된다. 명품 NFT 보증서만 있다면 해당 제품이 진품이고 누가 소유하고 있는지를 한눈에 알 수 있는 셈이다.

메르세데스-벤츠와 도요타는 중고차 매매 이력, 과거 사고 기록, 정비 이력 등을 포함한 인증 NFT를 도입했다. 이를 통해 중고 자동차의 투명성을 높여 브랜드 가치를 유지하겠다는 복안이다.

❷ 제품 기획 & 서비스

제품 기획 & 서비스 분야는 NFT를 활용하기 좋은 대표적인 영역이다. 그런 만큼 자사의 제품에 NFT 옵션을 넣거나 디지털 콘텐츠 NFT를 제공하는 형태로 뛰어들고 있다. 특히, NFT 도입을 통한 디지털 콘텐츠의 희귀성과 다양성을 보여 주는 만큼 일반

소비자를 대상으로 홍보 효과를 극대화하고자 한다.

대표적인 예로 삼성전자와 LG전자는 주요 TV 라인업에 NFT 예술품 감상과 거래 시스템을 탑재했다. 나이키는 메타버스에서 신을 수 있는 운동화라는 콘셉트로 급성장한 증강현실 개발사 아티팩트(RTFKT)를 인수하고 메타버스에서 상대방에게 뽐낼 수 있는 NFT 의류 시리즈를 제작하는 등 발빠른 대응에 나섰다.

이와 마찬가지로 더 샌드박스(The Sandbox), 디센트럴랜드(Decentra Land) 등과 같은 메타버스 플랫폼은 일명 NFT 부동산 '랜드(Land)' 등을 판매하고 있다. 소유한 랜드를 통해 메타버스에 자신만의 건물을 짓는 등 다양한 경험도 늘어나고 있다. 대표적인 예로 도미노 피자는 디센트럴랜드에서 가상의 매장을 만들고 NFT로 결제하면 실제 피자를 오프라인으로 배달하는 서비스도 제공하고 있다.

게임 영역은 NFT 개발사, 특히 게임사가 눈독을 들이고 있는 분야이다. 2021년 기준 전 세계 게임 시장은 1,500억 달러를 상회하는데 이 중 게임 내 아이템, 스킨 등 판매 시장이 500억 달러 상당으로 3분의 1를 차지한다. 바로 이 부분이 전 세계 주요 게임사가 신산업 모델로 노리는 것으로, 500억 달러의 아이템 시장을 NFT로 전환하면 막대한 부가 수익을 올릴 수 있다는 계산이다. 이미 〈크립토키티〉, 〈액시인피니티〉 등이 큰 성공을 거뒀고, 넥슨, 컴투스, NC 소프트, 넷마블, 위메이드 등의 국내 게임사를 비롯해 에픽게임즈, 유니티 등 글로벌 게임 개발사도 NFT 시장 진출을 준비 중이다.

❸ 마케팅

NFT 마케팅은 '찐팬'이라고 할 수 있는 홀더(소유자)를 중심으로 고객 로열티를 강화하는 방식으로 이뤄진다. 쉽게 말해 NFT를 소유한 이들에게만 특별한 경험과 가치를 제공해 주는 방식이다. 이는 NFT의 커뮤니티 구성, 소셜 캐피털(Social Capital), 엔터테인먼트 등의 속성을 활용한 결과이다. 참고로 소셜 캐피털은 1990년대 사회학자 제임스 콜먼(James Coleman)이 주창한 개념으로, 두 사람 이상으로 구성된 사회 속에서 개인과 개인으로 연결된 관계망을 통한 '협력적 행위'를 촉진해 사회 발전을 지향하는 것을 말한다. 쉽게 말해 사회 구성원 간 커뮤니케이션이 사회의 핵심 자산이라는 이야기이다. 간단히 말해 커뮤니케이션의 중요성을 의미한다.

고성능 스포츠카 브랜드 포르쉐는 '포워드31(Forward31)'이라는 NFT 개발 자회사를 설립해 포르쉐 고객을 위한 '팬존(Fanzone)'을 론칭했다. 팬존은 포르쉐 구매자만 참여할 수 있는 커뮤니티인 셈이다. 국내 최대 자동차 제조 기업인 현대자동차도 2022년 7월 NFT 프로젝트 메타콩즈와 함께 '아이오닉 시티즌십' 커뮤니티 운영에 나섰다.

그림 2-42 | LG유플러스가 만든 NFT 캐릭터 '무너'(출처: LG유플러스)

NFT 보유자를 대상으로 한 커뮤니티 운영과 함께 실물 제품과 연계한 체험형 마케팅도 활발히 진행 중이다. LG유플러스는 2022년 5월과 9월 두 차례에 걸쳐 카카오가 만든 블록체인 '클레이튼'을 기반으로 NFT 캐릭터 '무너'를 판매했다. 무너 NFT 보유 시 레고랜드 티켓, 커피, 치킨 쿠폰 등 실물 상품을 주는 방식으로 커뮤니티의 기능을 실험했다.

위스키 브랜드 글렌피딕, 맥켈란, 국내 전통주 업체 주크박스 등은 위스키 NFT, 전통주 NFT 등을 발행해 이 NFT 보유 시 시음 행사, 한정판 주류 구매 특전 등을 제공하는 커뮤니티를 제공해 인기를 끌었다. 이처럼 최근에는 NFT와 실물을 결합한 형태로 다양한 활동이 이뤄지고 있다.

❹ ESG

환경(Environment), 사회(Social), 지배 구조(Governance) 등 기업의 비재무적 요소가 핵심 가치로 떠오르는 시대가 됐다. 이런 추세는 블록체인과 NFT에서도 예외가 아니다.

NFT는 자원의 유통 경로를 투명하게 볼 수 있을 뿐 아니라 거래도 가능하다. ESG에서는 이런 특징을 제조 공급망 정보를 기록하거나 기업 간 탄소배출권을 거래하는 데 활용하고자 한다.

독일 연방 정부는 2020년 11월 16일 IBM과 작업복 제조사 카야 & 카토(KAYA & KATO)에 제조 공급망 정보 기록과 환경 영향을 확인할 수 있는 NFT 기반 블록체인 개발을 지원했다. 이를 통해 원재료, 원산지, 가공 시설 등 탄소 발생 생산 정보를 공유하고 관리하기 위해서이다.

환경의 중요성이 부각됨에 따라 기업 간 탄소배출권 거래가 활발히 이뤄지자 거래 수단으로 위변조가 불가능하고 추적이 용이한 NFT를 사용해 오프라인 탄소배출권 시장의 문제를 보완하고자 하는 움직임이 나타났다. 기존 오프라인 탄소배출권 시장은 수요·공급의 불안정성과 유통 거래 정보의 불투명성으로 실효성 논란이 발생했다. 하지만 NFT를 활용하면 이런 한계를 극복할 수 있다고 주장하면서 플로우카본(Flowcarbon), CO2네트워크(CO2Network), 왁스

(Wax), 클리마다오(KlimaDAO), 메타라이징(Metarising) 등 탄소배출권 거래와 관련한 NFT 프로젝트가 등장했다.

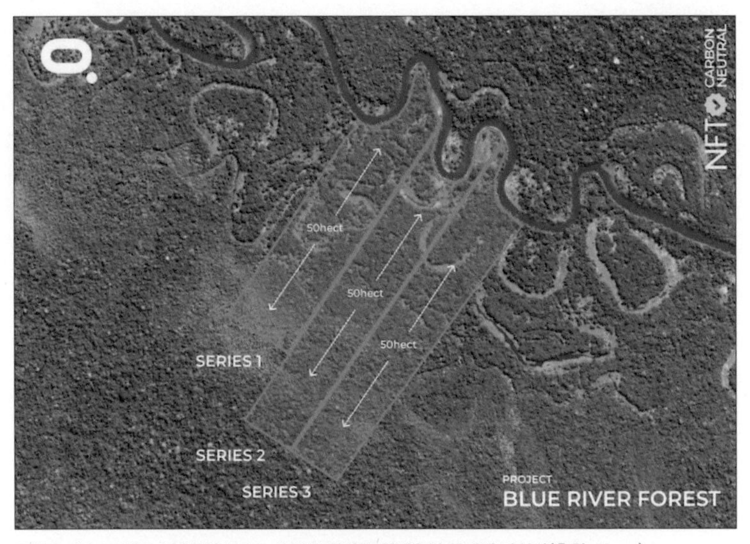

그림 2-43 | NFT 스타트업 모스는 NFT로 아마존 열대우림 판매에 나섰다(출처: Moss).

미국의 NFT 스타트업 모스(Moss)는 아마존 NFT를 판매해 해당 NFT를 구입하면 실제 아마존 1헥타르(약 3,000평)의 열대우림 소유권과 환경 보전 의무를 양도했다. 해당 NFT는 1개에 3,000달러에 판매됐다. 모스에 따르면, 아마존 NFT를 판매해 총 1억 5,200만 그루의 나무가 보존될 수 있었다고 밝히기도 했다.

영국의 글래스고(Glasgow)는 2020년부터 미래 환경 위기 시뮬레이션을 통해 홍수 피해에 노출된 클라이드·로크로몬드 지역 주민

17만 명을 위한 대책 수립에 착수했다. 그 결과 도시숲을 조성해 하수 유출량을 줄이고 대기오염을 줄여야 한다는 결론을 내리면서 '트리스AI(TreesAI)' 프로젝트를 시작했다. 트리스AI는 도시숲의 나무 하나하나에 NFT를 부여해 신청한 시민에게 나눠 주고 위탁 관리하도록 했다. 나무별 연간 탄소 흡입량을 측정해 도시 전체의 탄소 감축 총량을 파악하고 이를 통해 탄소 배출권 수익을 보유자에게 배분했다.

4. NFT와 가상자산 거래소: 바이낸스, 업비트, 빗썸

NFT와 가장 가까운 존재는 무엇일까? 힌트를 주면, NFT는 거래를 할 수 있다. 정답은 '가상자산 거래소'이다. 사실 오픈시(OpenSea) 같은 NFT 마켓플레이스라고 할 수 있지만, 결국 NFT는 비트코인, 이더리움 등 가상자산으로 사야 하기 때문에 가상자산 거래소가 중심 역할을 할 수밖에 없다.

먼저 세계 최대 가상자산 거래소 바이낸스는 2021년 6월 NFT 마켓플레이스를 론칭했다. 바이낸스 NFT는 바이낸스가 만든 자체 블록체인 네트워크인 바이낸스 스마트체인(BSC)과 이더리움 기반의 NFT를 지원한다.

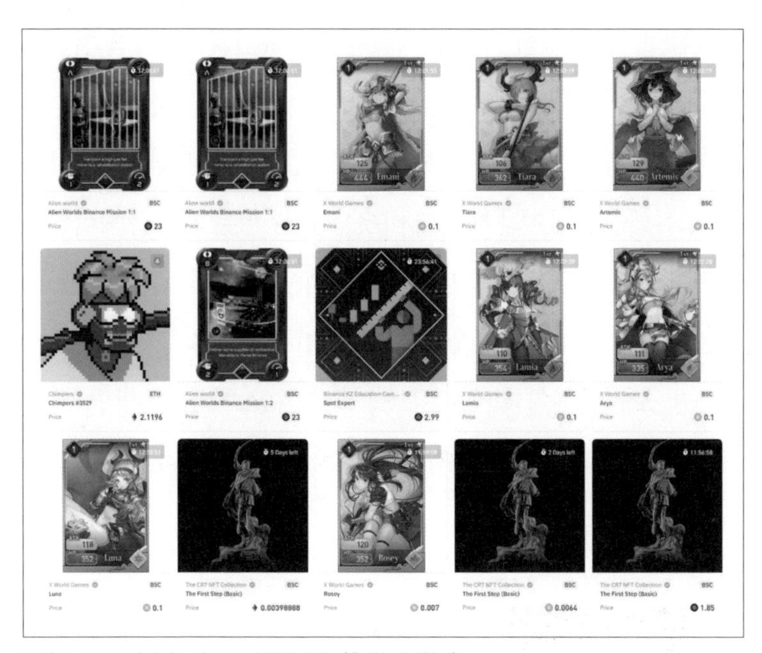

그림 2-44 | 바이낸스의 NFT 마켓플레이스(출처: 바이낸스)

가상자산 거래소가 NFT 거래를 지원할 경우, 가장 큰 장점은 NFT 구입에 쓸 가상자산을 따로 옮겨 거래할 필요가 없다는 것이다. 일반적으로 NFT를 오픈시에서 발행하거나 사고판다고 가정하면 메타마스크와 같은 개인 지갑을 만든 후 그 지갑에 가상자산을 송금하고 오픈시에 결합(로그인)해야 한다. 그다음 NFT를 만들거나 사고팔 때 지갑으로 서명을 하는 방식으로 이뤄진다. 말로는 복잡하지만, 실제로는 훨씬 간단하다.

하지만 거래소에서 NFT를 발행하거나 사고팔 때는 별다른 조치를 할 필요 없이 거래소 지갑을 이용하면 된다. 개인 지갑을 만들거나, 어딘가로부터 가상자산을 사오거나, 구입한 NFT를 따로 관리할 필요가 없다. 그냥 거래소 지갑을 이용하면 된다. 쉽게 말해, 이메일을 관리하기 위해 아웃룩 같은 외부 서비스를 이용할 것인지, 구글이나 네이버 같은 포털의 이메일 서비스를 이용할 것인지 정도의 차이이다. 아웃룩은 사용자가 모든 설정과 관리를 해야 하지만, 포털 이메일 서비스는 그냥 회원 가입 후에 이용하면 된다. 바이낸스 같은 거래소의 NFT 마켓플레이스도 이와 마찬가지이다.

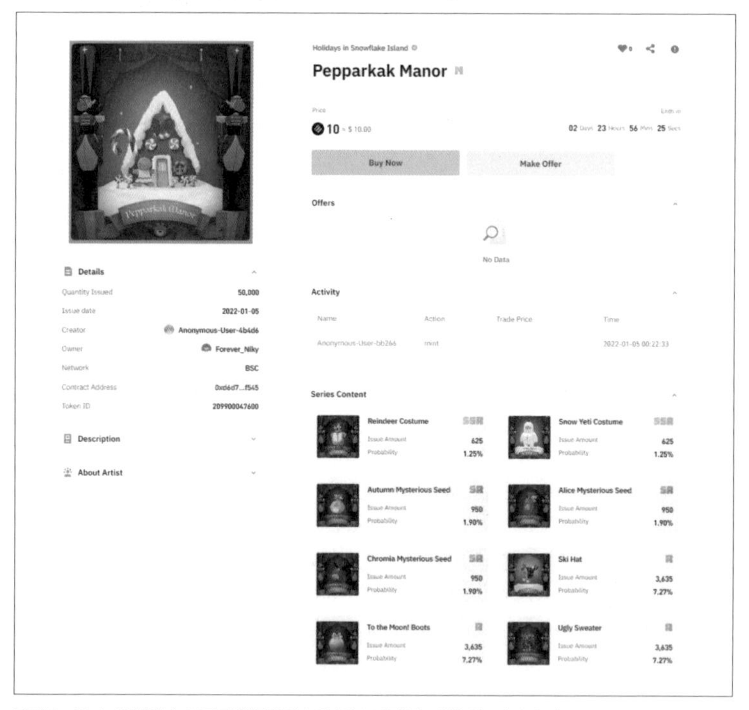

그림 2-45 | 바이낸스 NFT 마켓플레이스의 '미스터리 박스'(출처: 바이낸스)

바이낸스 NFT 마켓플레이스에는 몇 가지 특징이 있다. 이더리움과 BSC 기반의 NFT를 한번에 볼 수 있고 이더리움, BNB, BUSD 등의 다양한 코인으로 NFT를 구입할 수 있다. '미스터리 박스(Mystery Boxes)'라고 부르는 뽑기형 NFT도 제공한다. 미스터리 박스를 구입해 높은 등급의 NFT가 나오면 비싼 가격에 판매할 수도 있다.

당연하게도 바이낸스 NFT에서는 사용자가 직접 NFT를 만들어 판매할 수 있다. 다만, 최근에는 NFT 품질과 무단 복제 등 다양한 문제로 인해 판매 등록하기 전 사용자 검증 절차를 거쳐야 한다. 검증 절차는 페이스북, 트위터, 텔레그램 등에 본인이 만든 NFT 작품을 만들어 올려야 하고 최소 2명 이상의 추천인(Follower)이 있어야 한다.

바이낸스는 지난 2022년 11월 22일 "바이낸스 NFT는 초보자부터 전문가에 이르는 모두를 포괄하는 플랫폼이 될 것"이라면서 오픈시를 비롯해 주요 NFT 마켓플레이스의 작품을 바이낸스 NFT에서 거래할 수 있도록 지원할 계획이라고 밝혔다.

국내 최대 가상자산 거래소 업비트는 2021년 11월 23일 NFT 거래소를 출시했다. 업비트는 NFT 마켓플레이스를 '드롭스(Drops)'와 '마켓플레이스(Marketplace)'로 구분해 서비스를 제공한다. 드롭스

그림 2-46 | 업비트 NFT '장콸'의 'Mirage Cat 3' 판매 모습(출처: 업비트)

는 유명 크리에이터의 NFT를 판매하는 1차 마켓으로, 업비트가 직접 작품을 큐레이션한다. 마켓플레이스는 드롭스 등에서 판매된 작품을 재판매하는 2차 마켓으로 보면 된다. 업비트는 첫 드롭스 경매로, 아티스트 '장콸'의 '미라지 캣 3(Mirage Cat 3)'를 판매했다. 국내 가상자산 거래소가 직접 진행한 NFT 경매가 2억 5,000만 원(3.5098BTC)에 낙찰되면서 성공적이라는 평가를 받았다.

2022년 11월 10일 업비트는 '피네이션(P NATION)'과 함께 가수 싸이 NFT인 PSYger 미스터리 박스 NFT 5,200개를 PFP(Profile

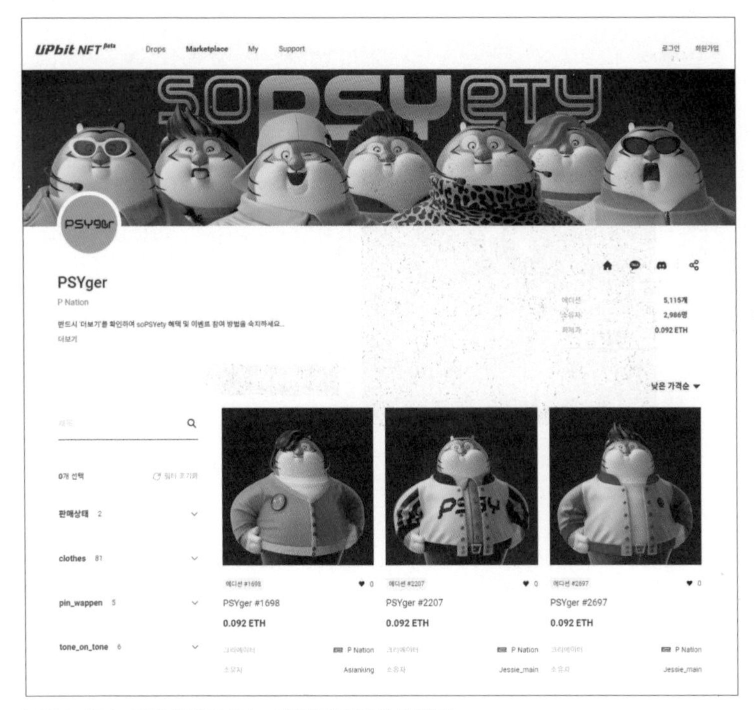

그림 2-47 | 업비트 NFT 'PSYger' 판매 모습(출처: 업비트)

Picture)로 발행했다. 업비트는 해당 NFT를 보유한 이들에게 다양한 실물 연계 서비스도 제공할 계획이다.

국내 가상자산 거래소 빗썸은 업비트와 NFT 전략을 달리 가져갔다. 업비트가 거래소 내 NFT 마켓플레이스를 도입하는 바이낸스 모델로 갔다면, 빗썸은 거래소와 별개로 외부에 NFT만을 취급하는 서비스 형태를 준비했다. 빗썸의 자회사 빗썸메타가 만든 NFT 마켓플레이스 '내모월드'는 현재 베타 오픈 상태이다. 정식 서

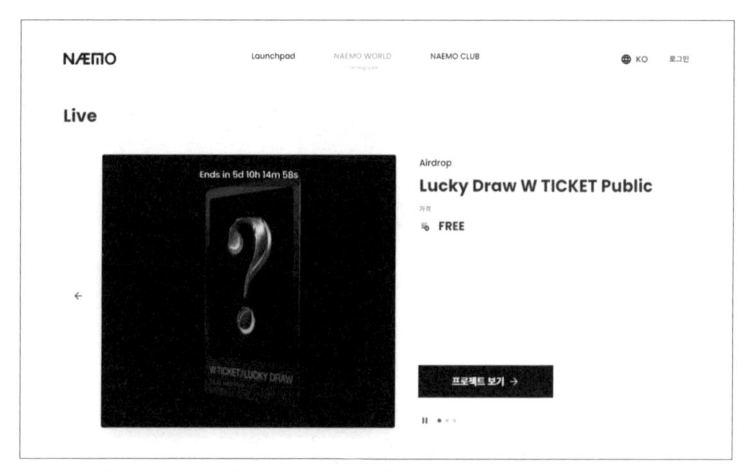

그림 2-48 | 빗썸의 NFT 마켓플레이스 '내모월드'(출처: NAEMO)

비스 일정은 미정이지만, NFT와 메타버스를 결합한 형태의 서비스를 준비 중이다. 특징으로는 NFT 런치패드 서비스를 내세우고 있다. NFT 런치패드 서비스 '내모 마켓'은 별도의 화이트리스트 등록 없이 사용자가 NFT 발행부터 관리까지 하나의 플랫폼 내에서 진행할 수 있다.

5. NFT와 만난 아티스트: 팍(Pak)

NFT를 활용한 아티스트를 꼽을 때 비플을 빼놓을 수 없다. 'NFT 아티스트=비플'이라는 공식이 등장할 정도이다. 그만큼 2021년 3월에 6,930만 달러에 팔린 NFT 디지털 아트 〈매일: 첫 번째 5,000일〉은 강렬한 인상을 남겼다. 당시 전통 예술 작가를 포함해서 현존 작가의 작품 중 3위라는 엄청난 가격도 한몫했다.

그렇다면, 비플이 NFT 아티스트를 대표한다고 말할 수 있을까? 그렇지 않다. 정확히 말하면, 비플이 한 때 세계 최고의 NFT 아티스트라고 불렸지만, 지금은 아니다. 그 대신 익명의 디지털 아티스트 팍(Pak)이 그 자리를 차지하고 있다.

그림 2-49 | 디지털 아티스트 팍(Pak)의 〈머지(Merge)〉(출처: niftygateway)

팍의 작품 '머지(Merge)'는 2021년 7월 1일부터 3일까지 3일간 6시간마다 25달러씩 증가하는 '매스(Mass)' 방식으로, NFT 마켓플레이스 니프티 게이트웨이(Nifty Gateway)에서 총 9,180만 6,519달러에 판매됐다. 매스는 수량 제한 없이 구매 개수에 따라 NFT의 질량이 달라지는 방식이다. 예컨대 한 사람이 10개, 다른 사람이 1개를 구매했다면, 해당 NFT는 11개의 매스로 구성된다. 팍의 머지는 1매스당 약 299달러, 총 31만 2,686개가 판매됐다. 이는 비플의 〈매일: 첫 번째 5,000일〉을 제치고 디지털 아트 중 가장 비싼 가격에 팔린 것이며 생존 작가 중에서는 데미안 허스트에 이어 역대 3위에 해당한다.

도대체 팍은 누굴까? 흔히 디지털 NFT 아티스트를 이야기할 때면 비플을 가장 먼저 떠올린다. 그만큼 비플의 작품이 워낙 강렬했기 때문일 것이다. 재미있는 사실은 팍은 비플 이전에 NFT를

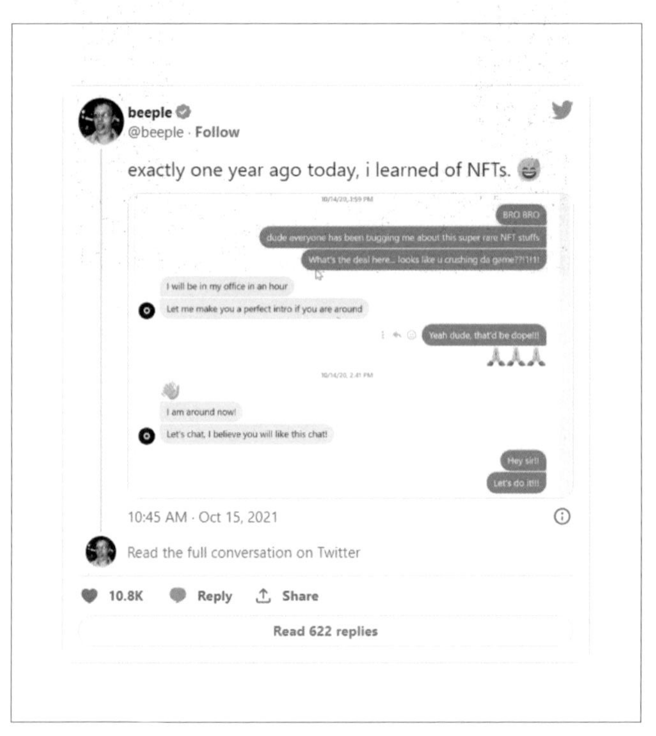

그림 2-50 | 2020년 10월 팍이 NFT를 알려 줬다고 말하는 비플의 트위터(출처: 트위터)

판매해 100만 달러 이상의 수익을 거둔 최초의 NFT 아티스트라는 사실이다. 또한 비플이 NFT를 제작하게 된 것도 팍이 NFT를 소개해 주면서 시작됐다. 사실상 팍은 1세대 NFT 아티스트인 셈이다.

그렇다면, 팍은 NFT 작업만 한 것일까? 그렇지 않다. 팍은 2014년 @archillect라는 트위터와 인스타그램 계정을 활용해 다양한 이미지와 예술 작품을 큐레이팅하는 인공지능 서비스를 시작했다. '아킬렉트(Archillect)'는 기록 보관소를 의미하는 '아카이브(Archive)'와 지성을 뜻하는 '인털렉트(Intellect)'를 합쳐 만들어졌다.

그림 2-51 | 팍이 만든 이미지 큐레이션 서비스 '아킬렉트'(출처: archillect.com)

팍은 인터넷 속 사람들의 반응을 학습하고 이미지를 선정해 아킬렉트에 매일 공유해 왔다. 팍은 아킬렉트를 한 이유에 대해 "처음에는 영감을 주는 이미지를 찾는 데 낭비하는 시간을 줄이기 위해 만든 실험적인 프로젝트"라며 "인공지능 기술을 활용한 만큼 다같이 만들어가는 이미지 큐레이션 서비스이자 공공 서비스"라고 설명했다.

이처럼 팍은 IT 기술과 예술을 결합한 새로운 형식의 현대 예술 활동을 했다. 그러던 그가 NFT에 본격적으로 뛰어든 것은 2020년 2월 NFT 마켓플레이스 수퍼레어(SuperRare)에 '클라우드 모뉴먼트(Cloud Monument)'라는 작품을 판매하면서부터이다. 이 작품은 당시 약 800달러에 판매됐다.

팍은 2021년 1월 재미있는 실험을 한다. 완전히 동일한 이미지의 NFT이지만, 작품명과 판매 방식을 각각 달리한 9개의 작품을 판매한 것이다.

바로 팍의 '더 타이틀(The Title)' 시리즈이다. 팍은 작품을 'Let's Play. With Value'라고 소개하면서 각각의 작품에 '값싼(The Cheap)', '비싼(The Expensive)', '안 팔림(The Unsold)'이라는 제목을 붙였다. 가격은 각각 499달러, 1만 달러, 100만 달러였다. 결과는 놀라웠다. 모두가 동일한 이미지였지만, 실제로는 192개, 8개, 0개가 팔렸다.

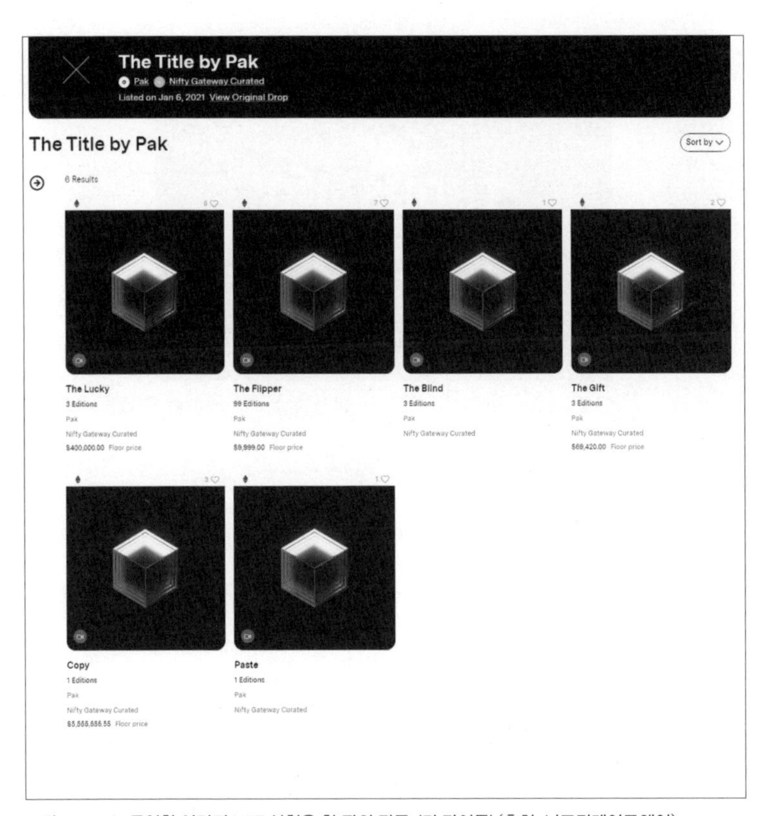

그림 2-52 | 동일한 이미지 NFT 실험을 한 팍의 작품 〈더 타이틀〉(출처: 니프티게이트웨이)

같은 이미지 NFT이지만 제목에 따라 20배 이상 더 비싼 가격에 사기도 한 셈이다.

이후로도 팍은 경매 업체 소더비와 함께 '더 기프트(The Gift)', '더 펀저블(The Fungible)' 시리즈를 발표하면서 NFT를 활용한 실험 작품 활동을 이어나갔다.

그림 2-53 | 팍의 검열 시리즈 중 〈클락〉(출처: censored.art/clock)

2022년 2월 7일에는 '검열(Censored)'을 주제로 두 가지 NFT 작품을 판매했다. 첫 번째 작품은 〈클락(Clock)〉으로, 줄리안 어산지가 감옥에 수감된 시간을 표시한다. 어산지 다오가 이 작품을 이더리움 1만 6,593개, 당시 약 640억 원에 구입했다. 줄리안 어산지(Julian Assange)는 미국 정부의 외교 기밀 문서를 폭로하는 내부 고발 사이트 위키리크스(WikiLeaks)를 만든 사람이다. 2019년 4월 영국 런던에서 긴급 체포됐다. 그때부터 지금까지 영국 벨마시 교도소에 수감돼 있다. 이런 상황에서 미국 정부가 줄리안 어산지의 미국 송환을 추진하고 있다. 만약 줄리안 어산지가 미국으로 가게 된다면, 기밀 문서를 폭로한 혐의로 최고 175년 형을 받게 된다. 어산지 다오는 줄리안 어산지의 석방을 위해 만들어진 커뮤니티로, 지금까지 이더리움 1만 7,422개를 모아 줄리안 어산지를 지원하고 있다. 이런 상황에서 팍도 줄리안 어산지의 석방을 위해 작품 활동에 나선 것이다.

팍은 〈클락〉 다음 작품으로 〈검열〉이라는 NFT를 공개했다. 재미있는 점은 구매자가 원하는 문구로 검열 NFT를 발행한다는 것이다. 특히 팍이 발행한 'Pak was here' NFT는 이더리움 10개에 팔리기도 했다. 팍은 클락의 판매금은 줄리안 어산지 석방을 위해 사용되지만, 검열 NFT는 정보의 자유, 디지털 개인 정보 보호, 동물 권리 단체 등에 기부할 계획이라고 밝히기도 했다.

팍은 여기서 그치지 않았다. 팍은 2021년 8월 '애시(ASH)' 코인을 만들었다. 애시 코인은 팍의 NFT를 소각하면 보상으로 받는 코인이다. 현재는 '유니스왑'이라고 부르는 코인 교환 서비스에서 애시 코인을 살 수 있다. 팍은 애시 코인을 만든 이유에 대해 "NFT를 소각하고 애시를 받는 것은 희소성과 관련 있다."라며 "동일한 NFT 작품 100개를 발행했을 때 30개를 소각한다면, 남은 NFT 작품의 가치가 상승하는 원리를 이용했다."라고 설명했다. 추후에는 자신의 NFT 작품은 애시 코인으로만 구입할 수 있도록 할 예정이라고 말하지만, 아직 확정된 바는 없다. 다만 애시 코인은 지금 현재 가치가 거의 없는 상태이다.

팍과 비플 외에도 NFT에 주력하는 아티스트는 생각보다 많다. 17살의 나이에 NFT 작품 활동을 시작한 빅터 랭글로이스(Victor Langlois)는 '퓨오셔스(FEWOCiOUS)'라는 예명을 쓰고 역경을 통한 성공의 이야기를 작품으로 표현한다. 특히, 크리스티 경매에서

200만 달러에 판매된 〈Hello, I'm Victor (FEWOCiOUS) and This Is My Life〉 컬렉션은 빅터 랭글로이스를 차세대 NFT 아티스트로 자리매김하는 데 일조했다.

레픽 아나돌(Refik Anadol)도 빼놓을 수 없다. 특히, 그의 작품 '머신 할루시네이션(Machine Hallucinations)' 시리즈는 NASA와 협업으로 만든 작품으로, 소더비에서 비싼 가격에 판매됐다.

이 밖에 NFT 아티스트 듀오 그룹 해카타오(Hackatao), 매드독 존스(Mad Dog Jones), 콜디(Coldie), 트레버 존스(Trevor Jones), 프레데릭 뒤켓(Frederic Duquette) 등 다양한 아이디어로 무장한 디지털 NFT 아티스트가 등장하면서 NFT 디지털 아트라는 분야가 예술의 새로운 장르로 빠르게 성장했다.

6. NFT와 만난 아이돌: 선미야, 싸이, OHNIM

NFT는 원본을 디지털로 바꿔 가치를 부여하는 행위로 볼 수 있다. 이와 유사한 형태로 이뤄진 것도 있다. 연예인 혹은 셀럽과 팬이 교감하고 그 형태나 크기에 따라 파생되는 가치가 커지는 형태이다. 일명 '팬심'이 그렇다. '팬심을 디지털로 바꿔 확장시킬 수 있다면?'이라는 생각을 바탕으로 만들어진 것이 '선미야 클럽(Sunmiya Club)' NFT이다. 선미야 클럽 NFT는 이름에서도 알 수 있지만, 아

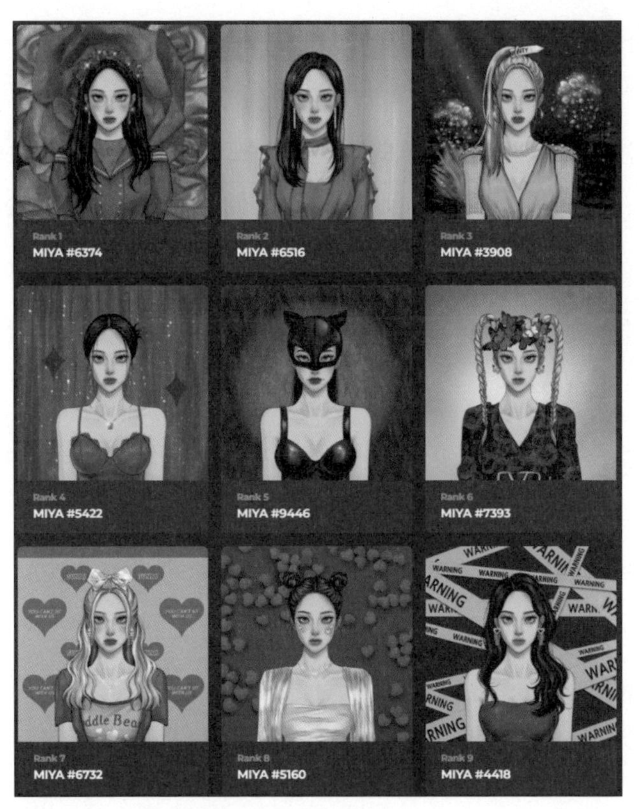

그림 2-54 | 선미야 클럽 NFT(출처: 선미야 클럽)

티스트 선미가 함께 참여한 것으로 알려져 있다.

선미야 클럽 NFT는 디지털 마케팅 업체 FSN과 자회사 핸드스튜디오의 핑거랩스가 만든 함께 만든 클레이튼 기반 PFP 프로젝트이다. 총 1만 개의 NFT가 발행됐으며 아티스트 선미를 모델로 선미, 팬이 함께 메타버스에서 일종의 팬클럽을 만들어 나가는 게 목표이다. 언뜻 보면 거창하긴 하지만, 쉽게 말해 가상 공간에서 하나의 캐릭터를 유명하게 만들겠다는 의미이다. 이를 위한 요소로 '선미' 캐릭터를 차용한 것이다. 실제로 선미야 클럽을 만든 FSN은 '선미 NFT'가 아니라 '미야 NFT'라고 부른다. 선미라는 아티스트에 국한되지 않고 더욱 세계관을 확장시켜 나갈 계획인 셈이다. 선미야 클럽 NFT는 2022년 2월 23~24일에 판매했는데 총 9,300개가 순식간에 매진됐다. 이와 마찬가지로 오픈시에서도 클레이튼 기반 NFT 프로젝트 중 상위권에 오르며 인기를 끌고 있다. FSN과 선미의 소속사 어비스컴퍼니는 선미야 클럽 NFT 보유자를 대상으로 다양한 혜택도 제공하고 있다. 우선 팬사인회 참가권을 비롯해 메타버스 내 선미야 클럽 홀더 행사, 온·오프라인 미니 콘서트 제공, 선미 월드투어 VIP 초대권 에어드롭 등이 대표적인 예이다.

FSN은 선미야 클럽 NFT를 위한 자체 코인 '페이버(Favor)'도 준비 중이다. 이는 선미야 클럽 NFT의 가격과 연동된 형태로, NFT 가격이 오르면 페이버 가격도 함께 오르는 방식이다. 하지만 NFT와 새로운 코인과 연동시키는 문제는 신중해야 한다. NFT 가격이 하락하거나 코인 가격이 하락하면 NFT 보유자에게 가치 하락이라는 탈NFT 요인으로 작용할 수 있기 때문이다. 물론 잘 나가는 NFT를 기반으로 자체 코인을 만들려는 시도는 이해할 수 있지만 이더리움, 솔라나 등 덩치만큼 코인 가격도 어느 정도 유지할 수 있을 뿐 아니라 해당 체인 내 다양한 NFT 프로젝트 생태계가 있는 경우에도 하루아침에 가격 폭락으로 사라지는 경우가 빈번하다는 점을 고려했을 때 이런 움직임은 신중한 판단이 필요해 보인다.

FSN도 이런 상황을 인지하고 있는 만큼 선미야 클럽 NFT의 생태계 확장에 적극적으로 대응하고 있다. 대표적인 예로 NFT 플랫폼 이터널 에디션즈(Ethernal Editions)의 워터밤 리그 NFT와 파트너십을 맺었다. 워터밤 리그 NFT는 한여름 밤에 진행하는 뮤직 페스티벌을 모티브로 만든 것으로, 이 NFT를 보유한 사람에게 워터밤 참여권을 제공하는 프로젝트이다.

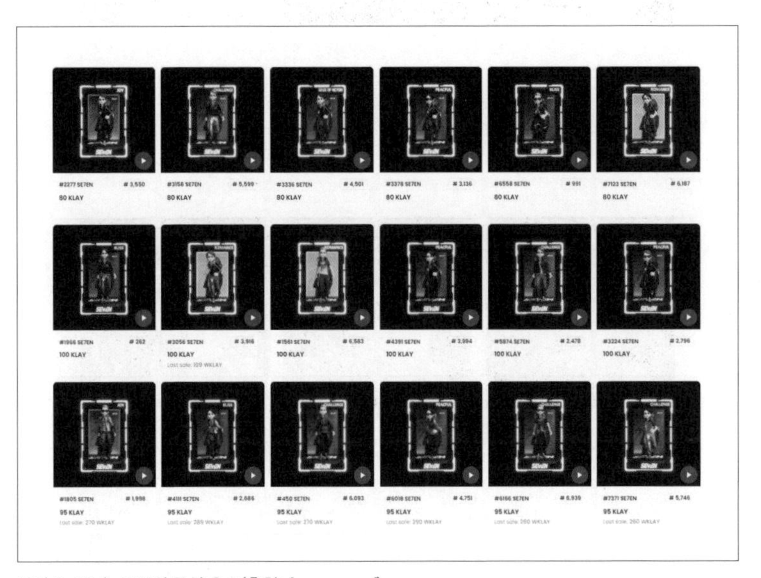

그림 2-55 | NFT의 구성 요소(출처: fungyproof)

가수 세븐은 좀 더 재미있는 실험을 했다. 2021년 7월 자작곡 '모나리자'의 한국어 버전과 영어 버전을 NFT 음원으로 만든 것이다. 이에 더해 2022년 1월에는 모나리자의 뮤직 비디오를 NFT 7,777개로 발행해 판매했다. 이에 더불어 세븐은 '크립토 세븐 소사이어티(Crypto SE7EN Society)'라는 브랜드를 만들어 NFT를 활용한 생태계를 구축해 나가고 있다.

그림 2-56 | 싸이의 NFT '싸이거'. 싸이는 PSYger(싸이거)를 통해 팬 커뮤니티 'soPSYety(쏘싸이어티)'를 구축하고 있다(출처: UPbit NFT).

국내 대표 가수 싸이(PSY)도 2022년 10월 NFT 'PSYger(싸이거)'를 출시했다. PSYger NFT는 총 5,200개가 발행되며, 싸이의 팬 커뮤니티인 '쏘싸이어티(soPSYety)'와 연계돼 NFT 구입 시 다양한 혜택을 제공할 예정이다. 먼저 PSYger NFT 보유자는 향후 개최되는 모든 '싸이 흠뻑쇼'와 '싸이 올라잇스탠드' 콘서트의 티켓을 2매씩 선예매할 수 있는 권리를 준다. 싸이 흠뻑쇼는 매년 여름 싸이가 진행하는 대표 콘서트로, 티켓은 약 12~15만 원 안팎에 예매할 수 있다. 하지만 워낙 인기가 많다 보니 예매하는 것이 '하늘의 별 따기' 수준이라는 이야기도 나온다. 또 공식 판매가의 수배 이상을 챙기는 암표도 넘쳐난다. 흠뻑쇼나 올라잇스탠드 콘서트에 참가하기를 원하는 사람들에게는 'PSYger NFT'가 굉장한 이점이 있는 셈이다.

아트테이너(Art+Entertainer) 구준엽은 2022년 6월 '8K Big Picture in FOR:REST' 특별 전시에 〈하모니(Harmony)〉라는 작품을 출품했다. 하모니는 녹색 박스 테이프를 활용한 작품으로, 일명 '테이프 아트'라는 장르에 속한다. 이번 작품은 녹색 테이프로 만든 호랑이와 함께 테크노풍의 음악이 함께 흘러나온다. 하모니 NFT는 업비트 NFT에서 판매가 이뤄졌다. 구준엽은 2023년 초 그동안 자신의 작품을 모은 개인전을 준비하고 있다. 여기에는 실제 원작과 디지털 전시, 음원을 결합한 NFT, 메타버스 전시도 함께 이뤄질 예정이다.

그림 2-57 | 가수 송민호의 작가명 '오님'의 치피 NFT(출처: Konkrit.io)

아이돌 가수이자 래퍼, 아티스트로 정신없이 바쁜 활동을 이어가고 있는 송민호도 '오님(OHNIM)'라는 브랜드로 NFT를 출시했다. 오님은 자신이 실제 키우는 반려새 '치피'를 모티브로 한 NFT 작품을 소개했다. 재미있는 점은 치피 NFT 상위 보유자 5명에게는 실물 작품과 오님 사인, 액자 등을 보내 준다. NFT 구입에 대한 이점과 로열티를 부여하기 위한 방법이다. 또한 30명을 추첨해 실물 작품과 함께 오님 개인 전시회에 참여하거나 송민호와 사진 촬영을 할 수 있는 혜택도 제공한다. 추후에는 치피 NFT를 보유한 경우, 실물로 교환할 수 있는 기회도 제공한다. 치피 NFT를 계속 보유할 경우, 다음 NFT 프로젝트의 작품을 에어드롭해 줄 계획이다. 이 모든 설계는 오님의 생태계를 확장하고 탄탄한 팬 커뮤니티를 만들기 위해서이다. 결국 이런 과정을 통해 하나의 강력한 팬덤이 형성될 수 있기 때문이다.

이 밖에도 가수 리아는 자신의 신곡의 스트리밍 수익 권리를 가져갈 수 있는 NFT를 발행했고 래퍼 수퍼비도 '메타범즈(METABUMZ)'라는 이름으로 PFP NFT를 준비 중이다. 치어리더 서현숙은 '쑤기 월드(SSUGI WORLD)'라는 이름으로 PFP를 출시해서 판매하고 있다.

향후에도 연예인, 인플루언서 등이 팬덤 확장을 위한 수단으로 NFT를 준비하고 있다는 점에서 기대를 모으고 있다. 다만, 현재까지는 단순히 NFT만 만들면 팬이 생기고, 생태계가 만들어질 것이라는, 심지어 무조건 NFT가 잘 팔릴 것이라는 환상에 젖어 있는 경우도 많기 때문에 이를 준비하고 있거나 구입할 사람은 신중하고 깊은 고민이 필요할 것으로 보인다.

7. NFT와 만난 패션: 아티팩트, 래비타즈, 구찌, 루이비통, 버버리

아티팩트(RTFKT)는 블록체인과 NFT 그리고 메타버스를 결합한 새로운 형태의 프로젝트이다. 기본적으로 아티팩트는 다양한 패션 브랜드(혹은 개인)와 협업해 운동화, 옷, 게임 등 다양한 NFT를 만든다. 이렇게 만들어진 NFT는 메타버스와 증강현실(AR)을 통해 구매자가 직접 신어 보거나 입어 볼 수 있다.

그림 2-58 | 아티팩트에서 구입한 운동화 NFT를 직접 신어볼 수 있다(출처: RTFKT).

아티팩트는 2020년 1월에 설립됐다. 디지털 운동화 등을 만들어 NFT를 발행한 것이 첫 시작이다. 아티팩트는 NFT 디지털 아티스트 퓨오셔스(FEWOCiOUS)와 협업해 아타리(ATARI, 1972년 출시한 비디오 게임기), 테슬라 사이버트럭(Cybertruck) 등 다양한 콘셉트로 디지털 스니커즈를 선보이며 눈길을 끌었다. 그리고 초기 생태계를 확장시키기 위해 NFT 구매자에게 다양한 NFT 아이템을 에어드롭하기도 했다. 그 결과 a16z, 갤럭시 디지털(Galaxy Digital) 등으로부터 투자를 받으며 급성장했다.

아티팩트는 인기 NFT 프로젝트인 크립토펑크(Cryptopunks) 구매자를 위한 NFT 스니커즈와 실물 스니커즈를 만들어 배포하는 등 적극적인 마케팅을 펼쳤다. 또 세계 최대 모바일 메신저 스냅챗(Snapchat)을 통해 현재의 아티팩트를 대표하는 기술인 AR 기능을 선보였다. 구입한 NFT를 AR 기능으로 직접 신어 보거나 입어 볼 수 있게 된 것이다. 또 아티팩트는 일본의 현대 미술가 무라카미 타카시(Murakami Takashi)와 함께 NFT 시리즈인 '클론 X(Clone X)'를 공개했다. 클론 X는 2만 개의 NFT를 발매했고, 개당 최고 450ETH에 판매되기도 했다. 해당 NFT를 구입한 사람에게 클론X 아바타를 제공했다.

2021년 12월 나이키가 아티팩트를 인수했다. 당시 존 도나호(John Donahoe) 나이키 최고 경영자(CEO)는 "아티팩트 인수는 나이키의 디지털 전환을 가속화할 것"이라고 말했다. 이는 나이키가 NFT와 메타버스에 본격적인 진출을 선언한 것으로 평가됐다.

2022년 2월에는 나이키라는 이름으로 아티팩트에서 모노리스(MNLTH) NFT 시리즈를 선보였다. 나이키는 모노리스 NFT에 "Behold a mysterious MNLTH, etched with Nike & RTFKT markings. It seems to be sentient… What does it do?"라는 문구를 적어 뒀다. 이는 모노리스 NFT를 구입하면 뭔가를 에어드롭해 준다는 의미였는데, 이를 얻기 위해서는 일정 조건을 만족해야만 했다. 예를 들어 아티팩트가 특정 문제를 커뮤니티에 내고, 모노리스 NFT 구매자가 정답을 맞추는 방식이다. 하나의 문제를 해결할 때마다 모노리스 이미지에 조금씩 금이 가면서 깨지는 형식으로, 총 4단계를 거쳐야 한다.

그림 2-59 | 아티팩트가 나이키에 인수된 후 선보인 첫 프로젝트 모노리스. 4단계에 걸친 퀴즈를 맞히면 상자가 부서지면서 선물을 받을 수 있다(출처: RTFKT).

2022년 4월 4단계 모노리스 퀴즈가 해결됐고, 상자 속에 있는 아이템이 공개됐다. 그것은 바로 나이키와 아티팩트가 만든 '덩크 제네시스 NFT'와 스킨을 바꿀 수 있는 물병 NFT, 모노리스 NFT 2개였다. 이런 방식은 게임에 이스터에그(Easter Egg)를 넣어 두고, 찾는 이에게 보상을 주는 요소와 비슷하다. 이는 게임 내 몰입도와 충성도를 높이는 방법으로 활용됐는데, 나이키와 아티팩트도 이와 비슷하게 활용한 셈이다. 특히 추가로 준 모노리스 NFT는 또 한 번 퀘스트가 나올 경우, 새로운 뭔가를 받을 수 있다는 점에서 사용자를 결집시키는 좋은 수단이다.

또 아티팩트는 메타버스 공간에 갖고 있는 NFT를 전시하고 공유할 수 있는 '온사이버(Oncyber)'와 연동해 사용자가 아티팩트에서 얻은 2D, 3D NFT를 자랑할 수 있는 공간도 마련했다. 아티팩트는 대표적인 메타버스 서비스 더 샌드박스(The Sandbox)와의 컬래버를 통해 '아티팩트 메타던전(RTFKT METADUNGEON)'도 선보였다. 메타던전은 메타버스에서 즐길 수 있는 핵 앤 슬래시(Hack and Slash, 빠르게 적과 싸우면서 아이템을 얻는 게임 장르) 게임으로, 아티팩트의 NFT를 입고 전투를 할 수 있다.

이 밖에도 아티팩트는 리모와(RIMOWA), BYREDO, 스페이스 드립 포징(SPACE DRIP FORGING), 펑크 프로젝트(PUNK PROJECT), 제프 스테플러(JEFF STAPLE), 크리에이터스(Creators) 등 다양한 프로젝트를 진행하고 있다.

이처럼 나이키와 손을 잡은 아티팩트는 NFT 업계에서 빠르게 성장하고 있으며 다양한 시도를 통해 향후 NFT의 방향성을 제시하는 행보로 기대를 모으고 있다.

래비타즈(Rabbitars) 프로젝트도 최근 빠르게 성장하고 있다. 래비타즈는 플레이보이의 상징인 토끼를 콘셉트로 비플이 만든 NFT 플랫폼 '위뉴(WENEW)'와 손을 잡고 2021년에 처음 등장했다. 래비타즈 NFT는 쪼개 프로그램을 랜덤하게 조합해 만드는 제너레이티브 아트(Generative Art)를 활용했다. 플레이보이는 래비타즈 NFT가 미래의 플레이보이 라이프 스타일과 소비자가 상호 작용

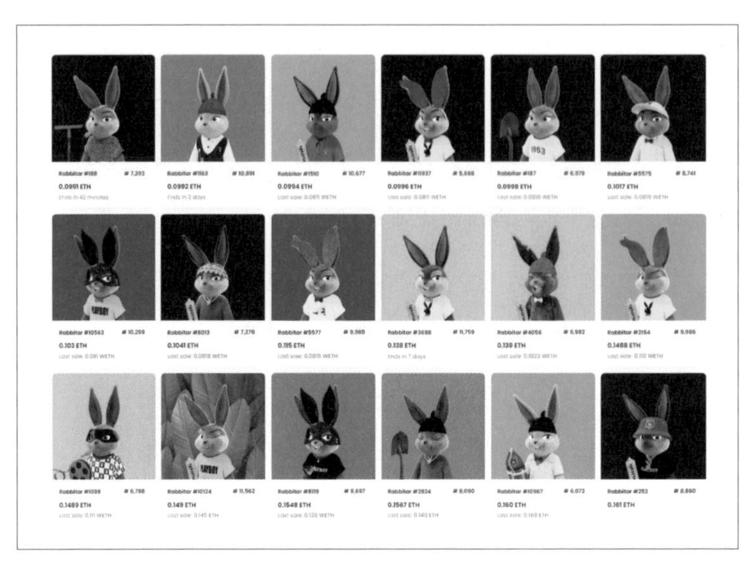

그림 2-60 | 플레이보이가 만든 래비타즈 NFT(출처: opensea)

하는 통로가 될 수 있다고 믿고 있기 때문이다. 이를 위해 래비타즈 NFT 보유자에게는 다양한 혜택을 제공한다. 기본적으로는 래비타즈 NFT 전용 이벤트와 플레이보이 클럽을 이용할 수 있다. 기존 플레이보이 아카이브 콘텐츠에 접근할 수 있는 권한과 패션 상품 할인도 받을 수 있다. 또한 더 샌드박스 플랫폼에 만들어질 플레이보이 메타맨션(MetaMansion)에 참여할 수도 있다.

명품 브랜드 구찌는 2022년 2월 미국의 NFT 스타트업 수퍼플라스틱(Superplastic)과 함께 '수퍼구찌(SuperGucci)'를 선보였다. 구찌 브랜드 최초의 NFT 시리즈이다. 수퍼구찌는 구찌의 디자이너 알렉산드로 미첼레가 주도하고 있으며 수퍼플라스틱의 NFT 아티

그림 2-61 | 구찌가 NFT 시장에 뛰어들었다(출처: GUCCI).

스트와 협업을 진행했다.

구찌의 친(親)가상자산, 메타버스 행보는 무서울 정도로 빨랐다. 2022년 5월에는 미국 내 매장에서 비트코인, 이더리움, 도지코인, 시바이누 등의 가상자산으로 결제할 수 있는 시스템을 도입했다. 2개월 후인 7월에는 NFT 마켓플레이스 수퍼레어(SuperRare)의 거버넌스 토큰 RARE를 매입하면서 슈퍼레어 다오(DAO)에 참여했다. 이를 기반으로 구찌의 브랜드 스타일을 입힌 NFT 작품을 제작해 전시하고 판매하는 '볼트 아트 스페이스(Vault Art Space)'를 선보였다. 이용자는 볼트 아트 스페이스에 접속해 메타버스에서 구찌의 NFT 작품을 감상하고 온라인 경매를 통해 구입할 수도 있다.

그동안 조심스럽게 관망하던 루이비통(Louis Vuitton)도 NFT에 뛰어들었다. 루이비통, 디올 등 명품 브랜드를 보유하고 있는 루이비통 모엣 헤네시(LVMH) 그룹은 2021년 8월 탄생 200주년을 기념해 〈루이: 더 게임〉이라는 제목의 게임을 선보였다. 이 게임은 루이비통의 마스코트 '비비엔(Vivienne)'이 여러 장소를 돌아다니며 모험을 즐기는 내용으로, 모험 과정에서 비비엔의 모습이 담긴 NFT를 모을 수 있다. 10종의 NFT를 모으면, 루이비통의 특별 이벤트에 참여할 수 있다.

루이비통의 이같은 행보는 놀라움을 주기에 충분했다. 베르나르 아르노(Bernard Arnault) LVMH CEO는 2021년 1월 NFT와 메타버스에 대해 "거품이 끼어 있어서 조심스럽게 지켜보고 있다."라며 부정적으로 보고 있었기 때문이다. 하지만 루이비통은 '아우라(Aura)'라는 블록체인 플랫폼을 만들어 자사 브랜드 제품의 유통 경로를 추적하는 시스템을 구축하고 곧이어 NFT 게임을 출시했다.

LVMH 산하의 주얼리 브랜드 티파니(Tiffany & co.)는 38만 달러 상당의 크립토펑크 NFT를 구입했고, 이를 시작으로 NFT 상품 '엔에프티프(NFTiff)' 시리즈를 출시했다. 엔에프티프 구입 고객은 자신이 보유한 크립토펑크 NFT를 맞춤형 실물 팬던트로 받을 수 있다. 이를 위해 티파니 디자이너들은 87개 속성과 159가지 컬러로 구성한 1만 개의 크립토펑크 NFT를 가장 비슷하게 실물 보석

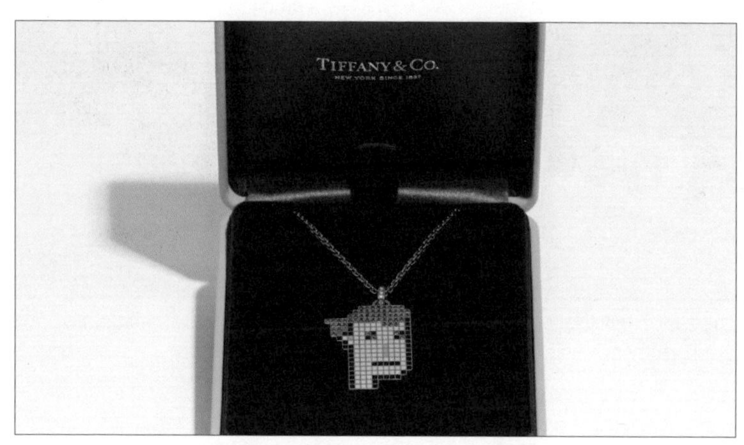

그림 2-62 | 티파니는 '엔에프티프'를 구입한 고객을 대상으로 크립토펑크 NFT를 실물 팬던트로 제작해 준다(출처: Tiffany & co.).

으로 재현했다. 크립토펑크 실물 팬던트는 고유 번호와 함께 연동된 디지털 아트워크, 정품 인증서를 제공한다.

이탈리아 명품 브랜드 돌체앤가바나(D&G)도 NFT에 뛰어들었다. 2021년 10월 NFT 컬렉션 '콜레치오네 제네시(Collezi one Genesi)'를 선보여 1885.73ETH에 판매가 이뤄졌다. 콜레치오네 제네시 컬렉션은 디지털 작품과 실물 작품을 함께 다뤄 물리적 세계와 가상 세계를 연결하고자 했다. 콜레치오네 제네시 컬렉션에는 돌체앤가바나 알타 모다, 알타 사토리아, 알타 조엘레리아 컬렉션 등 9개 작품이 포함됐다. 실물 해당 작품을 구매한 사람에게는 메타버스에서 착용할 수 있는 디지털 NFT 아이템과 돌체앤가바나의 차기 작품인 '알타 모다' 이벤트 독점 접속권을 제공했다.

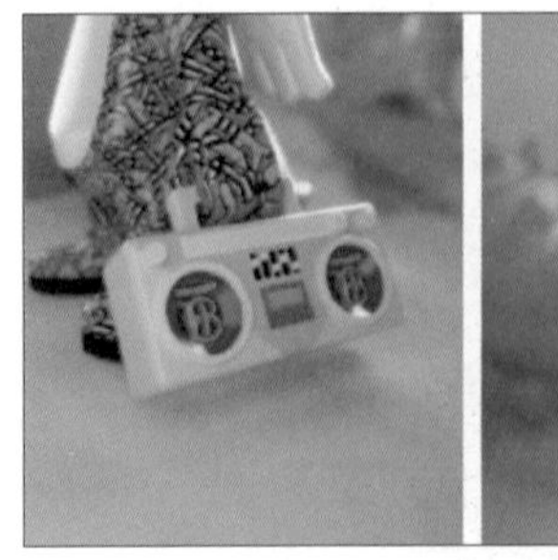

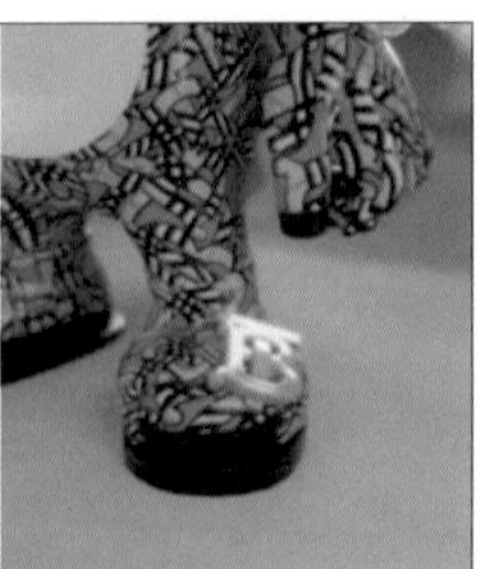

그림 2-63 | 버버리의 첫 NFT 컬렉션 'B 시리즈'(출처: Burberry)

또 다른 명품 브랜드 버버리(Burberry)도 블록체인 기반 온라인 게임 '블랭코스 블록파티(Blankos Block Party) 개발사 미시컬 게임즈(Mythical Games)와 함께 NFT 컬렉션 'B 시리즈'를 출시했다. B 시리즈는 버버리의 시그니처 코드인 '애니멀 킹덤(Animal Kingdom)'에서 착안한 유니콘의 몸에 TB 썸머 모노그램 패턴을 입힌 버버리 블랭코 NFT 캐릭터 '미니 B(Minny B)'를 중심으로 붐박스, 행운의 말굽 목걸이 등을 소개한다. 해당 NFT를 보유하면 버버리가 블랭코스 안에서 구현한 '오아시스'에서의 다양한 경험을 제공한다.

이처럼 다양한 명품 브랜드는 디지털 문법에 익숙한 세대를 타깃으로 하는 방식으로 범위를 점차 넓혀 나가고 있다. 현실 세계에서 구찌, 루이비통을 갖고 다닐 수도 있지만, 메타버스에서 구찌와 루이비통으로 다른 이와 차별화할 포인트가 필요하다는 것을 명품 브랜드가 알려 주는 셈이다. 명품 브랜드에 그들이 사는 방식이 녹아들어 있는 것이다.

8. NFT와 만난 블록체인 플랫폼: 오픈시, 매직에덴, NFT뱅크

어느 누구도 부정할 수 없을 정도로 NFT 시장은 탄생했고, 성장했다. 그것도 폭발적으로 성장했다. 지금까지 NFT를 이끌었던 주역으로 아티스트, 패션, 기술 등을 소개했다. 성장은 이들이 이끌었지만, 그 과실은 NFT 마켓플레이스, 쉽게 말해 NFT 거래소에 돌아갔다.

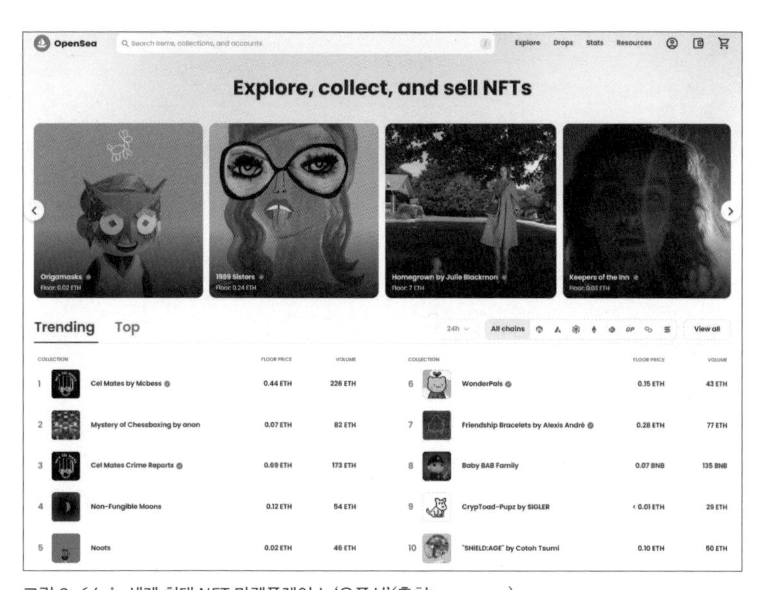

그림 2-64 | 세계 최대 NFT 마켓플레이스 '오픈시'(출처: opensea)

NFT 마켓플레이스라고 할 때 첫 손에 꼽는 곳이 바로 오픈시(OpenSea)다.

오픈시는 2017년 12월 데빈 핀저(Devin Finzer)가 알렉사 아탈라

(Alex Atallah)와 함께 설립했다. 데빈 핀저(Devin Finzer)는 위키미디어(Wikimedia)와 플립보드(Flipboard)를 거쳐 이미지 공유 사이트 핀터레스트(Pinterest)에서 소프트웨어 엔지니어로 일했다. 그가 이미지 관련 기업에서 일했다는 점이 눈에 띈다. 오픈시도 결국 NFT 기반 이미지 관련 기업이기 때문이다. 그는 원래 네트워크를 공유하면 코인으로 보상을 주는 와이파이코인(WifiCoin)을 개발했지만, 〈크립토키티〉의 성공으로 사업을 180도 전환해 오픈시를 설립했다.

초기 오픈시는 이더리움 기반 ERC-721, ERC-1155만을 지원했지만, 이후 NFT 붐이 불자 이더리움 레이어 2 솔루션 폴리곤(Polygon), 클레이튼(Klaytn), 솔라나(Solana) 등 다양한 블록체인을 지원하기 시작했다.

오픈시는 2017년 설립 이후 별다른 성과를 거두지 못했다. 그럴 만도 한 것이 당시 〈크립토키티〉가 성공하긴 했지만, 반짝 인기였고, 이후 대중의 관심—업계의 관심도—은 차갑게 식었다. 제대로 된 NFT 붐은 2021년에 찾아왔다. 단적인 예로 2021년 2월 오픈시의 매출은 9,500만 달러였다. 하지만 거래가 빠르게 늘어나면서 같은 해 9월, 27억 5,000만 달러로 반 년만에 매출이 30배가량 늘어났다.

NFT 붐이 불면서 오픈시의 기업 가치도 빠르게 상승했다. 오픈시에 투자하겠다며 돈을 들고 찾아오는 곳도 많았다. 와이콤비네이터(Y Combinator), 코인베이스 벤처스(Coinbase Ventures), 안드레센 호르비치(Andreessen Horowitz)의 a16z 등으로부터 총 1억 5,000만 달러 상당의 금액을 투자받았다. 이때 오픈시는 기업 가치 15억 달러로 유니콘 기업에 등극했다. 정점이었던 2022년 1월에는 기업 가치 133억 달러를 기록하며 데카콘(Decacorn, 기업 가치가 1,000억 달러 이상인 스타트업)으로 분류되기도 했다.

오픈시의 성공 비결로는 크게 두 가지를 꼽을 수 있다.

먼저 시장 선점이다. 오픈시의 데빈 핀저는 NFT 거래라는 것이 다소 생소한 시기에 NFT 거래소를 만들었다. 당시 〈크립토키티〉가 선풍적인 인기를 끌며 비싼 가격에 팔리는 경우는 있었지만, NFT 거래소를 만들어 서비스를 제공하겠다고 나선 곳은 없었다. 그때는 NFT를 거래하는 것보다 블록체인, 가상자산, NFT가 실생활에서 어떻게 하면 활용될 수 있을지에만 관심이 있었다.

오픈시는 가장 먼저 NFT 마켓플레이스를 열었다는 점을 영리하게 이용했다. 초창기에는 스타트업 액셀러레이터 프로그램인 와이콤비네이터로 선정됐다는 것을 앞세우며 추가 투자 유치를 하는 한편, 마케팅을 활용해 구매자와 판매자를 오픈시라는 플랫폼에 가뒀다. 설사 구매자나 판매자가 경쟁사로 가더라도 언제든지 오픈시에서 거래할 수 있도록 UX와 UI를 개선했다. 참고로 와이콤비네이터는 세계 최초의 스타트업 액셀러레이터이자 세계 최고의 스타트업 인큐베이터로 손꼽힌다. 폴 그레이엄(Paul Graham)이 설립했으며, 샘 알트만(Sam Altman)이 이끌고 있다. 와이콤비네이터로 성장한 곳으로는 에어비앤비, 드롭박스, 스트라이프, 레딧, 쿼라, 코인베이스, 서클, 블록스택 등이다. 국내 기업도 와이콤비네이터의 지원을 받은 곳이 꽤 많다. 대표적인 예로 '숨고'의 운영사 브레이브모바일, 미미박스, 수퍼브에이아이, 쿼타북, NFT뱅크 등을 들 수 있다. 그 면면을 보면 알 수 있겠지만, 와이콤비네이터로부터 투자를 받았다는 것 자체가 스타트업으로 인정을 받은 것이라 볼 수 있다.

다음으로는 누구나 만들 수 있는 NFT다. NFT는 이더리움 기반 표준 발행 방법인 ERC 프로토콜을 이용한다. 그중에서도 ERC-721과 ERC-1155로 만든다. NFT 시장 초창기 프로그래밍, 일명 '코딩'을 할 줄 알아야만 NFT를 발행할 수 있었다. 특히 이더리움 개발 언어인 솔리디티(Solidity)로 스마트 컨트랙트를 하지 못하면 NFT 발행은 불가능했다.

오픈시는 이런 과정을 획기적으로 줄여 누구나 메타마스크 등과 같은 지갑을 연결해 이더리움 네트워크 사용료인 가스비(Gas

Fee)만 내면 NFT를 만들 수 있도록 했다. 이처럼 마이페이지에서 곧바로 NFT를 만들 수 있는 사용자 경험은 당시 그 어디에도 없었다. 물론 경쟁사에서 비슷한 형태로 올라서긴 했지만, 현재도 NFT 발행과 판매 표준처럼 돼버린 오픈시를 앞서기는 어려워 보인다. 그만큼 선점 효과와 선도적인 사용자 경험은 초기 시장, 신생 산업에서 압도적이다.

물론 아직 미흡한 점도 있다. 오픈시는 NFT 거래의 신뢰를 높이겠다면서 다양한 검수 시스템을 구축했다. 이를 통해 플랫폼에 업로드되는 NFT를 확인하고, 검증을 통과한 NFT만 거래가 가능하도록 한 것이다. 또 트위터나 인스타그램의 '블루배지'처럼 공인된 판매자에게 '파란체크'를 부여한다. 제대로만 운영됐다면 효과적이었겠지만, 대부분의 스타트업이 겪는 과정을 그대로 반복했다.

오픈시의 검증 절차는 유명무실한 탓에 무작위로 불법 복제되거나 표절한 NFT가 대놓고 올라와 거래가 이뤄졌다. 또 2021년에는 오픈시의 내부 직원이 홈페이지에 NFT 작품이 공개되기 전 사재기를 한 후 비싸게 되파는 '내부자 거래'로 내홍을 겪기도 했다. 2022년 1월에는 이더리움 기반 지갑 개발사 다르마 랩스(Dharma Labs)를 인수했지만, 오픈시의 UI 오류로 19만 달러 상당의 BAYC NFT를 90% 이상 할인된 1,760달러에 구입해 판매하는 사고가 발생했다. 같은 날 반나절 만에 이런 일이 수차례 반복됐다. 오픈시는 이에 180만 달러 상당의 손해 배상금을 지불하기도 했다. 2022년 2월에는 익스플로잇(Exploit)을 통한 피싱(Phishing) 공격으로 170만 달러 상당의 NFT를 도난당하기도 했다.

오픈시의 일일 NFT 거래량은 2022년 5월 1일 27억 달러로 정점을 찍었지만, 불과 4개월 후인 8월 28일에는 934만 달러로 낮아졌다. 이에 오픈시는 전 직원 중 20%를 감축한다는 고강도 구조조정을 선언했다.

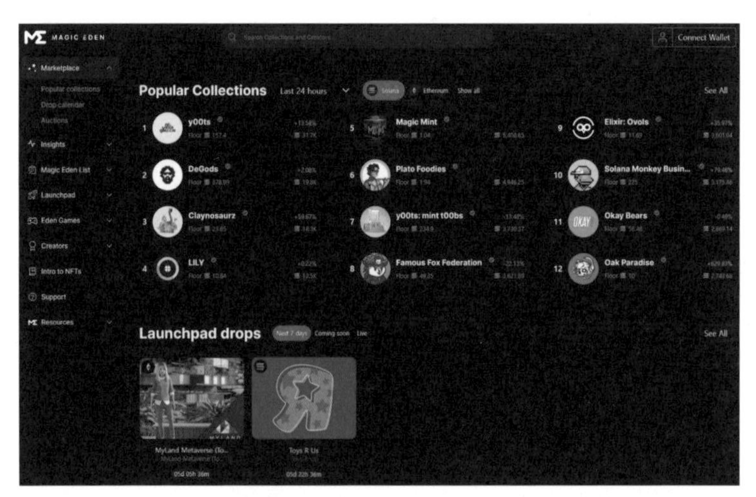

그림 2-65 | 솔라나 기반 NFT 마켓플레이스 '매직에덴(Magic Eden)'(출처: 매직에덴)

이더리움 기반 NFT 마켓플레이스의 대표주자가 오픈시라면, 솔라나 기반의 NFT 마켓플레이스의 선두주자는 '매직에덴(Magic Eden)'이다.

매직에덴은 2021년 9월 출시된 솔라나 기반 NFT 마켓플레이스이다. 솔라나는 빠른 처리와 확장성을 내세우며 이더리움의 아성을 위협하고 있는 블록체인 플랫폼이다. NFT 시장에서도 마찬가지이다. 솔라나는 NFT 영역에서도 이더리움 다음 가는 시장 점유율을 차지하고 있다. 그중 매직에덴은 솔라나 기반 NFT 마켓플레이스의 약 90%를 차지하고 있다.

매직에덴은 서비스를 시작한 지 1년도 채 되지 않은 2022년 6월 기업 가치 16억 달러를 인정받으며 1억 3,000만 달러를 투자받았다. 9개월 만에 유니콘 기업이 된 것이다. 속도만 보면 오픈시를 넘어설 정도의 성장세이다.

매직에덴은 크게 세 가지 측면, 즉 성장 원동력을 찾았다. 플랫폼의 단순성, 커뮤니티 기능 강화, 플랫폼에서 지원하는 가상자산의 다양화 등에서 성장의 원동력을 찾았다. 매직에덴은 이를 원동력으로 삼아 2022년 3분기를 정점으로 오픈시의 시장 점유율을 잠식했고 그해 9월에는 2배 이상 성장했다. 이를 발판으로 2022년 매출 기준 236%가량 성장했다.

매직에덴은 시장에서 NFT를 활용하는 데 가장 쉬운 플랫폼으로 알려져 있다. 특히 빠른 처리 시간과 구매, 판매의 편의성은 강점으로 꼽힌다. NFT 발행 계획을 바탕으로 선판매를 진행하는 런치패드(Launchpad)는 초기 자금을 모으려는 크리에이터와 양질의 NFT를 사려는 구매자 양측을 모두 만족시켰다는 평가를 받는다.

매직에덴은 커뮤니티의 기능에도 주목했다. 오픈시는 그야말로 NFT를 사고파는 것에만 관심이 있었다. 하지만 매직에덴은 NFT 시장의 핵심은 커뮤니티라고 여겼다. 이를 위해 매직에덴은 참여형 커뮤니티 플랫폼 '디스코드(Discord)'에 채널을 만들고, 매직에덴의 운영과 판매 과정을 투명하게 공개하는 한편, 매직에덴 디스코드 기반 다오(Magic DAO)를 연동해 커뮤니티가 매직에덴의 운영 과정에 적극적으로 참여할 수 있도록 설계했다. 참고로 매직에덴 다오에 참여하기 위해서는 매직 티켓 NFT(Magic Ticket NFT)를 보유해야 한다.

오픈시는 초기에 이더리움 NFT만 지원했다(지금은 여러 체인을 지원한다). 매직에덴은 그렇지 않았다. 처음부터 솔라나와 이더리움 체인 모두를 지원해 크로스 체인 아이템을 구입할 수 있게 했다.

그 일환으로 2022년 9월 매직에덴은 이더리움 애그리게이터(Aggregator) 서비스인 '매직이든(Magic Ethen)'을 공개했다. 매직이든은 이더리움 기반의 체인에서 발행된 NFT를 한눈에 볼 수 있도록 지원하고 이를 구매할 수 있도록 연결해 주는 기능이다. 매직이든을 통해 이더리움 기반 NFT와 솔라나 기반 NFT 모두를 한눈에 볼 수 있게 한 셈이다. NFT 구매 역시 솔라나 외에 이더리움, 유로화 등으로 구매할 수 있도록 바뀌었다. 현재 매직에덴을 대표하는 NFT 프로젝트는 y00ts, 디갓즈(DeGods), 클레이노사우르스(Claynosaurz), 릴리(LiLy), 매직에덴 상자, 오케이 베어(Okay Bears) 등이 뒤를 잇는다. 디닷즈와 오케이 베어는 매직에덴을 대표하는 PFP 프로젝트이다. 이 밖에도 매직에덴은 에덴 게임(Eden Games)을 선보였다. 에덴게임은 솔라나 기반 댑(Dapp) 시장의 약 90%를 차지하는 것으로 알려져 있다.

매직에덴이 빠르게 성장하고 있지만, 절대적인 규모에서는 아직 오픈시를 따라가기 어려워 보인다. 하지만 기회는 있는 법! 특히 2022년 중반부터 불어닥친 빙하기는 도전과 함께 시공을 초월한 '하이퍼 점프(Hyper Jump)'를 위한 도약이 될 수 있다. 특히 '브로큰시(Broken Sea)'라고 불리는 오픈시가 충돌하거나 주춤거릴 때 판매자와 생산자 모두를 매직에덴으로 끌고 올 수 있는 기회가 될 것이다.

국내도 이와 마찬가지이다. 업비트 NFT를 시작으로 빗썸의 내모월드(NAEMO WORLD), 코빗 NFT 등 거래소 기반 NFT 마켓플레이스 외에 CCCV, NFT 매니아, 도시(DOSI), 탑포트(TopPort) 등 다양한 서비스가 등장하고 있다는 점에서 2022년과 2023년은 다소 추울 수 있지만, 그때를 묵묵히 기다린다면 이 시장에서 또 하나의 구글, 아마존이 될 수 있을 것으로 기대한다.

그림 2-66 | NFT뱅크 서비스 모습. 보유하고 있는 NFT와 그 가치를 보여 준다(출처: NFT뱅크).

마음에 드는 NFT를 발견해 구입했다면 이제 이 NFT로 무엇을 할 수 있을까? 만약 구입한 NFT가 PFP라면 프로필 사진으로 쓸 수 있겠지만, 결국 할 수 있는 것은 내 지갑 속에 NFT를 보관하면서 한 번씩 지켜보는 게 전부이다. 이럴려고 NFT를 산 건 아닐텐데 말이다.

이러한 NFT의 한계를 넘어서게 해 주는 서비스가 바로 NFT뱅크(NFTBank)이다. NFT뱅크는 이름처럼 NFT를 금융 상품처럼 만들어 준다. 쉽게 이야기해서 보유하고 있거나 특정 NFT의 가치를 평가해 준다. 내가 갖고 있는 NFT의 가치를 안다면 이를 바탕으로 다양한 활동(대출, 예치, 교환 등 디파이 서비스)이 가능해지기 때문이다. 나의 비싼 NFT를 판매하지 않고, 맡겨 놓은 상태로 활용할 수 있다는 것은 자금 유동성의 증가를 가져올 수 있다. 간단히 말해 돈을 묶어 두지 않고 쓸 수 있는 방법이 생기는 셈이다. 그래서 기업 이름을 'NFT뱅크'라고 지은 것이다.

이처럼 NFT뱅크는 종합 NFT 자산 관리 서비스를 제공한다. 내부 데이터 분석 전문가가 사용자의 NFT 거래 상황과 보유 NFT 정보를 분석해 사용자의 NFT 취향, NFT 시장 동향 등을 분석해 각각의 NFT 자산 가치를 평가한다. NFT뱅크는 이런 방식으로 8,000여 개 이상의 NFT 프로젝트에서 사용하는 NFT의 가치 평가를 진행했다.

앞으로 NFT는 하나의 자산 테마로 자리매김할 수 있을까? NFT뱅크는 "그렇다."라고 말한다. 초기 NFT 시장은 일부 NFT가 비싸게 팔리는 시대였다면, 현재는 P2E 게임의 등장으로 활용성이 확대되기 때문이다. 추가로 가상자산의 대여 또는 담보 대출 수단으로 NFT가 사용되는 사례가 늘어나고 있다. 이런 추세가 가속화되면 결국 앞으로는 NFT의 가치를 소재로 한 본격적인 금융 서비스도 등장할 것이다. NFT뱅크의 핵심 서비스 중 하나로 '세금 계산서(Tax Filing)' 기능을 넣은 것이 바로 이런 이유에서이다.

최근에는 재미있는 프로젝트도 진행했다. 전 세계에서 가장 사용자가 많은 이더리움 지갑 서비스인 메타마스크(Metamask)와 함께 NFT 포트폴리오 기능을 추가한 것이다. 이는 이더리움 기반 NFT를 메타마스크에서 한눈에 보고, NFT뱅크의 노하우를 합쳐 보유한 NFT의 가치도 알 수 있는 방식이다. 이런 움직임은 결국 NFT가 담보물의 역할을 할 수 있을 것이라는 기대감을 보여 주는 사례이다. 참고로 NFT뱅크는 기업 가치 약 3,500억 원을 인정받을 정도로 주목을 받고 있다.

9. NFT와 만난 메타버스: 더 샌드박스, 디센트럴랜드

최근 메타버스가 주목을 받으며 새로운 테마로 떠오르고 있다. 메타버스는 디지털로 만들어진 가상 세계를 의미한다. 단순하게 보면, 예전 온라인 게임 형태가 메타버스의 시초라고 할 수 있다. 여기에 VR(가상현실), AR(증강현실), MR(복합현실) 등이 결합되면, 기본적인 메타버스의 틀이 완성된다. 하지만 이것만으로는 고도화된 온라인 게임 이상으로 넘어가기 힘들다. 그래서 고민한 것이 바로 '커뮤니티(Community)'이다.

한 가지 더 생각해 보자. 커뮤니티가 생긴다는 것은 다양한 사람들이 생활을 하면서 교류를 한다는 이야기이다. 일종의 가상현실 세계의 도시가 생기는 것인데, 이런 상황에서 가장 중요한 요소는 바로 경제 시스템이다. 노골적으로 말하면 '돈'이다. 현실 세계이든, 가상 세계이든, 메타버스이든 사람이 모이고 커뮤니티가 형성되려면 '돈'이 필요하다. 필요한 것을 언제까지 자급자족할 수 있는 것이 아니기 때문이다. 물물교환을 한다 하더라도 적절한 가치 평가가 이뤄져야 성사될 수 있다. 결국 '돈'이라는 개념이 필요한 것이다.

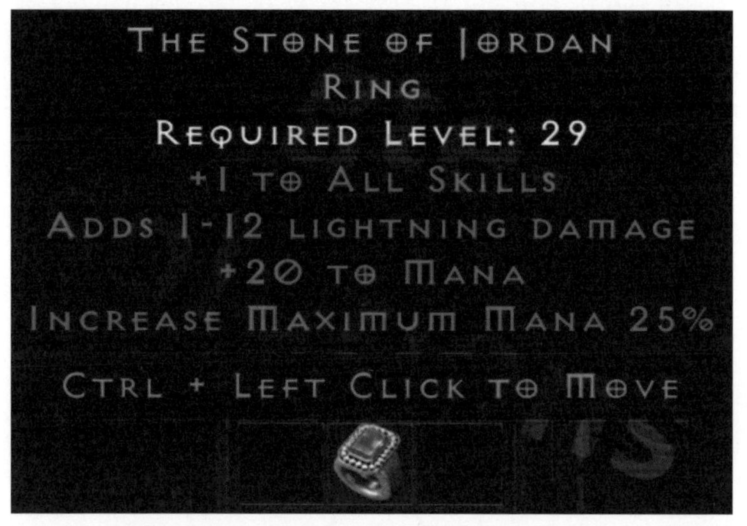

그림 2-67 | 블리자드의 온라인 게임 〈디아블로2〉에서 대체화폐로 활용된 조던링(Stone of Jordan). 화폐로 쓰이다 보니 무한 복제돼 가짜 아이템이 게임 내에 넘쳐나는 문제가 발생했다(출처: ebay.com).

여기서 또 하나 문제가 있다. 만약 메타버스 생태계에서 쓸 수 있는 '돈'을 만들었다고 가정해 보자. 디지털 세상에서는 모든 것을 복사·복제할 수 있다. 돈이라고 예외는 아니다. 온라인 게임 〈리니지〉에서 기축 통화로 쓴 '아데나'나 〈디아블로〉의 기축 아이템으로 쓴 '조던링' 등이 있었지만, 이 역시도 복사·복제 문제에서 자유롭지 못했다. 거래되는 물품이 진짜인지, 가짜인지 구분하기 어려운 만큼 가짜를 진짜인 것마냥 파는 사람들이 넘쳐났기 때문이다.

메타버스에서 적절한 돈의 가치를 지니면서 무단 복제, 달리 말하면 데이터 위변조를 해결하려면 어떤 방법이 좋을까? 쉽게 생각하면 데이터 위변조와 무단 복제를 방지하기 위해서는 블록체인 기술과 코인이라고 부르는 가상자산을 결합하면 된다. 실제 이런 방식으로 메타버스에서 생태계를 구축하고자 하는 프로젝트가 많다. 하지만 실제로 이것만으로 해결하기는 어렵다. 만약, 이더리움으로 메타버스에서 신발을 산다고 하면, 지급 수단인 이더리움 자체는 믿을 만하다. 이더리움은 복제나 이중 지불 문제에서도 자유롭기 때문이다. 하지만 이더리움으로 사려는 신발은 어떻까? 어차피 메타버스라는 디지털 세상 속에서 신발은 디지털 조각, 달리 말하면 코드로 만들어져 있다. 이는 얼마든지 복제가 가능하다. 심지어 그대로 복제하면, 원본과 복사본을 구분하기도 어렵다.

이런 문제까지 해결할 수 있는 것이 바로 'NFT'이다. 메타버스에서 통용되는 모든 것을 NFT로 만들어버리면 지금까지 이야기했던 문제를 완벽하게 해결할 수 있다. 메타버스 속에서 NFT를 무단 복제해 동일한 가치를 얻는다는 것은 불가능하기 때문이다.

그런 점에서 더 샌드박스(The Sandbox) 사는 일련의 맥락을 잘

짚어 냈다. 세바스찬 보르제(Sebastien Borget) 공동 설립자는 2007년 첫 창업을 했다. 그때는 단순히 게임 업체가 게임 생태계의 모든 것을 좌지우지한다는 것에 큰 문제를 느꼈다. 그러다가 2011년 모바일 게임 산업으로 눈길을 돌렸다. 모바일 게임 생태계를 성장시킬 크리에이터 육성이 핵심이었다. 그 결과물은 2012년 '더 샌드박스'라는 이름으로 세상에 등장했다. 하지만 당시 더 샌드박스는 주목받지 못했다. 바로 유사한 형태의 게임인 〈마인크래프트(Minecraft)〉가 〈더 샌드박스〉보다 한 걸음 앞선 2011년에 출시됐기 때문이다.

일반적으로 마인크래프트류 게임을 '샌드박스형 게임'이라고 부른다. '샌드박스(Sandbox)'라는 이름 자체가 '모래 상자'인 것처럼 샌드박스형 게임은 끝이 정해지지 않은 플랫폼, 일명 '오픈월드' 세상에서 높은 수준의 자유도를 제공하는 게임을 말한다. 게임 사가 정해 준 목표가 아닌 게이머가 직접 게임 내에서 목표를 정해 오픈월드를 즐기는 식이다. 〈마인크래프트〉가 선보인 샌드박스형 게임은 엄청난 인기를 끌었다. 〈더 샌드박스〉는 더 이상 갈 길이 없었다. 하지만 2017년 〈크립토키티〉가 세상에 등장하며 NFT의 가능성을 보여 주자 더 샌드박스 사는 곧바로 노선을 정하기 시작했다. 메타버스에 NFT를 결합하는 식으로 말이다.

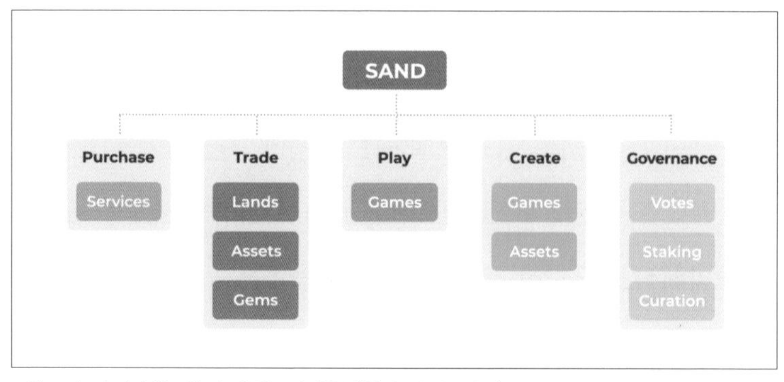

그림 2-68 | 〈더 샌드박스〉 내 샌드의 사용처(출처: 더 샌드박스)

그렇게 2020년 더 샌드박스 사는 NFT와 함께 만든 'SAND(샌드)'라는 개념을 도입한다. 샌드는 〈더 샌드박스〉에서 기본적인 거래에 쓰는 코인이다. 여기서 중요한 기능이 있는데, 땅(LAND), 애셋(Asset) 등 〈더 샌드박스〉 NFT는 샌드로만 구입할 수 있다. 또한 누구나 NFT로 아이템을 만들어 판매할 수 있다. 판매 보상은 당연히 샌드로 받는다. 이와 마찬가지로 시장에 풀린 샌드는 스테이킹 서비스를 이용해 예치를 하고 보상을 받는다. 예치를 하면 게임에 필요한 요소인 젬과 카탈리스트도 얻을 수 있는 만큼 스테이킹 서비스도 하나의 게임 요소로 작용한다.

끝으로 〈더 샌드박스〉라는 거대한 생태계를 움직이는 거버넌스 토큰 역할도 한다. 거버넌스 토큰은 이사회의 발언권 역할을 하는 것으로, 거버넌스 토큰이 많을수록 〈더 샌드박스〉 게임 생태계를 변화시킬 중요 안건에 대한 결정 권한을 갖는다.

샌드가 여러 용도로 쓸 수 있다고 하더라도 〈더 샌드박스〉의 핵심은 '랜드'이다. 랜드는 NFT로 만들어진 메타버스 속 디지털 부동산의 최소 단위이다. 현재 〈더 샌드박스〉에는 총 16만 6,464개의 랜드가 발행돼 있다. 랜드는 다시 두 가지로 나뉜다.

- **LAND**(랜드): 〈더 샌드박스〉의 기본 단위이다. 각 랜드의 면적은 96×96m로, 모든 블록체인 게임을 실행할 수 있는 최소 크기이다.

- **ESTATE**(에스테이트): 에스테이트는 다수의 랜드가 합친 것이다.

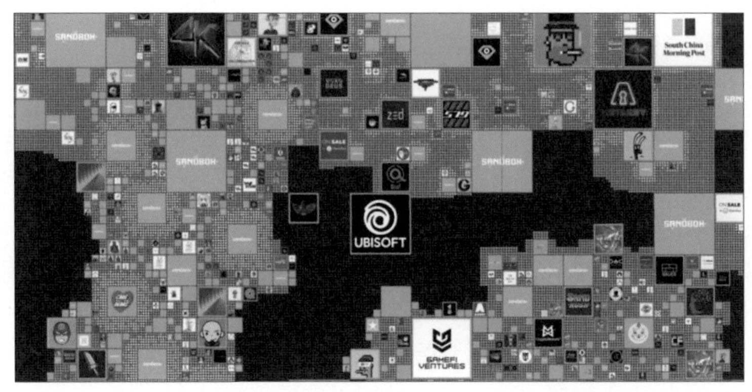

그림 2-69 ❙ 〈더 샌드박스〉 메타버스의 NFT 랜드(Land)가 팔려 각 기업이 운영하는 모습(출처: 더 샌드박스)

그럼 랜드를 가진 경우, 우리는 무엇을 할 수 있을까?

첫째, 게임 생성 및 플레이가 가능하다. 랜드는 메타버스를 탐

험하고 그 안에 있는 다양한 게임을 즐길 수 있는 입장권 역할을 한다.

둘째, 보상을 얻을 수 있다. 랜드의 소유자는 자신의 랜드에서 이뤄지는 게임의 수익을 받을 수 있다. 예컨대 내 랜드에 다른 사용자가 방문하면 샌드로 보상을 받는 방식이다. 또한 랜드는 디지털 부동산 개념이다 보니 다른 사용자에게 판매 혹은 임대할 수 있다.

셋째, 메타버스 내 거버넌스 참여도 가능하다. 랜드 소유자는 〈더 샌드박스〉의 메타버스에 대한 거버넌스 권한을 갖는다. 이를 통해 다양한 게임 내 정책을 정할 수 있게 된다.

끝으로 애셋(Asset)이 있다. 애셋은 실물 혹은 〈더 샌드박스〉 메타버스 밖에 있는 모든 것이 안으로 들어올 때 변환되는 개념이다. 이는 ERC-1155 프로토콜을 활용해 NFT화한다. 쉽게 말해, 사용자가 창조한 모든 아이템은 애셋으로 기능한다. 애셋은 자신의 랜드에 전시도 가능하다. 또한 아바타에 착용할 수도 있다. 일종의 꾸미기 아이템이지만, 〈더 샌드박스〉 안에서 거래가 가능한 수단이기 때문에 핵심 요소로 손꼽힌다.

더 샌드박스 사는 메타버스와 NFT를 결합해 실물 경제 시스템과 디지털 세상이 이어질 수 있다고 믿고 있다. 실제 그런 추세는 곳곳에서 보인다. 〈더 샌드박스〉 내에서는 랜드와 애셋을 중심으로 다양한 직업이 생기고 있다. 먼저 랜드를 이용해 메타버스에 자신만의 공간을 마련해 의류 가게, 전시장, 박물관, 의류 판매장 등을 운영하는 경우도 많다. 실제 디자이너가 〈더 샌드박스〉 내에서 디자이너로 활동하는 경우도 적지 않다. 또한 결국 이런 것을 가상 공간에 지으려면 건축가도 필요하다. 그래서 메타버스에서 건물을 지어 주는 건축가도 등장했다. 현재 이런 식으로 빌더 역할을 하는 곳은 전 세계 200여 곳이 넘는다. 한국에도 10개 이상의 스튜디오가 빌더로 활동 중이다(현실에서 의뢰받아 메타버스에서 작업을 하는 식이다).

〈디센트럴랜드〉는 〈더 샌드박스〉와 달리, 처음부터 메타버스에서 블록체인 기술과 NFT를 구현하고자 했다. 그야말로 메타버스 세상에서 이뤄지는 탈중앙화 게임을 꿈꾼 것이다.

그림 2-70 | 〈디센트럴랜드〉의 중심에 위치한 '제네시스 시티(Genesis City)'(출처: 디센트럴랜드)

이런 〈디센트럴랜드〉는 에스테반 오르다노(Esteban Ordano) 설립자가 2015년에 시작한 프로젝트이다. 실제 〈디센트럴랜드〉는 2020년 2월에 출시됐다. 에스테반 오르다노는 페이스북과 같은 독점 플랫폼이 수억 명의 사용자가 상호 작용하고 콘텐츠를 공유할 수 있는 생태계를 만들어 줬지만, 이에 대한 수익은 모두 플랫폼 기업이 가져가는 불합리를 발견했다. 그러다 보니 〈디센트럴랜드〉는 콘텐츠 제작자가 자신의 창작물을 소유하고, 거래해 다양한 수익을 나눠 가질 수 있도록 처음부터 설계했다. 여기에는 또 한 가지 문제가 있었다. 에스테반 오르다노가 꿈꾸는 메타버스 생태계를 만들려면 필연적으로 가상자산이 필요했다. 앞서 설명한 대로 거래 수단이 있어야 했기 때문이다. 하지만 비트코인은 이런 용도로 쓰는 것 자체가 불가능했고 이더리움은 널리 보급이 되긴 했지만, 빠른 거래 처리가 불가능했다. 네트워크 혼잡도에 따라 널뛰는 가스비는 비쌀 뿐 아니라 예측도 불가능했다.

이처럼 산적한 문제를 해결하기 위해 다양한 요소를 도입했다. 이더리움 기반의 코인 '마나(MANA)'를 만들어 디지털 콘텐츠를 사고팔거나 보상을 받도록 했다. 또 디센트럴랜드의 가상 토지인 랜드(LAND)를 만들어 도로와 광장(제네시스 시티 광장)을 제외한 모든 것은 거래가 가능하도록 했다. 랜드를 쉽게 거래할 수 있도록 온라인 부동산 중개소도 만들었다. 경제적 상호 작용이 중요하다고 생각한 셈이다.

물론 〈디센트럴랜드〉에서 자신만의 공간을 만들려면 조건도 있다. 예를 들면, 새로운 토지인 랜드를 구입할 경우, 반드시 기존 토지와 인접해야 한다. 이는 비싼 노른자 땅을 선점하고 이용은 하지 않으면서 비싼 가격에 판매하려는 사람들을 차단하는 정책으로 볼 수 있다.

〈디센트럴랜드〉에서는 이용자와 교류하기 위해서는 자신의 땅에서 시작해 차츰 늘려가는 방식을 써야 한다. 이를 위해서는 땅을 비워두기보다 새로운 콘텐츠를 채워 성장하는 것이 중요하다.

〈더 샌드박스〉에 비해 다소 투박하다는 평가를 받기도 하지만, 〈디센트럴랜드〉 내에서는 다양한 활용 사례도 나오고 있다. 예컨대 랜드 소유자는 콘텐츠를 직접 만들거나 외부 콘텐츠를 선별해 공유할 수 있다. 또한 개인이나 기업은 자신의 공간에서 상품 홍보나 판매, 이벤트를 자유롭게 진행할 수 있다. 이와 더불어 크리에이터는 언제든지 거래할 수 있는 아이템을 NFT로 발행할 수 있다.

이처럼 〈더 샌드박스〉와 〈디센트럴랜드〉는 메타버스 세상에서 주도권을 잡기 위한 치열한 경쟁을 펼치고 있다. 최근 기업이나 패션 브랜드가 메타버스를 향한 마케팅 전략을 적극적으로 펼치고 있다. 그리고 그 중심에는 더 샌드박스와 디센트럴랜드가 있다. 이것이 바로 이들의 움직임을 주목해야 하는 이유이다. 또 한 가지, 직접

NFT 아티스트가 되고 싶다면 〈더 샌드박스〉나 〈디센트럴랜드〉에서 랜드를 구입하고 건물을 올려 직접 디지털 세상 속에 가게를 만들어 보는 것도 의미 있는 시도가 될 것이다.

10. NFT와 만난 게임: 〈10KTF〉, 〈P2E〉, 〈액시인피니티〉, 〈미르 4〉

NFT와 게임은 천생연분이다. 그만큼 잘 맞고 효과적이며 유용하다. 그래서 게임 영역은 NFT에 가장 가깝고, 빠르게 성장하는 분야이다. NFT와 만난 게임은 우리가 흔히 생각하는 게임도 있지만, 흔히 웹 게임이라고 부르는 인터넷 웹브라우저 기반 NFT 게임도 있다.

그림 2-71 | NFT 게임 〈10KTF〉 속 뉴 도쿄의 와가미 상(출처: 10KTF)

〈10KTF〉는 2021년 9월 17일 디지털 아티스트 비플이 만든 NFT 플랫폼 '위뉴(WENEW)'의 대표 시리즈이다. 〈10KTF〉는 이더리움 기반의 NFT를 발행해 스토리를 웹보드 형태의 스토리를 진행하는데, BAYC, 쿨캣츠, 문버즈 등 NFT를 보유하고 있는 이들이 참여해 메타버스 속에서 NFT 제작, 수집, 경쟁 등 다양한 경험을 즐길 수 있다.

〈10KTF〉의 매력적인 스토리를 잠시 설명하면, 이야기는 메타버스 속 가상 세계 '뉴 도쿄(New Tokyo)'에 사는 수공예 장인 '와가미 상(Wagmi-san)'이 자신의 공방에 찾아온 손님에게 의뢰를 받는 장면으로 시작한다. 여기서 수공예 장인 '와가미'는 'We All Gonna Make It'의 머릿글자를 따서 만든 이름이다. NFT 세상에서 '우리 모두 잘될 거야' 혹은 '우리는 할 수 있다'라는 의미로 사용된다. 재미있는 점은 와가미 상이 물건을 사고 싶으면, 메타마스크 지갑을 연결해 달라고 요청하는데, 만약 메타마스크에 이더리움이 아닌 다른 블록체인이 설정돼 있으면, 이더리움으로 전환해 달라고 말한다. 반응형 웹서비스를 활용한 방식이다. 〈10KTF〉에 접속한 사용자와 게임 시스템이 유기적으로 교감하는 경험을 강조한 셈이다.

〈10KTF〉의 참여자는 와가미 상의 상점이 '보스 토아즈(Boss Toadz)'라는 개구리 마피아로부터 폐쇄되는 것을 막기 위해 다양한 임무를 수행해야 한다. 특히, 이 과정에서 각 상점 간에 벌어지는 전쟁을 승리로 이끌기 위해 〈배틀타운(Battle.town)〉이라는 전투 게임에서 이겨야 한다.

그림 2-72 | 웹브라우저 기반 NFT 게임 〈10KTF〉(출처: 10KTF)

배틀타운은 〈10KTF〉(정확히는 와가미 상의 상점)에서 판매하는 NFT 아이템을 착용해 임무를 수행하고 점수를 올리는 방식으로 사용자끼리 경쟁하게 된다. 만약, 임무를 완수하고 배틀타운에서 승리하면 NFT 배지를 받게 되고 등급에 따라 와가미 상이 주는 NFT 에어드롭 기회도 얻을 수 있다.

〈10KTF〉의 특징은 여기서 그치지 않는다. 배틀타운에서 사용하는 아이템은 사용자가 직접 만들어 판매할 수도 있다. 희귀도가 높은 재료를 구해 아이템을 제작하면 더 비싸게 팔 수 있는 등

RPG(Role Play Game) 요소도 곳곳에 숨어 있다.

기본적으로 〈10KTF〉에서 구입할 수 있는 아이템은 ▲ 0N1 Force, ▲ Bored Ape Kennel Club(BAKC), ▲ Bored Ape Yacht Club(BAYC), ▲ 쿨캣(Cool Cats), ▲ 크립토아즈 바이 그렘린(CrypToadz by GREMPLIN), ▲ 크립토펑크(CryptoPunks), ▲ 쿠터캣갱(Gutter Cat Gang), ▲ 미비츠(Meebits), ▲ 문버드(Moonbirds), ▲ Mutant Ape Yacht Club(MAYC), ▲ 노운(Nouns), ▲ 퍼지 펭귄(Pudgy Penguin), ▲ 포가튼 룬 위자드 컬트(Forgotten Runes Wizards Cult), ▲ 울프 게임(Wolf Game), ▲ 월드 오브 위민(World of Women), ▲ 월드 오브 위민 갤럭시(World of Women Galaxy) 등 최고 수준의 NFT가 제공된다.

〈10KTF〉와 같은 스토리 기반의 게임도 있지만, NFT 게임의 핵심은 뭐니뭐니해도 P2E이다. P2E는 'Play To Earn'의 약자로, 일명 '돈 버는 게임'을 말한다.

쉽게 말해 사용자는 게임을 하면서 돈을 벌 수 있다. 그것도 게임 속 머니(Money)가 아니라 현실 세계의 자산으로 말이다. 이것이 가능하게 만들어 준 요소가 바로 NFT다. P2E는 게임 내 아이템과 토지 등을 NFT로 발행해 사용자끼리 서로 사고팔 수 있도록 해 준다. 심지어 이를 특정 가상자산과 교환해 현금으로도 바꿀 수 있다.

이런 P2E의 장점은 무엇일까? 먼저 '놀면서 돈을 번다'라는 점이다. 기존 게임에는 치명적인 단점이 있었다. 사용자가 아무리 많은 시간을 게임에 투자해도 얻을 수 있는 수익은 거의 없었다. 굳이 게임을 해서 돈을 벌려면 비공식적인 경로로 아이템이나 계정을 파는 것이 전부이다. 결국 전통적인 관점에서 게임은 시간 대비 얻는 것이 없는 '킬링타임'용으로 여겨졌다. 긍정적인 측면으로 본다고 하더라도 재미를 통한 스트레스 해소 이상의 가치를 인정받기 힘들다. 하지만 P2E는 사용자가 게임에 투자하는 시간이 경제적인 가치로 이어진다. 게임이 '소모적인 행동'에서 '생산적인 활동'으로 바뀐 것이다. 그렇다면 게임 사용자만 이득일까? 그렇

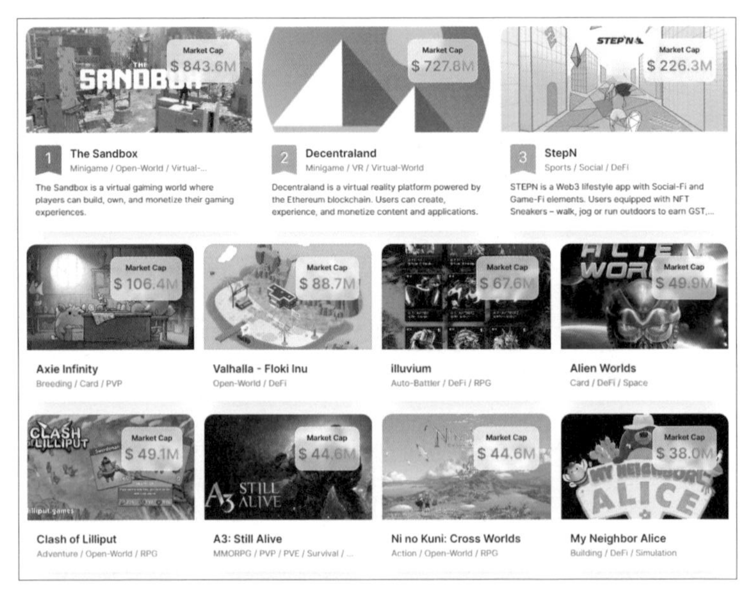

그림 2-73 | 주요 P2E 목록. 〈더 샌드박스〉, 〈스테픈〉, 〈액시인피니티〉 등이 상위에 랭크돼 있다(출처: P2E.GAME).

지는 않다. P2E 개발자도 돈을 번다. 전통 게임 시장에서 유추할 수 있는 그 이상을 말이다. 전통 게임은 싱글 게임을 패키지로 팔거나 유료 구독 모델 혹은 아이템 뽑기 등과 같은 방식으로 수익을 창출한다. 하지만 P2E는 NFT를 만들어서 판매하거나 NFT가 빈번하게 거래되도록 유도하는 형태로 '수수료'를 추가로 얻을 수 있는 구조로 이뤄진다.

물론 P2E가 만능은 아니다. 먼저 우리가 주목해야 할 점은 '게임의 본질'이다. 앞서 게임은 킬링타임용에 지나지 않는다고 했다. 달리 말하면 게임을 하면서 시간이 어찌 지나갔는지 알 수 없을 정도로 재미가 있다는 의미이다. 게임의 본질은 '재미'이다.

게임을 하면 돈을 벌 수 있다는 P2E의 이런 형태는 게임의 본질을 변질시켰다. 게임의 목적은 '재미 추구'이지만, P2E의 목적은 '수익'이다. 결국 게임을 재미가 있어서 하는 게 아니라 '돈을 벌기 위해서' 하게 된다. 돈을 벌기 위해 행동하는 것이다. 우리는 이를 '노동'이라고 부른다. 결과적으로 P2E는 게임을 '일'로 인식하도록 만든 셈이다. 실제로 P2E를 하는 사람들은 재미보다 수익적인 측면에 집중한다.

우리가 회사에 돈을 벌러 다니기 위해서는 무엇이 필요할까? 옷을 사고, 가방을 사고, 신발을 사서, 차를 타고 출근한다. 이것이 노동을 대하는 기본자세이다. 앞서 P2E는 노동과 비슷하다고 말했다. 일반적인 전통 게임은 그냥 즐기면 된다. 굳이 추가하자면, 1~5만 원 정도의 게임 구입비 정도가 필요하다.

그림 2-74 | 〈액시인피니티〉(출처: Axie infinty)

P2E는 조금 다르다. 예를 들어 보자. 대표적인 P2E 〈액시인피니티(Axie Infinity)〉는 '액시(Axies)'라는 캐릭터가 전투를 하고 스토리를 진행하는 게임이다. 액시는 〈액시인피니티〉를 즐기기 위해서 반드시 필요하다. 액시가 없으면 게임을 할 수 없다. 하지만 문제가 하나 있다. 여타 게임이라면 처음 시작할 때 기본 캐릭터를 주겠지만, 〈액시인피니티〉는 그렇지 않다. 액시를 따로 구입해야 한다. 그것도 최소 세 마리가 있어야 게임을 할 수 있다. 2022년 초만 하더라도 액시 하나의 가격은 최소 200달러에서 최고 13만 달러에 달했다.—지금은 전체적인 가상자산 가격이 하락하면서

이보다 절반 가격에 액시를 구입할 수 있다.—이처럼 비싼 입장료를 내야만 P2E를 할 수 있는 셈이다. 만약, 신규 유저가 계속 유입된다면 이런 구조는 액시 가격을 계속 끌어올리는 모델이 될 수 있지만, 이와 반대로 유입이 줄어들면 액시 가격이 하락하고 전체적인 게임 생태계가 무너질 수 있다. 비싼 가격을 지불하고 게임을 시작했지만 돈을 벌지 못한다면 P2E를 하는 의미가 없기 때문이다.

결과적으로 〈액시인피니티〉는 전 세계적으로 대성공을 거뒀다. 베트남의 게임 개발 스타트업 스카이 마비스는 2017년 〈액시인피니티〉를 처음 선보인 이후 게임성이나 즐길 만한 콘텐츠가 부족하다는 평가를 받았지만, P2E의 강점인 돈을 벌 수 있다는 게 부각되면서 필리핀과 베트남 등 동남아를 중심으로 경이로운 성장세

그림 2-75 | 국내 P2E 〈미르4 글로벌〉(출처: 위메이드)

를 기록했다. 이들 국가에서는 실제 직업을 갖기보다 〈액시인피니티〉에서 액시를 만들어 파는 게이머가 직업으로 자리매김하기도 했다. 그 결과 스카이 마비스는 기업 가치 30억 달러를 넘어서며 '유니콘' 기업으로 성장했다.

P2E를 결합한 〈액시인피니티〉의 성공은 국내 게임 업계에 엄청난 충격을 몰고 왔다. 업계의 한 전문가는 "전통 게임 개발사가 보기에 〈액시인피니티〉는 재미가 없었지만, 대성공을 거뒀다."라며 "국내 게임 업체도 저 정도만 하면 성공할 수 있다는 자신감을 얻었다."라고 말했다.

이를 시작으로 국내 주요 게임사인 3N(넥슨, 엔씨소프트, 넷마블)을 필두로 위메이드, 네오위즈, 카카오게임즈, 컴투스 등이 P2E 개발과 블록체인 인프라를 마련하기 시작했다. 넷마블은 모바일 게임 〈챔피언스 어센션〉, 〈골든 브로스〉의 NFT를 판매할 계획이다. A3 얼라이브 P2E 버전도 개발 중이다. 또한 자체 코인 마브렉스(MARRLEX)를 발행하며 블록체인 게임 생태계를 확장시키기 위해 노력하고 있다. 엔씨소프트도 2021년 출시된 리니지W에 NFT를 결합한 리니지W NFT를 선보일 예정이다. 컴투스는 자체 발행한 가상자산 C2X에서 엑스플라(XPLA)로 명칭을 바꾸고 새로운 메인넷 개발을 거의 끝낸 상황이다.

국내 게임사 중 가장 빠르게 P2E 시장에 뛰어든 위메이드는 2021년 9월 〈미르 4 글로벌〉을 통해 게임 내 재화인 흑철을 드레이코 코인으로 바꾸고 이를 다시 위믹스(WEMIX)로 바꿔 현금할 수 있는 방식으로 P2E 구조를 설계했다. 〈미르 4 글로벌〉은 세계 최대 게임 플랫폼 스팀(Steam)에서 하루 동시 접속자가 한때 9만 명을 넘어설 정도로 폭발적인 인기를 끌었다. 하지만 게임 내에서 무한히 생산되는 아이템을 코인으로 바꿔 돈을 벌고자 하는 수요만 게임에 남은 만큼 공급 과잉으로 인해 초기에 설계한 토큰 이코노미가 무너지면서 게임 사용자가 다른 게임으로 떠나갔다. 역설적으로 P2E라고 하더라도 게임의 본질은 '재미'라는 것을 거듭 깨닫게 해 준 사례로 꼽힌다.

11. NFT와 만난 멤버십과 다오(DAO)

NFT는 신분증과 비슷하다. 어찌보면, 기존 신분증보다 신원 인증에 더 특화돼 있다. 내 정보를 바탕으로 NFT를 발행하면, 복제를 하더라도 원본인지, 복사본인지 한눈에 구분할 수 있고 기록된 정보의 위변조도 불가능하기 때문이다. 한 가지 문제는 법률적 효력이 아직 없다는 것이다. 참고로 행정안전부는 2022년 7월 27일부터 경찰청과 함께 블록체인 기술을 활용한 모바일 운전면허증 서비스를 시작하고 있다. 행정안전부에서 제공하는 모바일 신분증 앱을 설치 후 모바일 운전면허증을 발급받으면 된다. 모바일 운전면허증은 실물 운전면허증과 동일한 법률적 신원 인증 효과가 있다.

일단 NFT가 신분증 역할을 하지만, 법률적 효력은 없다고 설명했다. 반대로 말하면 법적 용도로 사용하는 것이 아니라면 NFT를 개인 확인용으로 이용할 수 있다는 이야기가 된다.

이런 아이디어에서 시작한 것이 바로 '멤버십 NFT'다. 멤버십 NFT는 기존에 고객에게 제공했던 멤버십 혜택을 NFT로 전환한 형태이다. 예를 들어 월 10만 원 이상 1년에 200만 원 이상의 물건을 구입한 사람에게 VIP 등급의 멤버십 혜택을 줬다면, VIP 등급의 NFT를 갖고 있는 사람에게 이와 비슷한 혜택을 주는 식이다.

그림 2-76 | 신세계 백화점 멤버십 연동 '푸빌라 NFT'(출처: 푸빌라)

신세계 백화점은 2022년 6월 11일 오픈시에서 푸빌라(PUU VILLA) NFT 판매를 시작했다. 푸빌라 캐릭터는 2017년 크리스마스에 네덜란드 작가 '리케 반 데어 포어스트'와 협업해 '곰을 닮았지만 세상에 존재하지 않는 신비로운 동물' 콘셉트로 탄생했다. 푸빌라가 공개된 지 5년 만에 NFT로 재등장하게 된 것이다.

푸빌라 NFT는 6등급으로 나뉘며 등급별로 차별화된 멤버십 혜택을 제공한다. 먼저 가장 높은 등급인 미스틱은 총 20개가 발행됐으며 퍼스트 라운지 입장 5회, 발레 주차, 20% 사은 참여권 3매, 멤버스바 커피 쿠폰 3매, F&B 3만 원 식사권 2매가 제공된다. 레전더리(100개)는 퍼스트 라운지 입장 5회, 발레 주차, 20% 사은 참여권 1매, 10% 사은 참여권 2매, 멤버스바 커피 쿠폰 3매, F&B 3만 원 식사권 1매를 제공한다. 이런 식으로 에픽(500개), 레어(1,000개), 언커먼(2,500개), 커먼(5,880개) NFT가 있다. 멤버십 혜택을 보면 알겠지만, 신세계 백화점에서 제공하는 멤버십 혜택과 유사하다. NFT 개당 가격은 250~300Klay였다. Klay는 카카오가 만든 블록체인 클레이튼에서 사용하는 가상자산으로 푸빌라 NFT 판매 당시에는 개당 0.34달러, 원화 기준 11~15만 원 정도에 거래됐다. 푸빌라 NFT는 제공하는 혜택에 비해 구입 가격이 저렴하다는 입소문을 타면서 재판매 평균 가격이 470Klay로, 초기 가격 대비 2배가량 오르는 등 인기를 끌고 있다.

신세계 백화점은 푸빌라 NFT의 활용도를 높이기 위해 다양한 이벤트도 진행 중이다. 예컨대 2022년 9월에는 음악 플랫폼 지니(Genie)와 함께 푸빌라 NFT 소유자를 대상으로 콘서트와 페스티벌을 열기도 했다. 또한 신세계 백화점은 푸빌라 NFT 생태계를 확장해 가상 세계와 오프라인을 연계한 세계관을 만들어 나갈 계획이라고 밝히기도 했다.

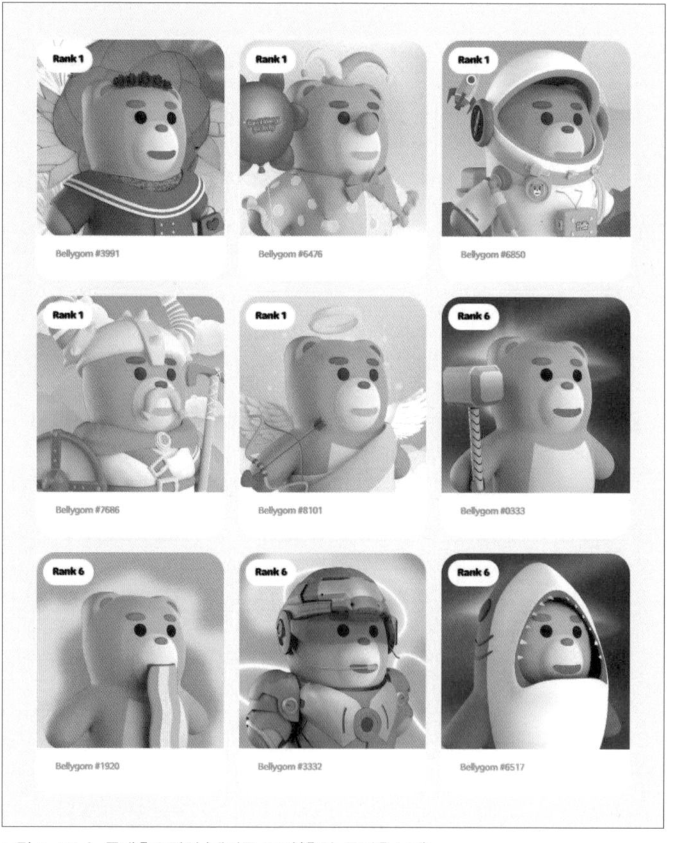

그림 2-77 | 롯데홈쇼핑의 '벨리곰 NFT'(출처: 롯데홈쇼핑)

신세계에서 NFT를 만든 이상 그냥 지켜만 볼 수 없는 곳이 있다. 다들 알다시피 '롯데'이다. 롯데 그룹에서도 롯데홈쇼핑이 신세계의 푸빌라 NFT보다 다소 늦은 2022년 8월 벨리곰 NFT를 선보였다.

벨리곰 NFT는 총 6개 등급으로 나뉜다. 가장 높은 등급인 벨리 NFT(30개)는 시그니엘 플래티넘 패키지, 롯데호텔 월드 숙박권과 어트랙션 패스권, 홀더 전용 라이브 커머스 입장권과 할인권, 시네마 프리미엄 패키지 등 롯데 그룹 계열사의 핵심 서비스를 멤버십 혜택으로 제공한다. 이와 마찬가지로 홀릭(100개), 메가(500개), 슈퍼(1,500개), 서프라이즈(3,500개), 프렌즈(4,370개) 등도 롯데 계열사 서비스를 이용할 수 있는 멤버십 혜택을 준다.

신세계 푸빌라 NFT는 백화점 혜택에 특화됐다면, 롯데 벨리곰 NFT는 롯데 전체 계열사로 제공 범위를 넓혔다. 그런 까닭에 벨리곰 NFT는 푸빌라 NFT에 비해 다소 비싸다. 예약 판매 시점에는 442Klay였는데 점차 가격이 올라가 공식 판매 당시에는 860Klay를 넘어섰다. 최근에는 오픈시에서 벨리곰 NFT를 개당 1만 2,000Klay에 판매하겠다는 글이 올라오기도 했다(아직 해당 가격에는 거래되지 않았다).

이 밖에 현대 백화점도 2021년 3월 국내 작가 5명과 협업해

서울 동대문과 삼성역을 주제로 NFT 작품 255개를 제작해 고객에게 제공했다. 본격적인 멤버십 NFT 도입을 위한 사전 작업을 하는 모양새로 보인다.

신세계와 롯데의 멤버십 NFT 출시는 국내 NFT 시장 확장에 큰 역할을 할 것으로 기대된다. 하지만 한계도 있다. 강력한 오프라인 멤버십 혜택을 얻기 위해 NFT를 구입했지만, 필연적으로 NFT를 관리하기 위해서는 지갑과 지갑 주소가 필요하다는 점에서 기존 오프라인 이용객의 접근성이 떨어지기 때문이다. 결과적으로 오프라인에서 실제 구매로 연결되는 고객은 이런 혜택에서 소외받는 역차별 문제도 지적된다.

향후 멤버십 NFT를 발행해 생태계를 확장함에 있어서 이러한 사용자 경험(UX)과 사용자 인터페이스(UI) 측면의 고려, 손쉬운 지갑 생성과 관리라는 과제가 남아 있다.

해외에서도 멤버십 NFT에 대한 재미있는 시도가 있다. 플라이피시 클럽(Flyfish Club) 프로젝트이다. 2022년 1월에 시작한 것으로 FF(2.25ETH), FFO(4.25ETH) 등 두 가지 등급의 멤버십 NFT로 나뉜다. 각각 2,650개, 385개가 발행됐다. 해당 NFT를 구입하면 식당 이용권과 특별 메뉴를 무료로 제공한다. 또한 다양한 이벤트에도 초청된다. FFO와 FF NFT는 전량 판매됐으며, 총 판매금은 1,400만 달러에 달했다. 해당 식당은 2023년 상반기 중 정식 오픈할 계획이다.

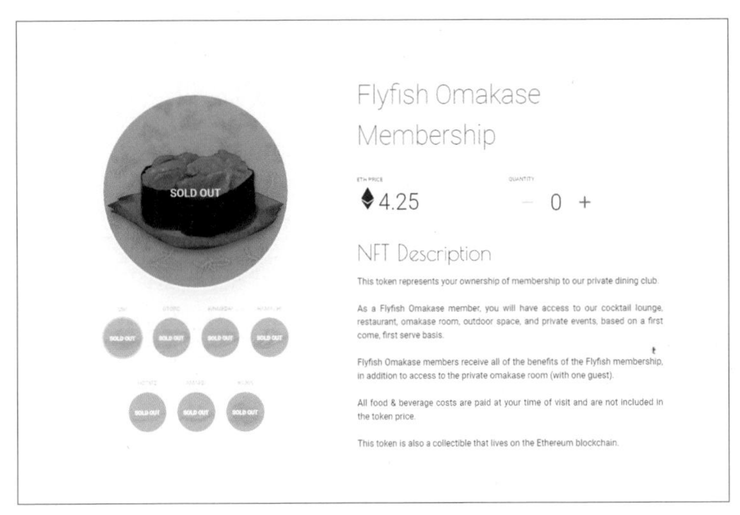

그림 2-78 | 플라이피시 클럽 NFT 중 FFO 등급이 다 판매된 모습(출처: flyfish club)

네이버의 일본 법인 라인도 NFT를 활용한 멤버십 혜택 제공에 나섰다. 네이버 라인의 블록체인 개발 자회사 LVC는 2022년 4월 사명을 '라인 제네시스(Xenesis)'로 변경하고, NFT 마켓플레이스 '라인 NFT'를 선보였다. 라인 NFT는 캐릭터(PFP), 애니메이션, 스포츠, 아티스트 등 다양한 장르의 NFT를 판매한다. 물론 누구나 접속해서 볼 수 있지만, 라인 제네시스는 여기에 멤버십 기능을 더했다. 라인 NFT에서 판매된 NFT를 보유한 사람만 접속할 수 있는 '전용 콘텐츠'를 선보인 것이다. 쉽게 말해 NFT를 소유하고 있는 사람만 특별한 콘텐츠를 볼 수 있도록 함으로써 NFT 소유에 대한 가치를 부여하겠다는 계획인 셈이다.

이를 위해 라인은 첫 번째 NFT 보유자 독점 NFT 콘텐츠로 일본 록밴드 '미오야마자키'의 공연 영상을 NFT로 만들어 판매했다. 특히, 독점 NFT 콘텐츠의 판매 가격을 500엔(약 4,800원)으로 책정하면서 희소성이 높은 고품질의 NFT를 저렴한 가격에 구입할 수 있도록 하는 방식으로 멤버십 혜택을 제공하고 있다.

NFT와 다오(DAO(Decentralized Autonomous Organization), 탈중앙화 자율 조직)를 결합하려는 시도도 이어지고 있다. 멤버십 NFT가 오프라인과의 연계성을 높였다면, 다오 NFT는 온라인 속에서 강력한 커뮤니티를 만드는 역할로 활용된다. 특히 멤버십 NFT가 단순하게 오프라인 혜택을 받는 형식이라면, 다오 NFT는 커뮤니티 정책을 제안하고 실행하는 등 커뮤니티 내에서 적극적인 활동을 가능케 한다.

대표적인 사례가 에이프 다오(APE DAO)이다. 에이프 다오는 2022년 3월 등장한 것으로, 유가랩스의 PFP 프로젝트 보어드 에이프 요트 클럽(BAYC)의 보유자가 모여서 만든 커뮤니티이다. 기본적으로 BAYC NFT를 갖고 있으면 1만 에이프 코인을 준다. 또한 BAYC에서 파생된 뮤턴트 에이프 요트 클럽(MAYC) NFT를 구입하면 2000에이프 코인을 받을 수 있다. 이렇게 받은 에이프 코인을 통해 에이프 다오에 가입해 커뮤니티 활동을 할 수 있는 방식이다.

특정 NFT를 구입해 일종의 투자 조합에 참여할 수 있는 프로젝트도 있다. 가이아 프로토콜(Gaia Protocol)이 이에 해당한다. 가이아 프로토콜은 2022년 2월 NFT를 발행했다. 가격은 개당 약 1,000Klay다. 가이아 NFT를 보유하고 있으면 NFT 구매 금액의 절반을 자동으로 크로노스 다오(Kronos Dao)라는 디파이에 예치하는 형태로 투자를 진행한다. 여기서 발생하는 수익을 NFT 보유자에게 지급하는 구조이다. 쉽게 말해 NFT를 보유하고 있으면 이자 수익을 받을 수 있는 것이다. 또한 NFT를 다시 되팔 경우에는 구입 금액의 약 절반을 다시 가이아 측에서 바이백한다. 투자자의 손실을 줄이면서 안정적인 투자가 이어질 수 있도록 한 것이다.

2022년 3월에는 가이아 프로토콜이 크로노스 다오뿐 아니라 수퍼노바 다오(Supernova DAO), 스테이블 다오(Stable DAO) 등 투자 대상을 확장하기도 했다. 높은 수익과 함께 리스크를 줄이기 위한 방안이다.

이러한 NFT 투자가 안전할까? 그렇지 않다. 이 모든 것은 법적으로 투자자 보호에서 제외되기 때문이다. 또한 크로노스, 수퍼노바, 스테이블 등 다양한 디파이 서비스를 통해 높은 수익률을 얻는다 하더라도 가이아 NFT 가격이 폭락하거나 해당 디파이 서비스가 중단되는 러그풀이 발생할 수 있다는 점도 염두에 둬야 한다.

12. NFT와 만난 기부: 체리

살면서 한 번쯤 기부를 해 본 경험이 있을 것이다. 근데 기부를 할 때마다 드는 생각이 있다. 내가 기부한 돈이나 물건이 올바르게 활용되고 있는 걸까?

매년 연말연시가 되면, 기부 소식이 사방에서 들려온다. 추운 겨울 온기를 나누려는 선한 마음을 가진 분들이 하나둘씩 나서는 시기이기도 하다. 하지만 기부를 하면서도 불신은 가득하다. 지난 2019년 통계청 조사에 따르면, 기부를 하지 않는 이유에 대해 '기부 단체 등 불신'이 14.9%를 차지한 것만 봐도 그렇다.

기부에 대해 이런 불신이 퍼지게 된 이유는 무엇일까? 꽤나 오래 전부터 '새희망씨앗', '나눔의 집' 등 기부 관련 시민 단체(NGO)의 기부금 부정 사용 논란이 끊임없이 이어졌기 때문이다. 정부는 상속세 및 증여세법 제50조 4를 개정해 공익 법인, 즉 기부 관련 시민 단체도 일정한 회계 기준을 따라 회계 공시를 해야 한다고 못박았다. 하지만 각 단체에서는 "회계 기준보다 정부의 관리·감독을 강화해야 한다."라고 주장한다. 언뜻 들으면 양측 주장이 다른 것 같지만, 결론은 같다. 기부가 제대로 활용될 수 있도록 면밀하게 감시해야 한다는 의미이다.

기부의 핵심은 이익을 남과 공유한다는 것이다. 이를 위해서는 거래 내역의 투명성과 신뢰성을 담보해야 한다. 내가 가진 것을 나누려는 선한 의지는 결국 내가 나눈 것이 다른 이에게 공평하게 퍼진다는 믿음, 즉 신뢰가 있어야 가능하기 때문이다. 기부는 믿음과 신뢰가 있어야 가능한 시스템인 셈이다.

믿음과 신뢰로 돌아가는 시스템이라는 말은 어디선가 들어 본 것 같다. 좀 더 힌트를 주면 '거래 내역의 투명성과 신뢰'이다. 바로 블록체인의 기본 구조이다. 이는 기부 시스템이야말로 블록체인의 특성과 찰떡궁합이라는 소리이다. 그런 만큼 기부 영역에서 블록체인과 NFT를 활용한 시도가 크게 늘고 있다.

그림 2-79 | 블록체인 기부 플랫폼 '체리'에서 진행하고 있는 '함께 만드는 세상' 프로젝트 NFT(출처: cherry.charity)

대표적인 예로 국내 개발사 이포넷(E4net)이 만든 블록체인 기반 기부 플랫폼 '체리(cherry, charity)'가 있다. 체리는 2019년 3월 과학기술정보통신부에서 주관한 '블록체인 민간 주도 프로젝트'로 선정돼 탄생했다. 이포넷은 체리 플랫폼을 만든 이유로 투명성, 편의성 등을 꼽았다. 기부금을 둘러싼 횡령·사기 사건이 터지면서 부정적 인식이 퍼졌는데 '내가 낸 기부금이 필요한 곳에 제대로 쓰이는지 확인'할 수 있다면 이런 인식을 해소할 수 있다고 봤다. 블록체인 기술을 활용하면, 모든 노드에 기부금 거래 내역이 분산 저장돼 있기 때문에 위변조도 불가능하고, 내 기부금이 언제 어디에 전달돼 사용했는지 한눈에 확인할 수 있다.

블록체인과 NFT를 활용한 기부 플랫폼 체리는 2020년 서비스를 시작한 이래 지금까지 약 3만 명의 후원자가 28억 7,800만 원 상당의 기부금을 받았다. 주목할 점은 전체 후원자 중 MZ세대 비율이 34%에 달한다는 점이다. 전통 방식의 기부에서 한걸음 뒤에 있었던 청년층이 블록체인과 NFT로 인해 부담 없이 접근할 수 있게 된 것이다.

체리는 2022년 6월부터 11월까지 사랑의 열매와 함께 '그린열매 NFT' 나눔 캠페인을 진행하기도 했다. 환경 위기에 대응하기 위한 교육과 지원 활동 그리고 기후 위기 취약 계층 주거 환경 개선을 위한 후원 캠페인으로, 기부를 할 경우 NFT에 기록을 남기는 방식으로 참여를 이끌어 내고 있다. 체리와 유사한 서비스로 '기브어클락'도 있다. 기브어클락은 지역 사회 기부를 위한 블록체인 플랫폼이다. 체리와 마찬가지로 기부를 하면 NFT를 지급함으로써 기부를 하면 의미 있는 뭔가를 얻을 수 있는 경험을 제공한다.

지금까지는 기부를 하면 그에 대한 증표로 NFT 주는 방식이었다. 하지만 한 단계 더 나아가 NFT를 판매해 이를 기부금으로 활용하는 사례도 늘어나고 있다. 블록체인 스타트업 도어랩스는 '2020 도쿄 패럴림픽' 경기 종목과 선수 모습을 담은 NFT를 발급해 판매 수익을 대한장애인체육회에 기부하기도 했다. 한국예술조합도 아티스트 공연 영상을 NFT로 발행하고 이를 판매한 수익금으로 불우 아동 돕기에 나서기도 했다.

그림 2-80 | 누라헬스가 만든 '수천 명의 생명을 구하세요' NFT (출처: Opensea)

NFT를 활용한 기부 활동은 해외에서도 이뤄졌다. 영국의 가상현실(VR) 개발사 파블(Fable)은 22점의 NFT 디지털 작품을 오픈시에서 판매해 수익금 전액을 코로나19 구호 단체에 기부하기도 했다. 국제 구호 단체 세이브 티그레이(Save Tigray)는 에티오피아 기근으로 고통을 겪고 있는 티그레이 지역민을 지원하기 위해 지역 여성들이 만든 공정 무역 공예품을 NFT로 만들어 판매 수익을 구호 기금으로 활용했다. NFT포굿(NFT4Good)은 2021년 5월 아시아인 혐오 반대 캠페인 'AAPI-88'을 진행하기 위해 아시아계 미국인 스포츠 스타를 애니메이션 NFT로 만들어 판매했다. 미국의 소아암 자선단체 '앨릭스 레모네이드 스탠스 재단(ALSF·Alex's Lemonade Stand Foundation)은 암과 투병 중인 아이들의 그림을 NFT 아트로 제작한 후 이를 경매에 붙여 치료비로 활용했다. 미국 비영리단체 누라헬스(Nura Health)도 2021년 '수천 명의 생명을 구하세요(Save Thousands of Lives)'라는 슬로건을 담은 NFT 영상을 오픈시에서 판매해 450만 달러에 달하는 기금을 모았다. 누라헬스는 이렇게 모인 기금으로 인도와 남아시아 지역의 신생아 지원 사업에 사용할 예정이다.

이처럼 블록체인과 NFT를 활용해 이뤄지는 다양한 형태의 기부는 투명하고 신뢰성을 담보하는 만큼 세상을 조금 더 나아지게 하는 원동력이 될 것으로 기대된다.

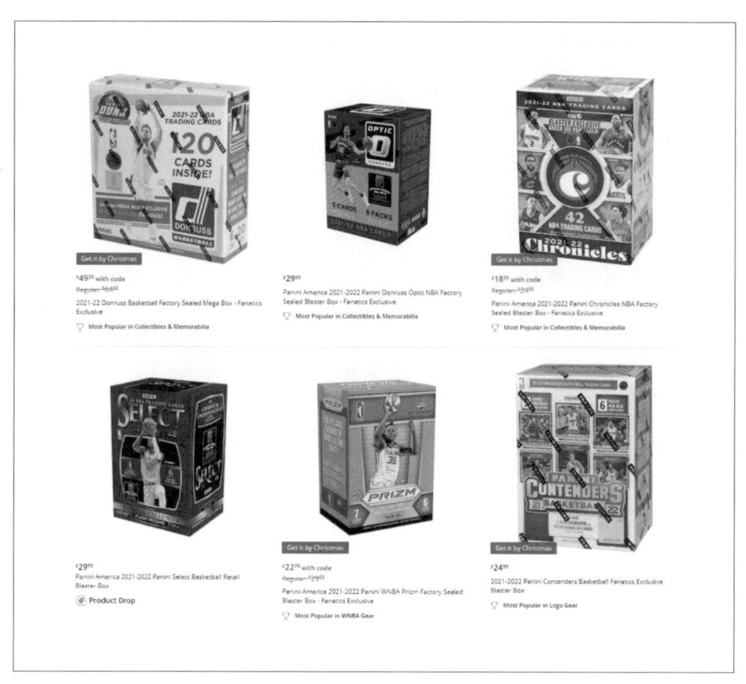

그림 2-81 | NBA 스타의 모습을 카드로 만들어 판매 중이다(출처: NBA).

13. NFT와 만난 스포츠: NFT톱샷, KBO 크볼렉트

좋아하는 NFT 스포츠 스타의 멋진 슛 장면이 그려진 카드를 수집했던 기억이 난다. 마이클 조던의 슛 장면이 그려진 카드는 특히 비쌌다. 정확히 말하면, 정가는 그리 비싸지 않았지만, 인기가 많아 희귀한 카드는 구하기가 힘들었다. 그래서 비싼 가격에 경매로 올라오기도 했다. 처음에는 단순히 좋아하는 스타를 모은다는 개념이었지만, 어느새 2차 거래 시장이 커지면서 대체 투자 수단으로 성장했다.

실물 카드로 거래하는 것 자체로 매력이 있다. 손때 묻은 카드를 주고받는 경우도 있었으며, 포장조차 뜯지 않은 처음 그대로의 카드를 사고팔 때도 많았다. 하지만 문제도 많았다. 카드를 개봉한 후 원하는 카드가 나오지 않았다는 이유로 개봉하지 않은 것처럼 재포장을 해서 파는 경우도 있었고, 카드가 훼손됐다는 이유로 책임 소재를 가리기도 했다. 가장 큰 문제는 무단 복제였다. 어느 순간부터는 어떤 카드가 정품인지 구분하기도 힘들어졌다. 물론 초창기에는 홀로그램 등을 써서 구분하기도 했지만, 나중에는 이조차도 복제하는 사례가 생겨났다. 그렇기 때문에 NFT의 등장을 더욱 기다리고 있었던 것일지도 모른다. 블록체인 기술을 활용해 원본과 복사본을 구분하고, 위변조를 방지하는 디지털 콘텐츠로서 NFT가 강점을 지녔기 때문이다.

그림 2-82 | 마이클 조던이 1988년 NBA 올스타전 덩크슛 콘테스트에서 덩크슛을 하는 모습. 이 모습은 전 세계 덩크슛 가운데 최고의 명장면으로 꼽힌다(출처: NBA).

특히 지금까지 실물 스포츠 카드는 단순히 사진 이미지에 선수 사인 정도가 들어가는 데 그쳤다. 물리적으로 그 이상을 실물 카드에 담는 것은 불가능했다. 마이클 조던의 1988년 NBA 올스타전 덩크슛 우승 장면은 사진으로도 멋지지만, 영상으로 본다면 그 감동은 엄청난 폭발력으로 다가올 수 있다. NFT는 이를 가능하게 만든다. 단순 이미지뿐 아니라 영상까지도 NFT로 만들어 거래할 수 있기 때문이다.

이 분야에서 가장 앞선 곳은 세계 최초의 NFT 수집형 게임 〈크립토키티〉를 만든 대퍼랩스(Dapper Labs)이다. 대퍼랩스는 2019년 하반기 미국 프로농구협회(NBA)와 함께 농구 관련 NFT 수집 플랫폼 NBA톱샷(NBA Top Shot) 개발에 착수한다. 대퍼랩스는 2020년 상반기부터 NBA톱샷을 통해 케빈 듀란트의 3점슛이나 조엘 엠비드의 덩크슛, 마이클 조던의 모습 등 경기 중 인상적인 장면을 NFT로 만들어 판매하기 시작했다.

NBA톱샷은 단순히 카드 수집에 그치지 않고, 판타지 카드 게임처럼 수집한 NFT 카드로 팀을 꾸린 후 다른 사용자와 게임을 할 수도 있다. NBA톱샷은 전 세계 NBA 팬들 사이에서 불티나게 팔렸고 2021년 주간 거래량이 1억 2,500만 달러를 넘어섰다.

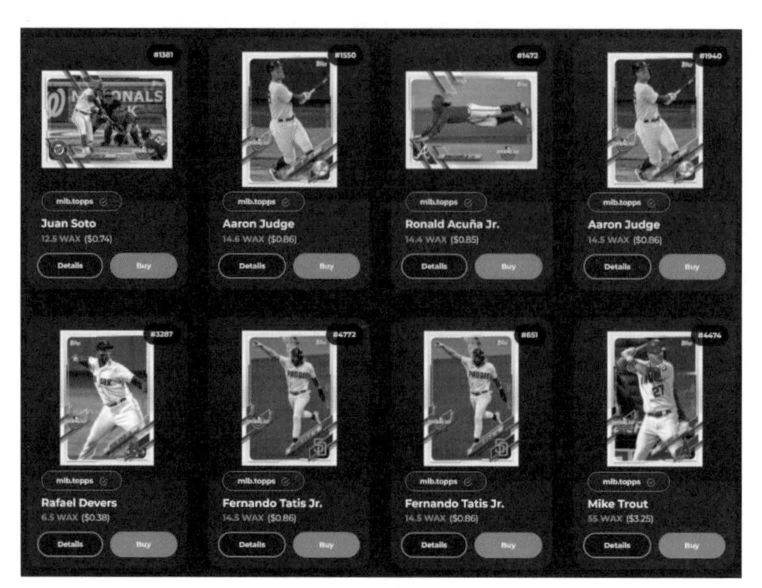

그림 2-83 | 메이저리그 NBA 카드(출처: ATOMICHUB)

NBA톱샷이 대성공을 거두자 전통 트레이딩 카드 업체도 NFT에 적극적으로 대응하기 시작했다. 미국 프로야구 메이저리그(MLB) 라이선스를 보유한 트레이딩 카드 업체 톱스(Topps)는 2021년 4월 MLB 카드를 NFT로 발행했다. 그 결과는 놀라웠다. 70분 만에 7만 5,000팩이 팔렸고, 하루 만에 170만 달러에 달하는 재판매가 이뤄졌다.

뉴욕 메츠의 피트 알론소(Pete Alonso), 타이후안 워커(Taijuan Walker), 토미 윌슨(Tommy Wilson) 등 선수 개인이 직접 자신의 NFT를 발행해 판매하기도 했다.

프로야구 외에도 미국 프로 미식축구(NFL)의 수퍼스타 톰 브래디, 데릭 지터, 세상에서 가장 빠른 사람 '우사인 볼트', 테니스 선수 나오미 오사카 등도 NFT를 발행했으며 개인 NFT를 발행하려는 움직임도 본격적으로 이뤄지고 있다.

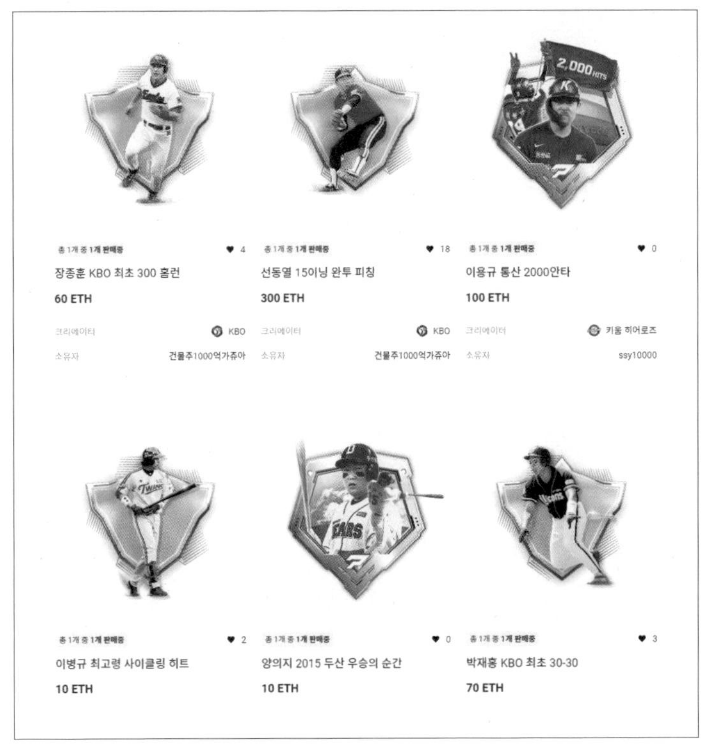

그림 2-84 | KBO 리그 공식 NFT 크볼렉트(출처: UPbit NFT)

이런 움직임은 한국도 예외는 아니다. 한국야구위원회(KBO)는 업비트, 네이버와 함께 2022년 7월 KBO 리그 공식 NFT 크볼렉트(KBOLLECT)를 출시했다. 크볼렉트는 KBO 리그의 다양한 순간 영상을 NFT로 발행한다. 각각의 NFT는 브론즈, 실버, 골드, 플래티넘 등 장면 희귀도에 따라 분류된다. 각 카드는 크볼렉트 홈페이지에서 구입한 후 카드를 클릭하면 NFT 이미지와 영상이 랜덤으로 등장한다. 크볼렉트 NFT는 업비트 NFT 마켓플레이스에서 재판매가 가능하다. 현재 가장 비싼 크볼렉트 NFT는 한화 이글스의 정민철 투수가 1997년 5월 23일 노히트 노런을 기록한 장면으로, 5,000ETH에 판매 중이다. 이와 마찬가지로 기아 타이거즈 이종범 선수가 2009년 6월 5일 역대 최소 경기 통산 500도루와 1,000득점을 달성한 장면이 5,000ETH에 판매되고 있다. 5,000ETH는 약 87억 원 상당이다.

라텍스 생산 업체에서 NFT 전문 업체로 탈바꿈한 블루베리 NFT(BLUEBERRY NFT)는 스포티움(Sportium) 프로젝트를 진행하고 있다. 스포티움 프로젝트는 국내·외 프로 스포츠의 NFT화를 추진하는 것으로, 수집과 거래뿐 아니라 NFT 카드 판타지 게임 개발도 진행하고 있다. 다만, 향후 스포티움 플랫폼에서 NFT를 거래할 때를 위한 기축 통화용 코인인 스포티움 토큰(SPRT)이 이미 선(先)발행돼 거래되는 만큼 이 코인의 가격에 따라 프로젝트가 좌지우지될 우려도 있다. 자체 NFT와 코인을 묶는다는 전략을 쉽게 생각하고 진행하는 경우가 많지만, 이럴 경우 NFT보다 코인 가격에 프로젝트 전체가 흔들리거나 망하는 사례가 많으니 주의해야 한다.

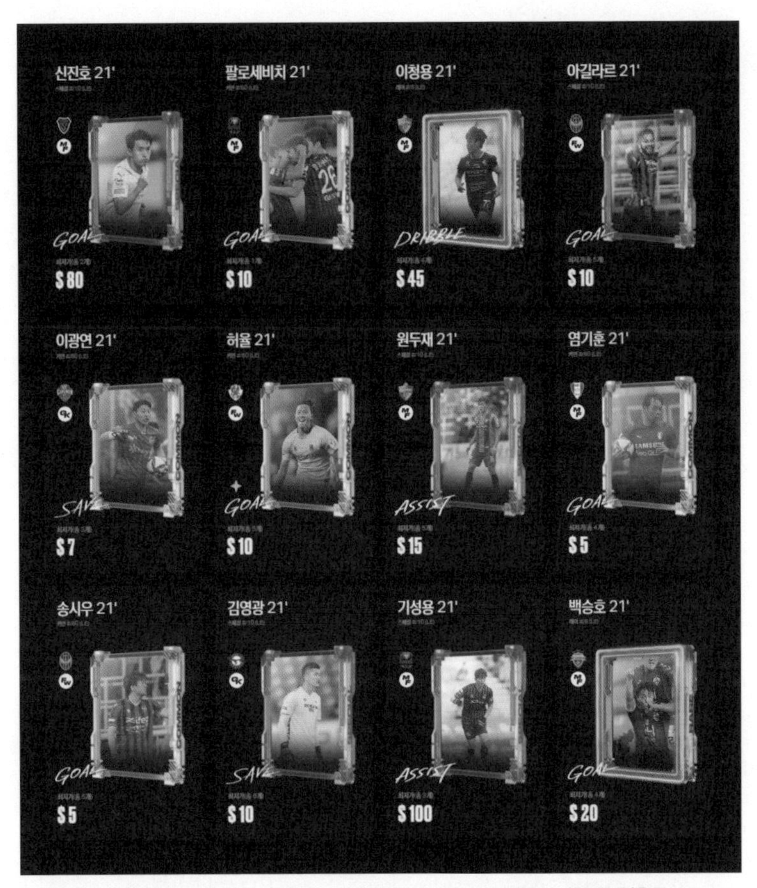

그림 2-85 | 블루베리 NFT가 스포티움 프로젝트의 일환으로 진행하는 '일레븐'(출처: eleven.soccer)

블루베리 NFT의 자회사 블루베리메타는 스포티움 프로젝트의 일환으로 한국 프로축구연맹 리그(K 리그) 소속 선수와 영상을 담은 NFT를 수집하고 소장할 수 있는 NFT 축구 플랫폼 '일레븐(ELVN)'을 지난 2022년 9월 15일 선보였다. 일레븐은 K 리그 선수 카드를 뽑아 수집을 하거나 거래할 수 있다. 이와 더불어 향후 블루베리 NFT가 개발 중인 K 리그 판타지 카드 게임 'K 리그 푸티지(Footage)'와 연계해 수집한 카드로 팀을 만들어 축구 게임을 즐길 수 있도록 할 예정이다.

이 밖에도 더 샌드박스나 디센트럴랜드 등 메타버스 플랫폼에서 축구 게임을 즐길 수 있는 'K 리그 아일랜드', 멤버십 NFT '킥(Kick)' 등도 준비하고 있다.

세계 최대 회계 컨설팅 기업 딜로이트(Deloitte)는 전 세계 스포츠 NFT 시장 규모가 2021년 10억 달러에서 2022년 20억 달러로 2배가량 성장했다고 하면서 NFT가 스포츠 산업의 미래 변화를 주도할 핵심 요소로 자리매김하고 있다고 전망했다. 이처럼 앞으로 스포츠 NFT는 더욱 성장할 것으로 기대를 모은다.

물론 우려스러운 점도 있다. 《뉴욕 타임스(NYT)》는 "팬들이 더 이상 경기 하이라이트나 선수에 대해 관심을 갖지 않게 되는 순간 스포츠 NFT 가격은 추락할 수 있다"라고 경고하기도 했다. 이런 경고에도 스포츠 협회나 구단, 선수, 기업이 스포츠 NFT를 추진하고 있는 만큼 한동안 NFT 영역에서 가장 주목받는 섹터가 될 것으로 예상된다.

NFT의 미래

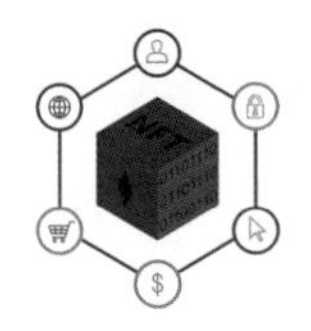

1. 디지털 거래에서 실물 거래로

NFT를 언급할 때마다 따라오는 이야기가 있다. "그거 결국 디지털 조각으로 인터넷에서만 쓸 수 있는 것 아냐?" 사실 맞다. 기술적으로 말하면 NFT는 (실물이든 뭐든) 디지털로 바꿔 유일한 가치를 지닌 디지털 증표로 만드는 과정이기 때문이다. 결과적으로 보면 NFT는 반드시 온라인에서만 확인하거나 검증할 수 있다. 지금까지는 이것이 맞았다. 하지만 시간이 흘러 이를 극복하고자 하는 움직임이 나타났다. 디지털 세상과 현실 세상을 묶어 디지털 세상에서 모든 것을 구현하고자 한 것이 바로 '메타버스'라면 디지털 세상과 현실 세상을 묶어 현실 세상에서 모든 것을 즐기고자 한 것이 바로 '실물 연계 NFT'이다.

대표적인 사례로 'RSV 클럽'을 들 수 있다. RSV 클럽은 일종의 멤버십 커뮤니티 서비스로, 해당 NFT를 보유하면 실물 공간에서 네트워크 만남을 가질 수 있다. 2022년 7월 첫 회원 모집을 위한 NFT 발행이 있었다. 다시 총 100개의 NFT가 개당 0.25ETH에 판매됐다. RSV 클럽은 오프라인 모임을 위한 공간으로 서울 서초구 도곡동에 스페인 레스토랑 '엘쁠라또(El Plato)'를 열었다. RSV 클럽은 2026년까지 프라이빗 미팅룸, 공유 오피스 등 서울 전역에 10여 개 공간을 열 계획이다. 이 공간이 NFT와 현실 세계를 이어주는 매개체 역할을 할 것으로 기대된다.

그림 2-86 | 명품 거래 플랫폼 트렌비에서 제공하는 NFT 명품 정품 보증서 (출처: 트렌비)

고객 신뢰도를 높이는 방안으로 NFT를 활용하는 사례도 늘어나고 있다. 명품 거래 플랫폼 트렌비(Trenbe)는 2022년 11월 '트렌비 NFT 정품 보증서' 서비스를 내놓았다. NFT 정품 보증서는 해외 구매 프리미엄 상품의 구입 및 유통 경로, 중고 리세일 유통 이력 등을 '한국정품감정센터'와 함께 검수한 후 블록체인에 기록한다. 이렇게 블록체인에 기록된 정보는 NFT 정품 보증서 형태로 발급된다. 고객은 이 NFT를 통해 내가 산 제품이 정품인지, 가품인지 한눈에 확인할 수 있다.

거래가 가능하다는 NFT의 특성을 활용한 서비스도 있다. '뱅크 오브 와인'은 와인 NFT를 발행한다. 방식은 간단하다. 자체 마켓플레이스에서 발행한 NFT를 구입하면 되는데, 이 NFT를 사면 정해진 와인을 실물로 받을 수 있다. 고품질의 와인을 직접 마시려는 경우도 많지만, 가치 있는 와인을 안전하게 보관해 가치가 오르면 판매하는 식의 재테크 수단으로 활용되기도 한다.

두나무의 블록체인 개발 자회사 람다256도 디지털과 실물을 연계한 NFT 상품 출시에 나서고 있다. 람다256은 사내 벤처 사업부인 사이펄리 스튜디오와 노아 스튜디오 등을 통해 NFT 상품 출시를 준비 중이다. 사이펄리 스튜디오는 패션에 집중한 사업을 맡고 노아 스튜디오는 게임, 디지털 피규어 영역을 담당한다. 이를 통해 판매한 NFT의 실물 상품을 구매자에게 전달해 주는 방식을 고려 중이다.

비트코인은 '디지털 금(Gold)'라는 이야기를 한 번쯤 들어 봤을 것이다. 그만큼 금이라는 것은 인류의 역사와 함께 해 오면서 중요한 가치 저장 수단으로 활용됐다. 하지만 금은 무겁고 부피가 크다 보니 현재는 금으로 거래하거나 갖고 다니는 경우는 거의 없다. 이 한계를 극복할 수 있다면? 금을 NFT로 만들어 동일한 가치의 실물 금과 교환하거나 투자할 수 있다면 어떤 모습일까? 현재 금과 NFT를 둘러싼 다양한 시도가 이어지고 있다. 무엇보다 이 모든 작업은 현실 세계와 디지털 세계를 연결시켜 주기 위한 것이라는 점은 꼭 기억해 두자.

한국조폐공사는 2022년 초 실물 골드바 기반 NFT 발행을 추진했다. 실제 같은 해 8월에는 '미니골드(0.1g)' NFT 상품권을 출시했다. 11월에는 4종의 금 NFT 상품권을 추가로 발행했다. 한국조폐공사는 이 프로젝트에 대해 "실물 기반의 NFT 발행으로 NFT 거래의 신뢰도를 높였으며, 금 투자의 접근성을 향상시킨 것"이라고 설명했다. 한국 조폐공사가 구입한 금 NFT 상품권을 구입하면, 실물 금과 교환도 가능하다. 첫 실물연계 NFT 프로젝트가 성공적이라고 판단한 한국조폐공사는 아트 디자인 업체 '스마스 월드'와 '스마스월드 골드 컬렉션'도 준비 중이다.

보안업체 라온화이트햇은 2022년 11월 '옴니원(OmniOne)'이라는 NFT 마켓플레이스를 열었다. 옴니원은 조폐공사와 함께 실물 금 연계 NFT를 판매한다. 옴니원에서 판매된 금 NFT는 언제든지 실물 금으로 바꿀 수 있지만, 만약 그렇지 않으면 조폐공사의 금고에 보관하게 된다.

해외에서도 실물 연계형 NFT 사례가 크게 늘어나고 있다. 스포츠 브랜드 아디다스(Adidas)는 한정판 NFT 컬렉션 '인투 더 메타버스(Into the Metaverse, 메타버스 속으로)'를 출시했는데, 이 NFT를 구입하면 'NFT+실물 운동화'를 받는다. 실물 운동화도 NFT와 연동된 한정판으로만 판매되는 만큼 관련 매니아들의 뜨거운 관심을 받고 있다.

그림 2-87 | 라온화이트햇이 출시한 NFT 마켓플레이스 '옴니원'에서 금 NFT가 거래되는 모습(출처: nft.ominione)

스타벅스도 NFT 열풍에서 빠질 수 없다. 스타벅스는 '스타벅스 오디세이'를 공개했다. 스타벅스 오디세이는 웹 3.0 기반의 스타벅스 리워드 로열티 프로그램이다. 스타벅스에서 제공하는 게임 등 다양한 활동을 하면 NFT로 된 스탬프를 받을 수 있다. 이렇게 받은 NFT는 향후 스타벅스에서 제공하는 이벤트나 새로운 경험에 활용할 수 있는 방식으로 설계됐다. 지금도 스타벅스 스탬프를 모으면 얻을 수 있는 상품을 구하기 위한 경쟁이 치열한 만큼 스타벅스의 NFT 도입은 현실과 메타버스의 경계를 허물고 생태계를 빠르게 확장시킬 수 있을 것으로 기대된다.

디지털 아트 분야에서도 NFT와 실물을 연계하려는 시도가 나타나고 있다. 유근상 작가는 2022년 2월 〈르네상스 NFT(Renaissance NFT)〉라는 실물 작품을 디지털화한 후 여러 개의 NFT로 나눠 판매했다. 이후 실물 작품이 팔리면, 소유자가 NFT를 반납하고 경매 이익을 공유받을 수 있도록 했다. 일종의 수익 증권처럼 NFT를 활용한 셈이다.

데미안 허스트는 좀 더 적극적인 실험을 했다. 자신의 작품 〈화폐(The Currency)〉를 NFT로 만든 후 1개에 2,000달러를 받고 NFT를 판매했다. 세계 최고 수준의 현대 미술 아티스트의 작품인 만큼 전량 판매된 것은 당연하다. 재미있는 실험은 여기서부터 시작된다. 데미안 허스트는 각각의 NFT의 공유 번호와 일치하는 실물 작품을 공개해 구매자에게 선택을 하도록 했다. 만약 NFT를 선택하면 실물 그림은 불태우고, 반대의 선택을 하면 실물 그림을 보내주는 식이다. 그 결과 약 48%가 NFT를 선택했고 5,200여 장의 실물 그림이 불에 탔다.

가상자산 거래소도 이런 흐름에 몸을 맡기는 모습이다. 세계 최대 가상자산 거래소 바이낸스는 2021년 6월 자체 NFT 마켓플레이스를 선보였다. 세계적인 팝아티스트 앤디 워홀(Andy Warhol)의 〈세 개의 자화상(Three Self - Portraits)〉을 NFT화해 경매를 붙였다. 최종적으로 앤디 워홀의 〈세 개의 자화상〉은 280만 달러에 판매됐다. 이후 바이낸스는 NFT 구매자에게 〈세 개의 자화상〉 원본 실물 작품을 전달했다.

이처럼 디지털 세상을 대변하는 NFT와 현실 세상을 의미하는 실물을 연계하려는 시도가 점차 늘어나고 있다. 결국 이런 방향성은 향후 현실과 메타버스(디지털 세상)가 좀 더 가까워지고 영향을 주고받는 것이 아닌지에 대한 저마다의 결론이라고 생각한다. 개인적으로 이런 시도는 앞으로 더욱 빈번히 이뤄질 것으로 전망한다. 결국 디지털 세상과 현실 세상은 합쳐지는 수준으로 영향을 받을 수밖에 없기 때문이다.

2. SBT

소울바운드 토큰(SBT, SoulBound Token)은 2022년 5월 이더리움 창시자 비탈릭 부테린이 신원 인증이 불가능한 기존 웹 3.0의 한계를 극복하기 위해 제시한 개념이다. 소울바운드(SoulBound)는 블리자드의 온라인 게임 〈월드 오브 워크래프트〉에서 유래한 단어로, 캐릭터에 귀속된 아이템을 의미한다. 쉽게 말해 '교환이나 전송, 거래가 불가능한 NFT'로, 현실 세계의 신분증과 동일하다.

	NFT	SBT
전송	가능	불가능
거래	가능	불가능
특징	자산(Asset)	신원 인증(DID)
사용처	디지털 아트, 게임 등	신분증, 증명서 등

표 2 | NFT(대체 불가능한 토큰)와 SBT(전송 불가능한 토큰)의 차이

신분증(Identity Card)이라는 것은 무엇을 말하는 것일까? 신분증은 소지한 사람의 신분을 보증하고 증명하는 도구를 말한다. 신분, 즉 '나'를 증명하는 것은 역사가 꽤 오래됐다. 최초의 신분 인증 제도는 중국 최초의 통일 국가인 진(秦)나라에서 시작했다. 강력한 법치 국가였던 진나라는 기원전 361년 '상앙'이라는 행정가가 개혁과 법치주의 제도 확립을 위해 도입했다. 법치주의를 실생활에 녹아들게 하려면, 개인별 신분 확인이 필수였기 때문이다. 상앙은 이를 위해 모든 사람이 나무판 위에 이름을 새긴 조신첩을 소

지하도록 했다. 이 조신첩은 국경을 넘거나 숙박 시설에 머무를 때 신원 확인에 활용했다. 이와 비슷한 신분증으로는 조선 시대의 호패와 암행어사를 나타내는 마패 등이 있다. 14세기 유럽에서 흑사병(Plague, 페스트)으로 사람이 죽어 나갈 때 건강한 사람을 구분하기 위한 위생증을 도입하기도 했다.

일반적으로 웹 2.0에서는 포털 서비스 등의 가입 정보를 바탕으로 온라인상에서 신원을 확인했다. 하지만 중앙화의 구조 속에서 해킹 등 개인 정보 유출 사고가 빈번히 발생하면서 문제 해결을 위한 고민이 이어졌다. 그러다 블록체인, NFT, 메타버스로 인해 시작된 웹 3.0은 중앙화 시스템이나 중개 기관 없이도 신원 인증을 할 수 있어야 한다는 고민이 커졌다. 그 결과물로 거래가 가능한 품질 인증서인 'NFT'가 등장했다. 여기서 한 단계 더 나아가 NFT를 활용해 실제 신분증처럼 사용할 수 있는 서비스로 등장한 것이 'SBT'이다.

NFT는 디지털 아트, 게임, 유틸리티 등의 다양한 기능을 넣고 각각의 가치를 부여해 거래가 가능하지만, SBT는 고유한 가치를 부여하지만 거래가 불가능하다. 비탈릭 부테린은 SBT를 '웹 3.0에서 개인의 신원을 증명하고 양도할 수 없는 NFT'라고 설명했다. SBT는 거래나 양도가 불가능하고 한 번 만든 지갑에 영원히 귀속되기 때문에 이런 특징을 활용하면 그 지갑의 신원을 증명할 수 있다.

금융 시장에서는 더욱 유용하다. SBT에 내 경력 사항 등을 담아 신용도를 높이는 등의 활동도 가능하다. 특히, 누군지 알 수 없고, 책임과 의무를 부여할 수 있는 방법이 없는 디파이(Defi, 탈중앙화 금융) 영역에서도 지갑에 담긴 SBT로 신용 등급을 관리할 수도 있다. 결국 SBT는 탈중앙화 세상, 메타버스 세상 속에서 민주주의 이념을 돌아보게 하는 기술이다. 이러한 SBT는 '탈중앙화' 영역에서 '신원 인증(DID)'으로서의 역할을 할 수 있을 것으로 보인다.

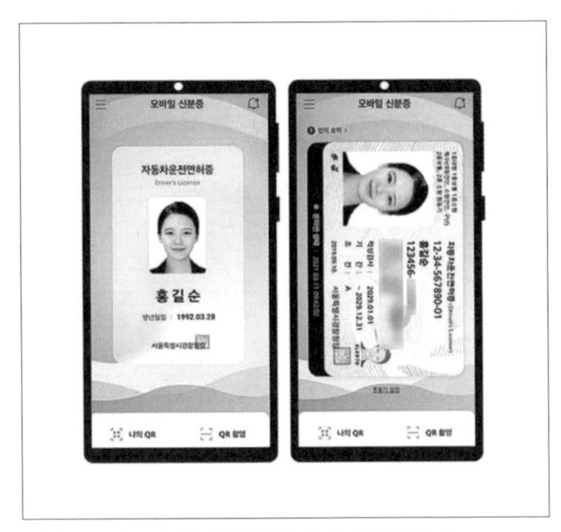

그림 2-88 | 모바일 운전면허증(출처: 행정안전부)

그렇다면 SBT는 어느 영역에서 활용할 수 있을까?

먼저 SBT는 NFT에서도 일부 활용했던 학위증이나 인증서로 유용하다. 현재 일부 대학교가 진행하고 있는 NFT 졸업장이나 상장은 거래가 가능하기 때문에 실제 NFT 보유자가 졸업을 했는지 여부를 판단하기 어렵다. 인증서도 이와 마찬가지이다. 처음에 인증을 받은 사람이 이걸 누군가에게 팔아버린다면, 인증서로서 의미가 없어진다. 하지만 이러한 영역을 SBT로 전환하면 거래나 전송이 원천적으로 막혀 있기 때문에 SBT를 갖고 있는 사람이 졸업을 했거나 인증 능력을 갖췄다는 사실을 증명할 수 있게 된다.

디파이 영역에서도 SBT가 유용할 것으로 보인다. 디파이는 '탈중앙화 금융(Decentralized Finance)' 서비스를 의미한다. 기본 구조는 대출과 예치 서비스이다. 대출을 받기 위해서는 필연적으로 담보가 필요하다. 디파이는 익명화 서비스이기 때문에 현실에서 담보 대출을 받는 것 이상의 높은 담보율을 요구한다. SBT는 이런 상황에서 신용 점수로 활용할 수 있다. 지갑마다 보유하고 있는 자산이나 평판 등을 수치화해 SBT로 신용을 부여하는 식이다.

다오(DAO, 탈중앙화 자율조직)도 SBT로 인해 새롭게 부상할 가능성이 있다. 기존 다오는 익명의 불특정 다수가 참여하기 때문에 시스템 운영을 위한 거버넌스에 상당한 취약점을 갖는다. 이를 위해 다오 코인을 만들어 보유량에 따라 해당 커뮤니티의 지분 구조를 만드는 방식으로 운영하거나 등급별로 NFT를 발행해 거버넌스 참여를 제한하기도 한다. 하지만 이 역시 NFT는 어디서든 판매하거나 거래할 수 있다는 점에서 지속 가능한 다오가 만들어지기 어려운 것이 사실이다. 하지만 SBT를 활용하면 거버넌스 참여자에게 기여분에 따른 보상을 차등화할 수 있다.

끝으로 비탈릭은 2022년 5월 SBT에 대한 논문 〈Decentralized Society: Find Web3's Soul〉을 통해 "2024년까지 DeSoc(Decentralized Society, Web 탈중앙화 사회)를 구축하겠다."라며 "웹 3.0 세상에서 SBT는 핵심 가치로 자리잡을 것"이라고 강조했다.

SBT

이제 NFT를 직접 체험해 볼 시간이다. NFT를 직접 만들고 주요 NFT 마켓플레이스를 이용하기 위해서는 반드시 메타마스크와 같은 가상자산 지갑이 필요하다. 블록체인에서는 메타마스크와 같은 지갑이 사용자 계정 역할을 한다. 이 지갑으로 서비스에 접근할 수 있고 NFT를 발행하거나 판매할 수 있다.
주요 NFT 마켓플레이스 15곳을 소개하여 주요 블록체인 기반, 가스비, 설정 방법과 판매 형태까지 소개한다. 이더리움 진영에 오픈시가 있다면 솔라나에는 메직에덴(Magic Eden)이 있다. 다양한 NFT 마켓플레이스의 세계로 여러분을 초대한다.

3
NFT 따라 하기

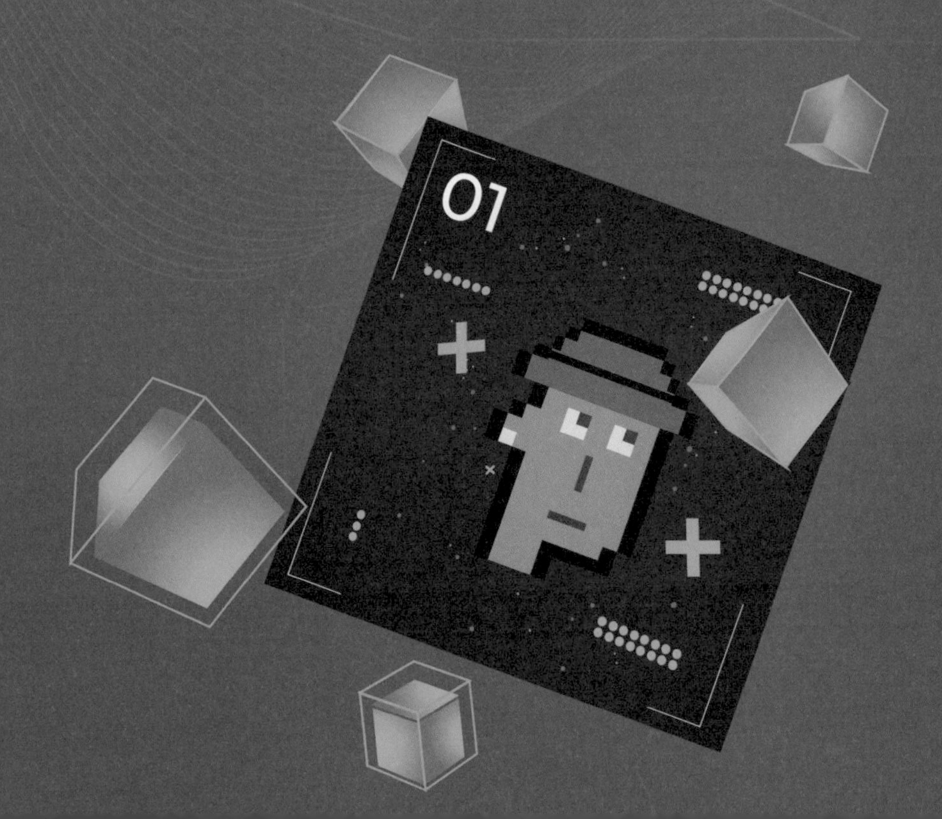

NFT 직접 만들기

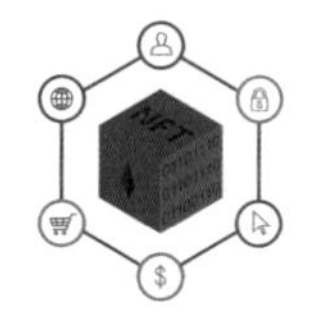

1. 메타마스크 만들기

NFT를 직접 만들고, 주요 NFT 마켓플레이스를 이용하기 위해서는 반드시 메타마스크와 같은 가상자산 지갑이 필요하다. 블록체인에서는 메타마스크와 같은 지갑이 사용자 계정 역할을 한다. 이 지갑으로 서비스에 접근할 수 있고 NFT를 발행하거나 판매할 수 있다.

전 세계 가상자산 시장에서 가장 대중적으로 이용하고 다양한 마켓플레이스에서 사용할 수 있는 메타마스크를 만들어 보자. 일단 구글에서 'metamask'를 검색하면, 'metamask.io'라는 웹사이트가 나온다. 웹사이트 주소에 주의해야 한다. 메타마스크 사용자를 노린 피싱이 빈번하게 일어나고 있기 때문이다.

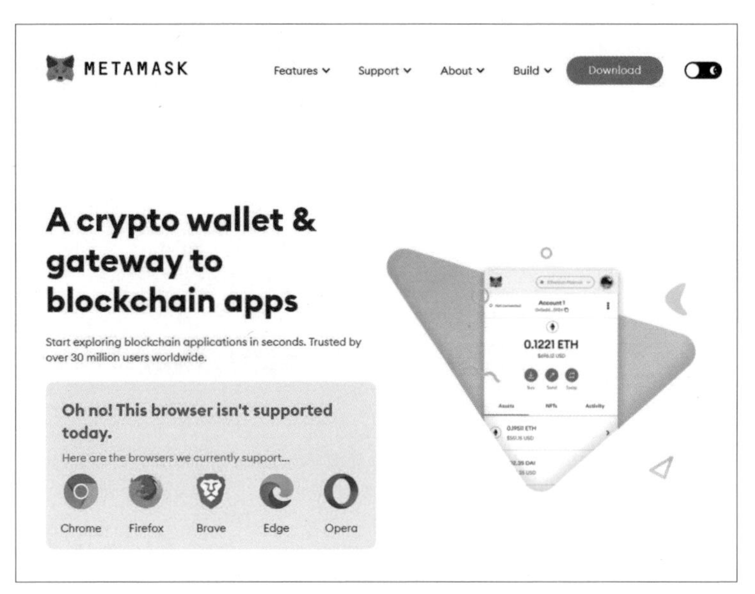

그림 3-1 | 메타마스크 공식 홈페이지에 접속한 모습(출처: 메타마스크)

메타마스크 지갑은 다양한 웹브라우저(크롬, 파이어폭스, 브레이브, 엣지, 오페라 등)에서 확장 애플리케이션 형태로 이용할 수 있다는 안내가 나온다. 오른쪽 상단의 [Download] 버튼을 누른 후 본인의 웹브라우저에 맞는 확장 애플리케이션을 다운로드하면 된다. 다운로드하면, 자동으로 메타마스크가 브라우저에 설치된다.

메타마스크가 설치되면 [시작하기] 버튼이 나타나는데, 이 버튼을 누르면 비밀 복구 구분을 불러오거나 새로 지갑을 생성하는 메뉴가 나타난다. 이때 새로 지갑을 생성하면 되는데, 왼쪽의 비밀 복구 구분 옵션은 이미 메타마스크 지갑을 갖고 있을 때 그 지갑을

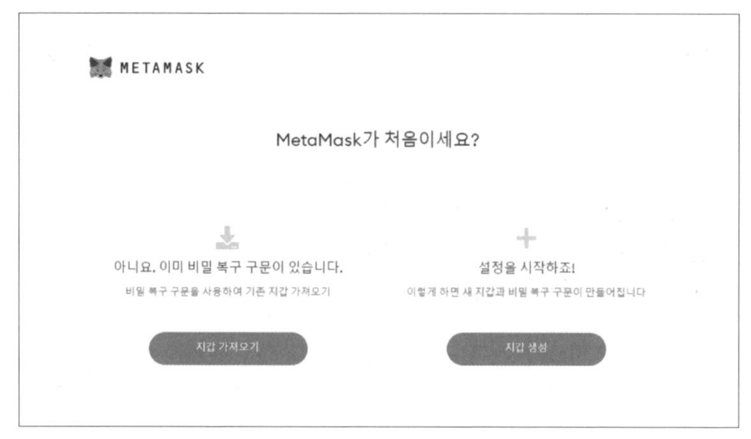

그림 3-2 | 메타마스크를 설치한 후의 설정 화면(출처: 메타마스크)

현재의 컴퓨터로 불러오기 위해 사용한다. 예컨대 만약 A라는 컴퓨터에서 메타마스크 지갑을 설치해 사용했는데, 컴퓨터를 B로 바꾼다면 메타마스크를 새로 설치해야 한다. 이 경우, 이 메뉴를 통해 기존 A 컴퓨터에서 사용하던 메타마스크 지갑을 불러올 수 있다.

일단 〔새 지갑 생성〕을 누르면, 비밀번호를 설정할 수 있는 창이 나타난다. 비밀번호를 입력한 후 〔확인〕 버튼을 누르면, '비밀 복구 구문'에 대한 설명과 주의사항이 나타난다. 앞서 설명한 대로 비밀 복구 구문은 내 메타마스크 계정 정보를 그대로 가져오거나 삭제하거나, 지갑 안에 들어 있는 가상자산이나 NFT를 마음대로 할 수 있다. 마스터 비밀 번호에 해당하는 셈이다. 이처럼 중요한 비밀 복구 구문은 절대로 외부에 유출되면 안 된다.

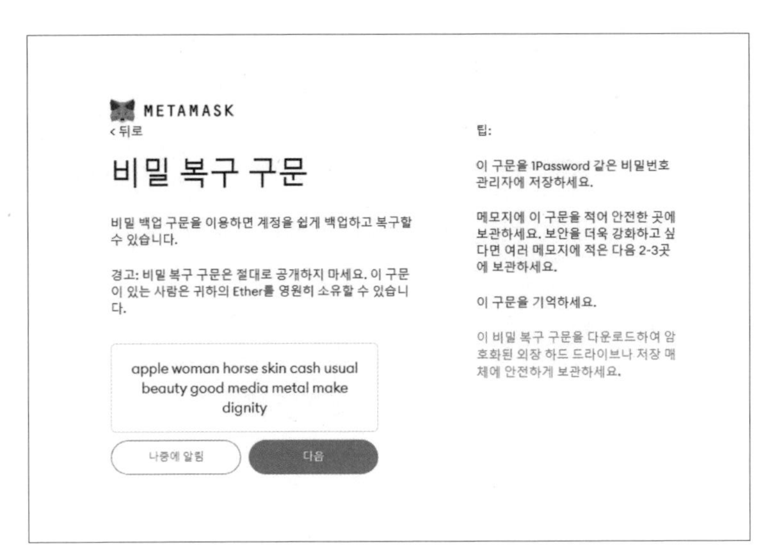

그림 3-3 | 메타마스크의 비밀 복구 구문을 설정하는 화면(출처: 메타마스크)

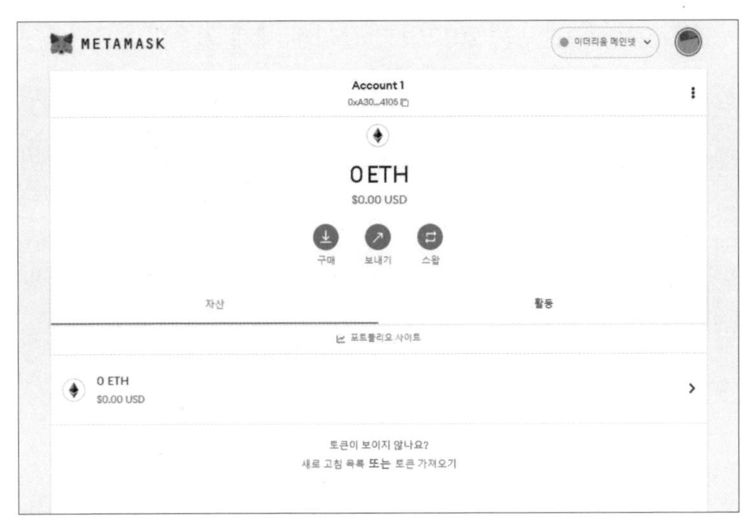

그림 3-4 | 메타마스크의 모든 설정을 끝낸 화면(출처: 메타마스크)

메타마스크의 비밀 복구 구문은 총 12개의 단어로 이뤄졌으며, 메타마스크가 자동으로 생성해 준다. 방금 확인한 비밀 복구 구분을 다시 입력하면 메타마스크를 사용하기 위한 기본적인 절차가 끝난다. 이제 이렇게 만들어진 메타마스크를 이용해 다양한 NFT를 즐길 수 있다.

2. NFT 마켓플레이스 고르기

❶ 오픈시(opensea.io): 세계 최대 NFT 마켓플레이스

오픈시(OpenSea)는 2017년 만들어진 세계 최초의 NFT 마켓플레이스이다. 그만큼 전 세계 NFT 마켓플레이스 중 거래량 측면에서 압도적이다. 오픈시를 제외한 상위 10곳의 거래량을 더하더라도 오픈시의 30%에도 미치지 못할 정도이다. 특히 최근에는 이더리움 블록체인뿐 아니라 클레이튼(Klaytn), 폴리곤(Polygon), 아발란체(Avalanche), 바이낸스 체인(BNB Chain) 등을 지원한다. 심지어 최근에는 솔라나(Solana)도 지원하기 시작했다.

오픈시는 NFT 거래당 수수료를 2.5% 부과하고 있다. 이는 다른 NFT 마켓플레이스에 비해 다소 높은 편이다. 오픈시에서는 원화나 달러 같은 법정 화폐로 NFT를 사고팔 수 없다. 다만, 문페이(MoonPay) 등 간편 결제 수단을 통해 NFT를 구입할 수 있다. 또한 다양한 체인을 지원하는 만큼 ETH, Poly, Klay 등 다양한 가상 자산으로 결제를 할 수 있다.

오픈시는 NFT 마켓플레이스 중 선도적인 기업으로, 모든 면에서 기본 이상을 한다. 특히, 사용자 측면에서도 누구나 NFT를 만들고 판매할 수 있을 정도로 간단하고 사용하기 쉽다. 경매에 올리지 않으면 NFT를 발행할 때 수수료를 내지 않아도 된다는 점도 장점이다. 다만, NFT를 발행해 판매할 때 가스비가 다른 마켓플레이스에 비해 비싸다.

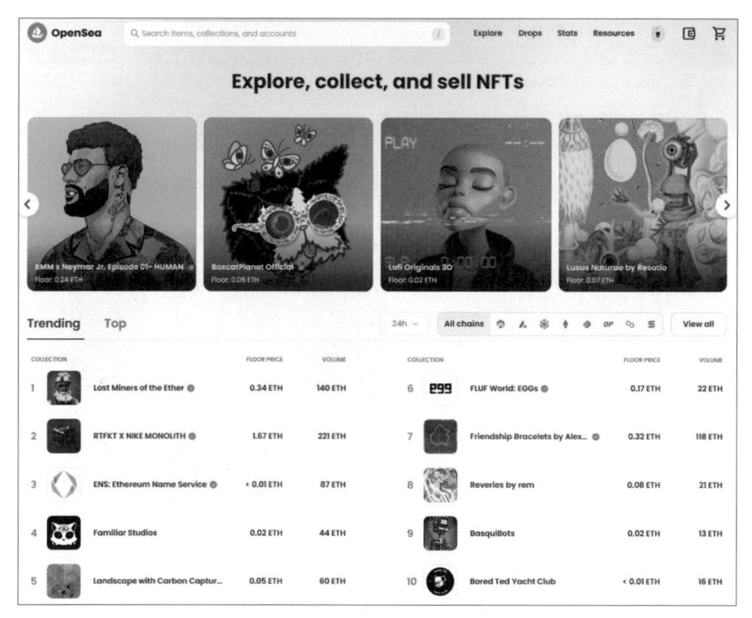

그림 3-5 | 오픈시 접속 화면(출처: 오픈시)

❷ **라리블(rarible.com): 참여형 NFT 마켓플레이스**

라리블(Rarible)은 2020년 출시한 NFT 마켓플레이스로, 미국에 본사가 위치해 있다. 오픈시와 달리 사용자와 제작자에게 플랫폼에 대한 정책을 변경할 수 있는 거버넌스 권한을 준다. 이를 위해 라리블에서는 자체 코인 라리(RARI)가 있다. 라리는 라리블에서 NFT를 사고파는 데 사용할 수 있을 뿐 아니라 보유량에 따라 라리블 운영 방식에 관여할 수 있다.

현재 라리블은 이더리움, 솔라나, 테조스, 폴리곤, 플로 기반

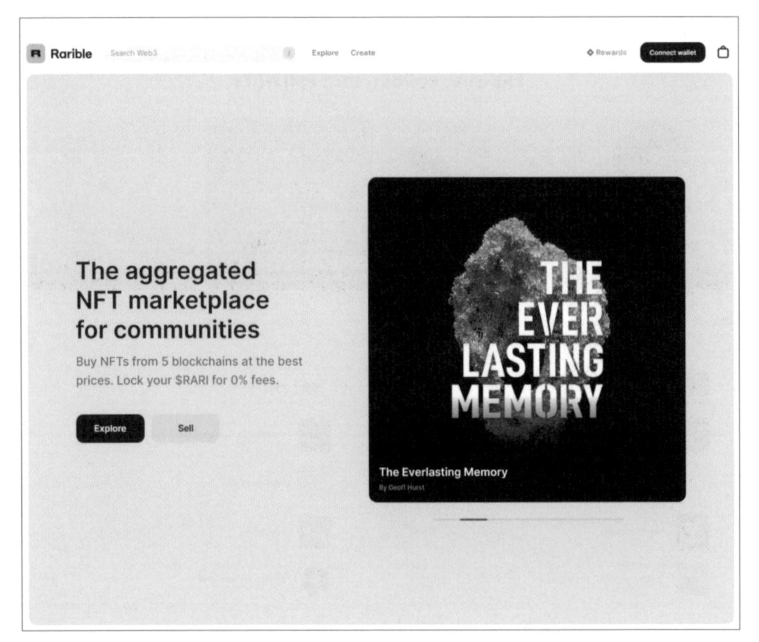

그림 3-6 | 라리블 접속 화면(출처: 라리블)

NFT를 거래할 수 있다. 또 iOS 애플리케이션을 지원하는 만큼 UX·UI 측면에서 미려한 모습을 보인다. 오픈시와 비슷한 NFT 마켓플레이스로, 라리를 통한 서비스 운영에 참여할 수 있다는 것을 차별점으로 볼 수 있다.

❸ 룩스레어(looksrare.org): NFT를 사고팔면 코인을 얻는 NFT 마켓플레이스

룩스레어(LooksRare)는 이더리움 기반 NFT 마켓플레이스로, 비교적 최근인 2022년 1월에 출시됐다. NFT 거래 수수료는 2%로 오픈시보다 낮다. 여러모로 오픈시를 차용한 모습이 보인다. 전체

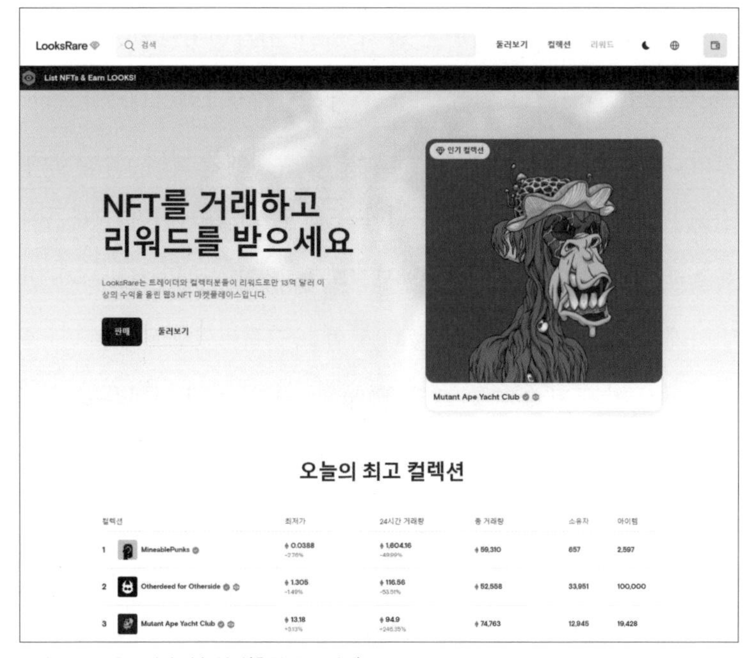

그림 3-7 | 룩스레어 접속 화면(출처: 룩스레어)

적인 구조도 오픈시의 초기 모습과 유사하다.

오픈시와 룩스레어의 차이점은 룩스(LOOKS) 코인에 있다. 룩스레어에서는 NFT를 사고팔 때 룩스 코인을 보상으로 받는다. 받은 룩스 코인을 룩스레어에 재예치하면, 비율에 따라 룩스레어의 거래 수수료 일부를 보상으로 받는다. 한때 연이율이 700%를 넘어서기도 했다. 룩스레어의 거래량이 많이 나올수록 룩스 코인 보유자는 더 많은 수익을 받아갈 수 있는 만큼 룩스레어의 거래량은 빠르게 늘어났다.

특히 룩스레어는 서비스 출시 전인 2021년 6월부터 12월까지 오픈시에서 ETH 이상 거래한 사용자에게 1억 2,000만 개에 달하는 룩스 코인을 에어드롭해 주면서 유명세를 탔다. 물론 문제점도 많다. 룩스 코인을 받기 위한 조건은 NFT 거래이기 때문에 룩스레어에서 자신의 NFT를 사고파는 자전 거래(自轉去來)가 빈번하게 이뤄진다. 가상자산 통계 서비스 크립토글램에 따르면, 룩스레어의 전체 거래량 중 95%(약 180억 달러)가 자전 거래라는 주장도 나온다.

일단 사용성 측면만 볼 때 오픈시와 매우 유사한 구조를 가졌고 NFT를 사고팔 때마다 룩스 코인을 받을 수 있다는 것은 장점으로 꼽힌다.

❹ 슈퍼레어(superrare.com): 전문 예술가를 위한 NFT 마켓플레이스

오픈시와 룩스레어 등이 오픈형 NFT 마켓플레이스라면, 슈퍼레어는 이더리움 기반 폐쇄형 NFT 마켓플레이스이다. 슈퍼레어에서 NFT를 발행하기 위해서는 본인이 아티스트라는 점을 슈퍼레어에 신청서를 보내 검증받는 절차가 필요하다. 검증 절차는 상황에 따라 다르지만, 적게는 수주, 많게는 수개월이 걸린다.

NFT를 슈퍼레어에 등록하는 것이 쉽지 않은 만큼 NFT 아티스트나 크리에이터 등이 가장 선호하는 NFT 마켓플레이스이다. 구매자의 입장에서도 슈퍼레어에 올라온 작품은 언제나 마음놓고 사용할 수 있다는 믿음이 있다. 슈퍼레어에서는 판매자가 중요한

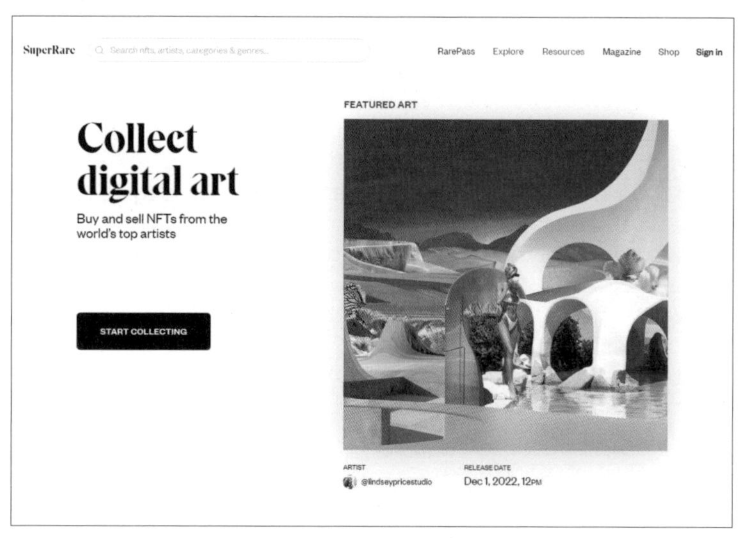

그림 3-8 | 슈퍼레어 접속 화면(출처: 슈퍼레어)

만큼 크리에이터를 위한 독자적인 공간도 제공해 준다.

슈퍼레어도 '레어(RARE)'라는 코인이 있다. RARE는 슈퍼레어의 내부 정책을 제안하는 데 사용할 수 있다. 슈퍼레어는 고급 NFT 아트를 찾는 이용자에게 가장 좋은 플랫폼이 될 수 있다. 이를 위한 것으로 '레어패스'도 있다. 레어패스는 아티스트와 미술품 수집가를 위한 구독형 상품으로, 레어패스 NFT를 구매한 250명에게는 NFT 에어드롭 등 특별한 혜택을 준다.

만약, 본인이 전문 NFT 아티스트로 성장하고 싶다면 슈퍼레어는 1순위 마켓플레이스라고 할 수 있다.

❺ 파운데이션(foundation.app): 누구나 예술가가 될 수 있는 NFT 마켓플레이스

파운데이션(Foundation)은 슈퍼레어와 마찬가지로 폐쇄형 NFT 마켓플레이스이다. 난이도는 슈퍼레어보다 한 단계 더 높다. 슈퍼레어는 본인이 직접 신청해서 등록한 후 심사를 받으면 되지만, 파운데이션은 이미 작업 활동을 하고 있는 NFT 아티스트의 추천이 있어야만 신청할 수 있다. 그만큼 소수의 엄선된 NFT 아티스트가 파운데이션에서 활동하고 있다. 개별 작품의 품질도 압도적으로 높다.

작품 수준이 높은 만큼 파운데이션 NFT는 평균 가격이 다른 NFT 마켓플레이스보다 비싸다. 그리고 다양한 큐레이션을 파운데이션 측이 직접 제공하는 만큼 하나의 전시관을 관람한다는 기분으로 돌아볼 수 있다.

파운데이션은 이더리움뿐 아니라 신용카드, 페이팔 등을 활용해 NFT를 구입할 수 있다는 장점도 있다. 다만, 거래 수수료는 5%로, 다소 비싸다.

그림 3-9 | 파운데이션 접속 화면(출처: 파운데이션)

❻ 니프티게이트웨이(niftygateway.com): 예술 NFT에 집중하는 NFT 마켓플레이스

니프티게이트웨이(Nifty Gateway)는 여러 측면에서 보통 이상을 보여 준다. 그만큼 NFT 아티스트, 크리에이터, 수집가 심지어 일반인에게도 적합하다. 무엇보다 프리미엄 NFT 마켓플레이스를 지향하다 보니 예술 NFT에 좀 더 집중된 모습을 볼 수 있다.

니프티게이트웨이의 가장 큰 장점은 따로 있다. 니프티게이트웨이에서는 누구나 가스비 없이 NFT를 생성, 발행, 판매, 구매, 선물할 수 있다. 발생하는 가스비는 발행 시점이 아닌 판매 시점에 부과한다. 니프티게이트웨이는 북미 가상자산 거래소인 제미니 거래소와 협력해 NFT 보관·관리뿐 아니라 신용카드, 제미니 계정 등으로 NFT를 구매할 수 있다.

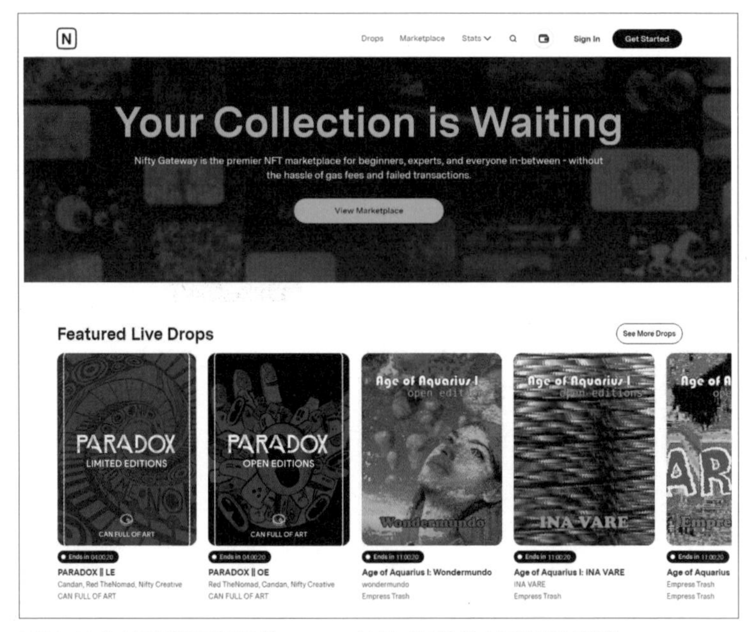

그림 3-10 | 니프티게이트웨이(niftygateway) 접속 화면(출처: 니프티게이트웨이)

❼ 솔시(solsea.io): 솔라나 기반 NFT 마켓플레이스

솔시(Solsea)는 이름에서부터 알 수 있지만, 오픈시를 차용해 만들어졌다. 오픈시가 이더리움 기반으로 시작했다면, 솔시는 솔라나 기반의 NFT 마켓플레이스라는 것이 차이점이다.

솔시는 크리에이터가 로열티의 범위를 직접 설정할 수 있다. 로열티는 다른 말로 '2차 판매 수수료'라고도 부르는데, NFT가 재판매될 때마다 판매 대금에서 일정 비율로 원저작자나 중간 판매자가 보상을 받는다.

솔시는 크리에이터가 NFT에 저작권 라이선스를 포함할 수 있는 최초의 NFT 마켓플레이스이다. 기존 NFT 마켓플레이스는

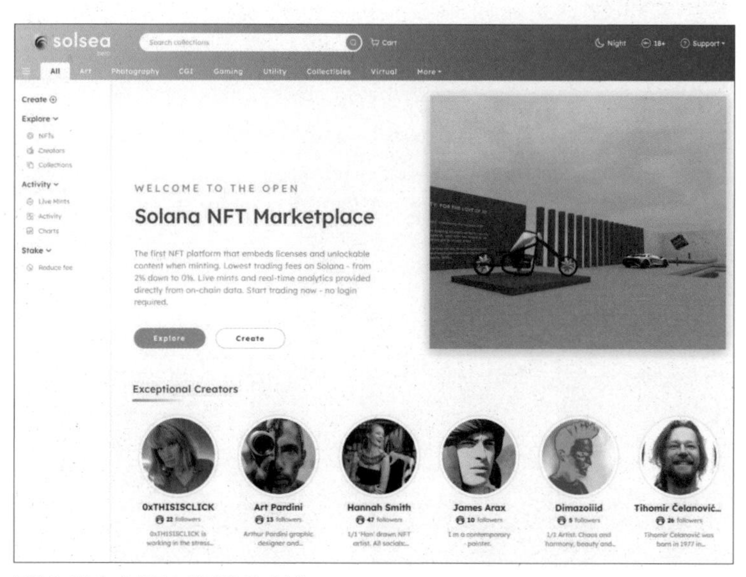

그림 3-11 | 솔시 접속 화면(출처: 솔시)

단순히 NFT만 판매하는 데 그쳤다면, 솔시는 NFT가 내재하는 범위를 저작권으로 확대 적용한 것으로 볼 수 있다. 물론 해당 문제는 치열한 법적 논쟁이 벌어질 수 있다는 점 그리고 현재 어느쪽으로도 결정이 나지 않았다는 점에 주의할 필요가 있다.

❽ 솔라나트(solanart.io): NFT 검증을 통한 작품만 취급하는 NFT 마켓플레이스

솔라나트는 2021년 6월 출시된 솔라나 기반 최초의 NFT 마켓플레이스이다. 솔라나트도 쉽게 NFT를 만들 수 없다. 먼저 솔라나트에서 NFT를 경매에 붙이기 위해서는 솔라나트팀에서 검증하는 절차를 거쳐야 한다.

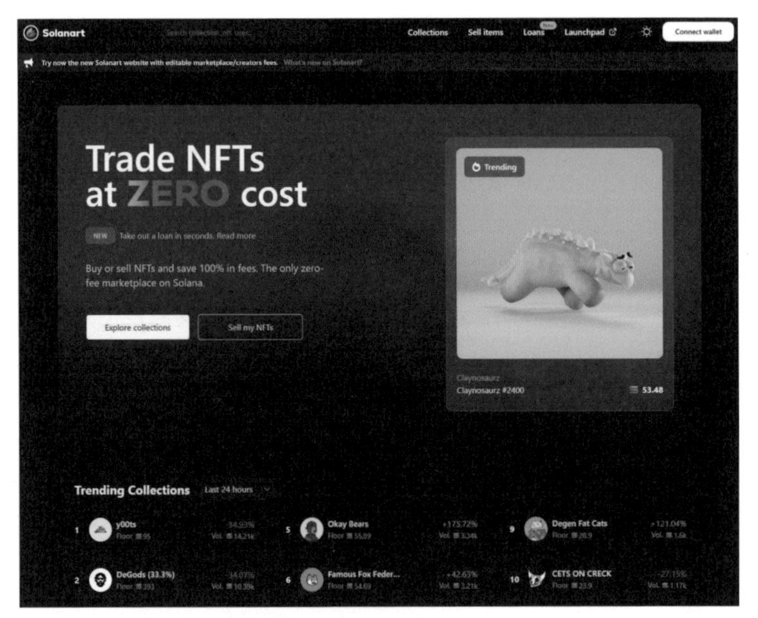

그림 3-12 ㅣ 솔라나트 접속 화면(출처: 솔라나트)

특히, 검증 절차를 통해 일정 거래 내역을 달성하거나 배경이 확인되면, 자체 NFT 인증 프로세스를 통해 계정 옆에 '파란색 체크(Blue Ticks)'가 표시된다. 일단 개인이 솔라나트에서 블루티켓을 얻기는 힘들지만, 어느 정도 작품 활동을 한 사람이라면, 적극적으로 블루티겟을 확보하는 것이 좋다.

⑨ 매직에덴(magiceden.io): 오픈시를 추격하는 솔라나 기반 최대 NFT 마켓플레이스

이더리움 진영에 오픈시가 있다면, 솔라나에는 매직에덴(Magic Eden)이 있다.

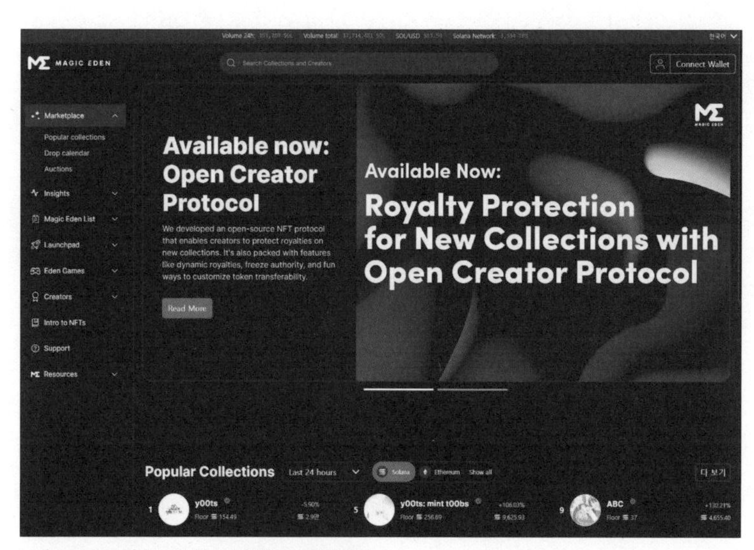

그림 3-13 | 매직에덴 접속 화면(출처: 매직에덴)

2021년 9월 출시된 매직에덴은 솔라나 기반 가장 큰 NFT 마켓플레이스이다. 매직에덴에서 사용하는 지갑은 꽤 많지만, 주로 팬텀 지갑을 사용한다. 다양한 기능으로 무장한 매직에덴이 등장한 이후 오픈시는 점유율 측면에서 많은 손해를 봤다. 심지어 2022년 9월부터 10월까지 한 달 사이에 세계 NFT 마켓플레이스 중 시장 점유율이 2배 이상 증가한 유일한 NFT 마켓플레이스였다. 2022년 한 해로 보면, UX·UI와 웹사이트 성능을 끌어올리면서 연간 236% 이상 성장했다.

매직에덴의 핵심 기능은 런치패드로, 일종의 화이트리스트 제도이다. 런치패드는 새로운 NFT 프로젝트가 NFT를 발행하기 전에 등록하며, 이를 대상으로 NFT 선판매가 이뤄진다. 판매자의 입장에서는 미리 개발비를 얻을 수 있고, 구매자는 향후 비싸질 수 있는 NFT를 싸게 구입하는 방식으로 이뤄진다.

또한 매직에덴은 최근 〈에덴 게임즈〉라는 블록체인 게임을 출시했다. 에덴 게임즈는 현재 솔라나 기반 게임 시장의 90% 이상을 차지하며 NFT 거래와 더불어 승승장구하고 있다.

⑩ CCCV(cccv.to/nft): 블로코가 만든 NFT 마켓플레이스

CCCV는 블로코XYZ가 운영하는 NFT 마켓플레이스이다. 블로코XYZ는 블록체인 매니지드 서비스 공급자(Managed Service

Provider·MSP)이자 블록체인 전문 개발 업체 블로코의 자회사이다.

CCCV는 한국 기업이 만든 서비스인 만큼 100% 한글을 지원한다. 또한 가상자산으로 결제할 수 있고 신용카드 등 법정 화폐로도 NFT를 구입할 수 있다.

SNS 특화 기능도 눈에 띈다. 개인 페이지에 다양한 소셜 네트워크 서비스 채널을 모아 발행했거나 보유하고 있는 NFT를 SNS에 공유할 수 있다. 또한 CCCV에서 기본으로 제공하는 탈중앙화 신원 인증(DID) 기술을 활용해 'NFT 뱃지'로 NFT 발행자의 신원을 확인한다.

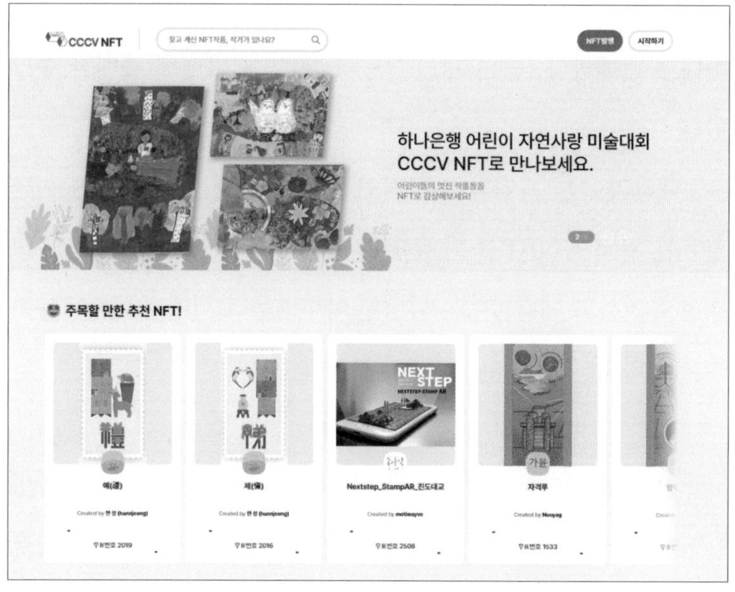

그림 3-14 | 블로코가 만든 NFT 마켓플레이스 CCCV 접속 화면(출처: CCCV)

CCV는 SNS 연동을 통해 아이디만 생성하면 자동으로 지갑 주소가 생성되는 등 초보자를 위한 기능이 알차게 들어 있다.

2022년 1월에는 블로코XYZ와 KB국민카드가 업무 협약을 맺었다. 이를 통해 KB국민카드의 리브메이트 애플리케이션에서 사용자의 NFT를 보관·관리할 수 있다.

⑪ 메타파이(metapie.io): 코인플러그가 만든 NFT 마켓플레이스

메타파이(METAPiE) 역시 CCCV처럼 한국의 기업이 만든 NFT 마켓플레이스이기 때문에 누구나 쉽게 사용할 수 있다.

메타파이는 자체 검증한 작품을 큐레이션해 '메타드롭'이라는 형태로 판매한다. 물론 개인 누구나 NFT를 발행해 판매할 수도 있다.

메타파이는 기업과 적극적인 협업을 통해 지식재산권(IP)을 활용한 '브랜드 NFT'를 발행한다. 기업은 NFT를 발행해 신규 고객을 유치하고 메타파이는 다양한 아이템을 고객에게 에어드롭하는 형태의 윈-윈(Win-win) 구조를 가진다.

실시간 현황 메뉴를 통해 현재 메타파이에서 가장 인기가 있는 NFT 작품이 무엇인지 확인할 수 있다는 점은 재미있는 요소로 꼽힌다. NFT 발행은 현재 서비스 개편 관계로 중지된 상태이다.

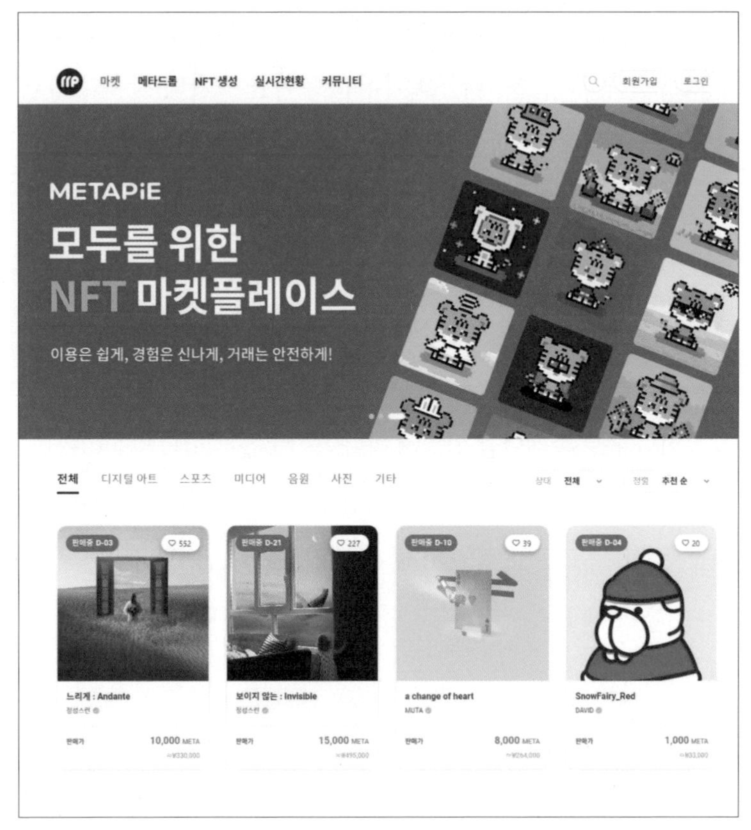

그림 3-15 | 코인플러그가 만든 NFT 마켓플레이스 메타파이 화면 모습(출처: 메타파이)

⑫ 클립 드롭스(klipdrops.com): 클레이튼 기반 NFT 마켓플레이스

클립 드롭스(Klip Drops)는 카카오의 자회사인 그라운드X가 만든 NFT 마켓플레이스이다. 기본적으로 카카오톡에서 접속할 수 있다. 또한 카카오톡에서 제공하는 클립(Klip)이라는 지갑과 연동된다. 결국 카카오톡 안에서 지갑부터 NFT 마켓플레이스 이용까지 전부 가능한 셈이다.

클립 드롭스는 기본적으로 지원 혹은 추천을 받은 작가를 대상으로 심사 후 선별한다. 이 과정을 통과한 작가의 작품만 클립 드롭스에 올라올 수 있는 것이다. 기본적으로 클레이튼을 기반으로, 클레이(klay)로 NFT를 사고팔 수 있다.

클립 드롭스의 재미있는 점은 1D1D(One Day One Drop)라고 해서 하루 한 명의 NFT 디지털 아트를 공개한다. 또한 디팩토리(dFactory)라는 브랜디드 수집품 서비스도 제공한다. 이 서비스는 기업 등이 자유로운 테마를 선정해 하나의 작품을 만드는 방식이다.

클립 드롭스는 개인도 누구나 NFT를 발행할 수 있는 '크래프터 스페이스(KrafterSpace)'를 서비스했지만, 2022년 12월 1일부로 서비스가 종료됐고 현재는 클립 기반으로 개인은 NFT를 발행할 수 없다.

그림 3-16 | 클립 드롭스 화면 모습(출처: 클립 드롭스)

⑬ 미르니(mirny.io): 한국의 이더리움 기반 NFT 마켓플레이스

미르니(Mirny)는 클레이튼 기반 NFT 마켓플레이스로, 가장 큰 장점은 NFT를 생성하고, 사고팔 때 수수료가 0%라는 점이다. 미르니는 오픈시, 팔라 등 다수의 NFT 마켓플레이스에 판매 연동도 가능하다. 쉽게 말해 오픈시에 올린 NFT도 미르니에서 판매 등록을 할 수 있다.

단점은 미르니 자체적으로는 NFT를 발행할 수 없다는 것이다. 미르니는 이미 발행해 지갑(카이카스 혹은 클립)에 갖고 있는 NFT를 판매만 할 수 있다.

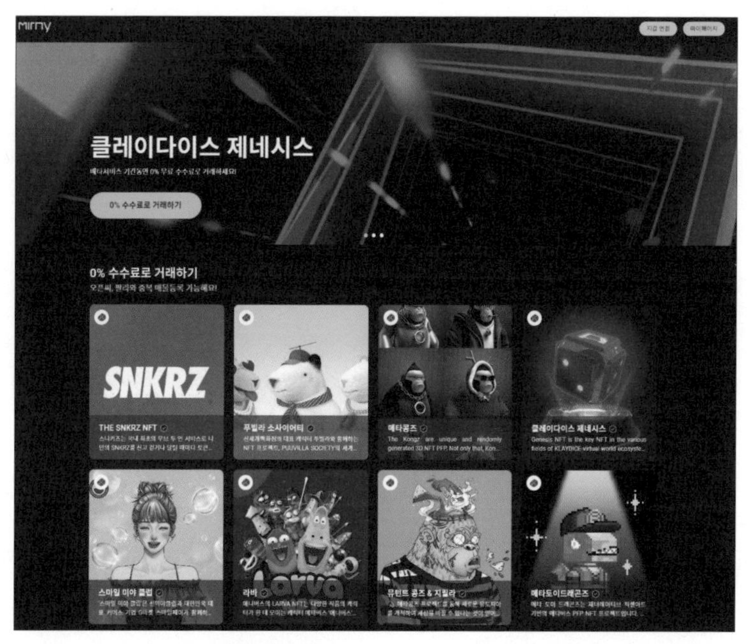

그림 3-17 | 미르니 접속 화면(출처: 미르니)

⑭ 도시(dosi.world/ko_KR): 네이버가 만든 NFT 마켓플레이스

도시(DOSI)는 2022년 11월에 출시한 NFT 마켓플레이스로, 네이버의 일본 법인 라인넥스트가 라인 블록체인을 기반으로 만든 서비스이다.

네이버의 노하우가 접목돼 있어 회원 가입도 간단하다. 네이버, 라인, 페이스북, 구글 등 기존 소셜 미디어 계정 정보를 활용해 가입 후 이용할 수 있다. 로그인도 연결 계정으로 바로 이용할 수 있다.

도시는 이더리움, 신용카드를 비롯해 네이버페이로 NFT를 살 수 있다는 점이 눈에 띈다. 또한 각 국가별로 다양한 결제 수단

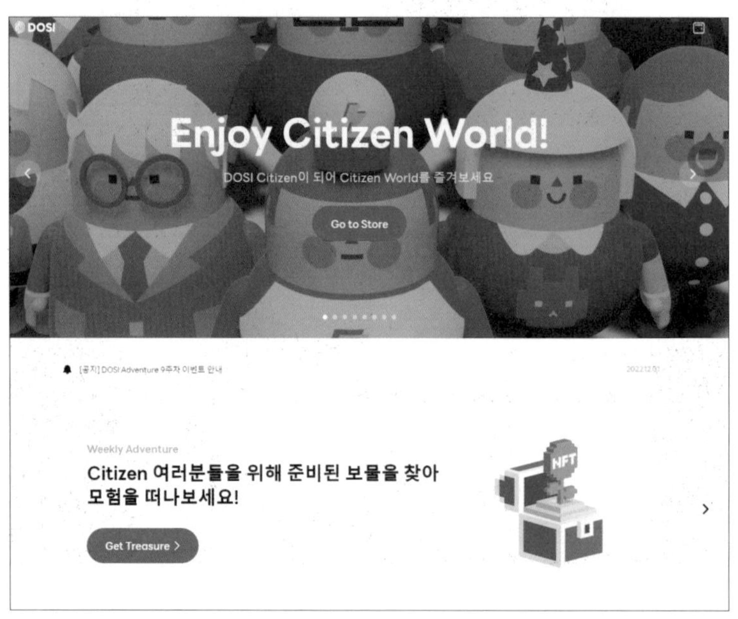

그림 3-18 | 도시 접속 화면(출처: 도시)

을 제공하고 있다.

도시의 가장 큰 장점은 지갑 관리이다. 로그인 후 여섯 자리의 패스코드를 입력하면, 모든 사용 준비가 끝난다. 심지어 회원 가입을 하는 순간, 라인 블록체인을 기반으로 지갑도 자동으로 만들어 준다. 사용자가 따로 관리할 필요도 없다. 사실상 지갑이라는 개념 없이 사용해도 충분하다.

아쉬운 점은 아직 도시에서 개인 NFT를 만들 수 없다는 것이다. 현재 도시는 브랜드 스토어, 도시 시티즌(DOSI Citizen) 등 기업 마케팅과 멤버십 연동을 우선시하는 모습이다. 도시는 네이버 라인 넥스트가 개발해 운영하는 만큼 네이버 나우, 네이버 스포츠, 지옥, 다이아 TV 등 네이버에서 파생된 다양한 콘텐츠가 NFT로 제공 중이다.

⑮ 탑포트(topport.io): SK텔레콤이 만든 NFT 마켓플레이스

탑포트는 SK텔레콤이 만든 큐레이션 기반 NFT 마켓플레이스이다. 지금까지 수차례 설명했던 것처럼, NFT를 만들거나 사고팔기 위해서는 메타마스크 등 개인 지갑이 반드시 필요하다. 하지만 탑포트는 개인 지갑이 필요 없다. 핸드폰 인증을 통해 회원 가입을 하면, 자동으로 지갑을 만들어 준다. 사용자가 지갑을 만들기 위해 별도의 작업을 할 필요가 없는 것이다.

탑포트는 회원 가입 후 패스워드만 입력하면 바로 사용이 가능한데, 만약 컴퓨터가 바뀌었을 경우 혹은 다른 컴퓨터로 접속할 경우에도 본인 인증만 하면 바로 사용할 수 있다.

일반적으로 메타마스크 등과 같은 지갑은 복구 구문(니모닉 코드)를 분실할 경우, 해당 지갑을 절대 찾을 수 없다. 한 번 분실하면 그걸로 끝인 셈이다. 하지만 탑포트는 웹 3.0 지갑을 도입해 사용자가 개인 키를 분실하더라도 복구가 가능하다.

한 가지 단점은 탑포트가 기존 블록체인이 아니라 SKT NET이라고 부르는 이더리움 사이드 체인을 활용한다는 것이다. 이 때

그림 3-19 | 탑포트 화면 모습(출처: 탑포트)

문에 탑포트에서 구입한 NFT는 오픈시 등에서 아직 판매할 수 없다.

끝으로 탑포트에서 NFT를 발행하기 위해서는 SK텔레콤의 크리에이터 신청 절차를 거쳐야 한다. 만약 신청이 승인되면, 탑포트에 자유롭게 NFT를 판매할 수 있게 된다.

3. NFT 민팅하기

❶ 민팅이란?

NFT에 대해서 알아보다 보면, '민팅(Minting)'이라는 단어를 심심치 않게 듣게 된다. 민팅이 뭘까?

민팅을 기술적으로 표현하면, 블록체인의 스마트 계약 기능을 활용해 디지털 파일을 블록체인 기반 대체 불가능 토큰으로 변환하는 과정을 말한다. 쉽게 말해 NFT를 발행하는 행위를 민팅이라고 생각하면 된다.

좀 더 어원을 따져 보면 민팅은 사전적으로 '주조'라는 의미를 갖는다. 여기서 주조는 금속을 녹여 거푸집에 부어 물건을 만드는 방식이다. 보통 동전을 만들 때 '주조한다'라고 말한다.

블록체인에서도 이와 마찬가지로 블록체인 자신을 생성하는 과정을 '민팅한다'라고 부른다.

일반적으로 민팅은 발행한다는 의미로 쓰이지만, NFT 민팅은 'NFT를 구매했다' 혹은 'NFT를 판매하고 있다'라는 의미로도 쓰인다.

그림 3-20 | 민팅 과정

❷ NFT 발행하는 데 왜 수수료가 필요한가요?

첫째, 블록체인은 누구나 자유롭게 참여해 이용할 수 있다는 점을 알아야 한다. 둘째, 이 과정에서 어느 누구의 중개인도 없다. 셋째, 블록체인을 동작하는 데 드는 비용은 참여자 모두가 나눠 내야 한다.

바로 셋째 부분이 우리가 흔히 말하는 블록체인 네트워크 수수료 혹은 가스비라고 부르는 개념이다. 쉽게 말해 블록체인은 거래를 하는 순간, 무조건 비용을 내야 한다. 그것도 거래를 할 때마다 내야 한다. '블록체인'을 중간에 거쳐가면 비용이 발생한다고 생각하면 편하다.

여기까지 이해했다면 다음 단계는 디지털 파일을 블록체인 기반으로 바꾸는 과정이다. 당연하게도 블록체인을 거쳐갔기 때문에 수수료가 발생한다.

좀 더 살펴보자. NFT를 발행하는 데 들어가는 비용은 크게 세 가지로 나뉜다.

- **가스비**(Gas Fee): 모든 블록체인 서비스는 거래 시마다 가스비가 청구된다.
- **상장 수수료**: 일부 NFT 마켓플레이스에서는 민팅이 무료이지만, 대부분은 판매 등록을 할때 스마트 계약 사용에 따른 가스비가 청구된다.
- **거래 수수료**: NFT를 사고팔 때 플랫폼에 내야 하는 중개 수수료이다. 마켓플레이스마다 비용이 각기 다르다.

일반적으로 첫 번째 가스비는 어느 플랫폼을 이용하더라도 큰 차이는 없다. 다만, 이더리움 네트워크의 혼잡도가 극심할 경우, 가스비가 상승해 비용이 높아지는 경우가 있다. 2017년 〈크립토키티〉가 폭발적인 인기를 끌 때와 2021년 NFT 붐이 일었을 때 가스비는 한 건당 20달러를 넘어설 정도였다.

NFT 마켓플레이스마다 비용 차이가 나는 가장 큰 이유는 상장 수수료 부분 때문이다. 쉽게 말하면, 내가 만든 NFT를 판매하기 위해 올리는 행동을 의미하는데, 오픈시의 경우 경매에 올리는(List) 순간, 온체인으로 NFT를 발행해 등록하게 된다. 그 전까지는 오픈시 자체 서버에 NFT가 발행된 것처럼 존재한다. 그렇기 때문에 NFT를 판매하기 전까지는 수수료가 나오지 않다가 상장하는 순간 수수료가 책정돼 나온다. 특히, 각 플랫폼마다 디지털 파일을 NFT로 만드는 방식이 사뭇 다르다. 스마트 계약을 어느 정도로 최적화했느냐에 따라 수수료가 천차만별로 벌어지게 된다.

결과적으로 NFT는 블록체인을 활용하기 때문에 발행하는 과정에서 수수료가 일부 발생할 수밖에 없다. 달리 말하면, 수수료가 발생하지 않는 NFT는 허위 NFT일 가능성도 있다. 이 부분은 NFT 발행 후 블록체인 기록을 확인해 보면 명확하게 알 수 있다.

그림 3-21 | 가스비

NFT 구입하고 판매하기

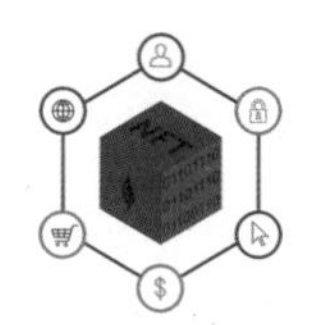

1. 경매 방식: 더치 옥션, 잉글리시 옥션 등

NFT 경매 방식은 다양하다. 전통 예술품 시장의 경매 방식을 그대로 따 왔기 때문이다. 크게 나눠 생각해 보면, NFT 경매 방식에는 잉글리시 옥션(English Auction)과 더치 옥션(Dutch Auction)이 있다.

잉글리시 옥션은 1744년 영국 런던의 서점 주인이었던 사무엘 베이커가 가장 높은 가격을 부른 사람에게 책을 판매한 것에서 시작했다. 영국에서 시작한 경매 방식이므로 잉글리시 옥션이라고 부른다. 참고로 사무엘 베이커는 세계 최대 경매 업체인 '소더비(Sotheby's)'의 창업주이다.

그림 3-22 | 잉글리시 옥션 방식(출처: UPbit NFT)

먼저 잉글리시 옥션은 경매 기간 동안 가장 높은 가격을 입찰한 사람에게 낙찰되는 방식이다. 가장 흔한 경매 방식이다. 보통 경매 낙찰가는 경매 종료 시점에 가장 높은 가격으로 결정된다. 입찰을 할 경우, 현재가(최고가)보다 더 높은 가격으로만 입찰할 수 있다.

예컨대 2022년 12월 1일 잉글리시 옥션으로 열린 NFT 경매에서 A라는 사람이 1ETH로 입찰했는데, 경매 종료 시까지 아무도 입찰하지 않았다면, A가 낙찰을 받는다.

이와 반대로 A가 1ETH를 입찰했는데, 경매가 끝나기 직전 B가 1.1ETH를 입찰한다면 최고가를 써 낸 B가 최종 낙찰자가 된다. A의 입찰은 자동으로 취소된다.

그림 3-23 | 더치 옥션 방식(출처: UPbit NFT)

더치 옥션은 시간이 갈수록 가격이 낮아지고 준비된 수량이 모두 팔렸을 때 최종 낙찰되는 방식이다. '더치 옥션'은 이름처럼 네덜란드 화훼 시장에서 주로 사용되는 방식이기도 하다. 시간이 지날수록 가격은 낮아지지만, 꽃이 시들면서 상품성이 떨어지기 때문에 품질 좋은 꽃을 먼저 구입하기 위한 경쟁으로 시작됐다.

예컨대 A라는 작가의 작품 99개를 개당 시작가 1ETH로 경매한다고 가정할 경우, 경매 시작과 함께 가격은 점차 낮아진다. 이 경우 98명이 0.5ETH에 입찰했는데, 마지막 1명이 0.1ETH에 입찰한다면 99명 모두 0.1ETH에 낙찰받게 된다. 만약, 가격 떨어지는 것을 기다리다가 수량이 전부 팔리면 사고 싶어도 살 수 없는 상황이 되는 만큼 경매 입찰자 사이에 고도의 눈치 게임이 발생한다.

그림 3-24 | NFT 경매

고정 가격(Fixed Price) 방식도 있다. 고정 가격은 판매자가 제시한 가격으로 NFT를 구매하는 방식이다. 일반적으로 온라인 쇼핑몰에서 정해진 가격에 상품을 구매한 것과 동일한 방식이다. 원하는 NFT가 있다면 [즉시 구매] 버튼을 눌러 사면 된다.

입찰 제안(Make Offer) 방식도 있다. 일찰 제안은 경매나 즉시 구매와 달리, NFT 소유자에게 가격을 제안해 진행하는 방식이다. 구매자가 희망 구매 가격을 써서 제출하고, NFT 소유자가 이를 승인하면 해당 NFT를 구매하는 방식이다.

2. 2차 판매로 수익 올리기: 2차 판매 로열티 설정 방법

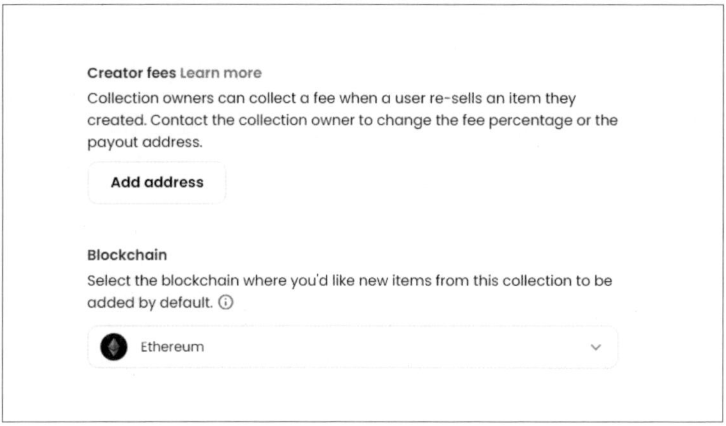

Creator fees Learn more

Collection owners can collect a fee when a user re-sells an item they created. Contact the collection owner to change the fee percentage or the payout address.

Add address

Blockchain

Select the blockchain where you'd like new items from this collection to be added by default.

Ethereum

그림 3-25 | 2차 판매 로열티 설정 화면(출처: 오픈시)

전통 예술품 시장에서는 작품이 비싸게 재판매가 이뤄지더라도 창작자가 얻는 보상은 전무했다. 하지만 NFT는 다르다. 크리에이터 수수료, 일명 '로열티(Royalties)'를 설정하면 이 작품이 판매될 때마다 창작자는 판매 금액의 일정 부분을 계속 보상받을 수 있다.

오픈시에서 로열티를 설정하는 방법은 간단하다. NFT를 생성할 때 크리에이터 수수료 부분을 선택한 후 로열티를 받을 지갑 주소를 입력하고 수수료율을 설정하면 된다. 수수료율은 최대 10%까지 설정할 수 있다.

만약, 로열티를 10%로 설정했을 경우, NFT가 100만 원에 팔렸다면, 창작자에게 로열티로 판매 금액의 10%인 10만 원이 지급된다. 한달 후 이 NFT가 또 다른 사람에게 팔렸는데 이번에는 1,000만 원에 팔렸다고 하면, 창작자는 판매 금액의 10%인 100만 원을 로열티로 받는다.

언뜻 보면 창작자에게 매우 유리한 방식으로 보인다. 실제로 창작자의 안정적인 수익을 담보할 수 있는 수단이기도 하다. 문제는 로열티를 한 번 설정하면, 블록체인상에 스마트 계약으로 지정하는 방식이다보니 변경이 불가능하다는 것이다. 또한 과도한 로열티 설정은 NFT가 재판매될 때 가격 부담으로 작용하는 경우가 많다. 적절한 수준의 로열티 설정이 필요하다.

최근에는 2차 판매가 이뤄지는 NFT의 비율이 낮아짐에 따라 매직에덴 등 솔라나 기반 NFT 마켓플레이스를 중심으로 로열티 기능을 빼는 경우도 많다.

그림 3-26 | NFT 거래

NFT

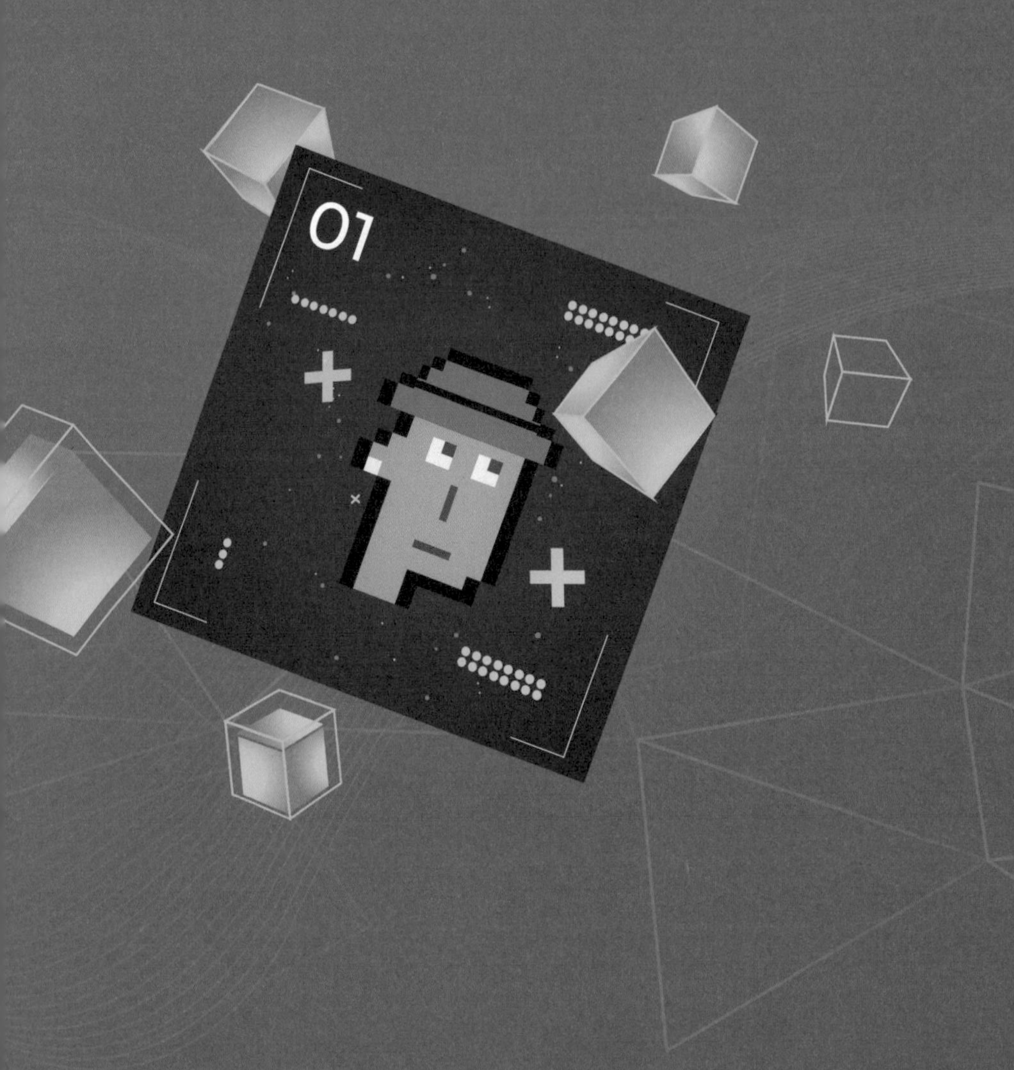

이번에는 NFT를 직접 만들어 보거나 사고팔아 본 이들이 꼽은 몇가지 궁금한 점을 소개한다. 아무래도 NFT는 블록체인을 기반으로 이뤄지고, 블록체인은 완성된 기술이 아니라 하나씩 완성도를 높여가고 있는 기술이기 때문에 초보자의 입장에서 적잖히 어려움을 겪을 수 있다. 또한 거의 대부분의 자료가 영어로 작성된 만큼 접근성도 썩 좋지 못하다. NFT 분야를 취재하면서 알게 된 정보나 해결 요청이 들어온 사례를 모아 소개한다.

4

NFT에 대한 궁금증 파헤치기

⑫ NFT가 보이지 않는 이유와 해결 방법

⑬ 실수로 발행한 NFT를 삭제하는 방법

⑭ 내가 발행한 NFT를 갤러리로 만드는 방법

⑮ 특정 NFT를 구입하는 방법:
화이트리스트로 등록된 NFT를 사는 방법

⑯ 내가 구입한 NFT의 가치는 얼마일까?
NFT뱅크 등 NFT 평가 서비스 이용하기

NFT가 바로 보이지 않는 이유와 해결 방법

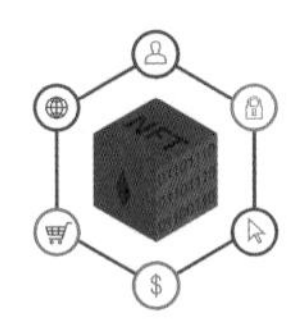

먼저 내가 구입하거나 발행한 NFT가 보이지 않은 경우가 있다. 보통 국내 NFT 마켓플레이스나 다른 방식으로 NFT를 발행하고, 이를 판매하기 위해 오픈시에 접속할 때 주로 나타난다.

The item you tried to visit is no longer available on OpenSea

The item you tried to visit is no longer available on OpenSea. It will not be visible or accessible to anyone browsing the marketplace.

To learn more about why the item you tried to visit is no longer available on OpenSea, read our Help Center guide on this topic. If you have questions or concerns regarding this action, contact the OpenSea team here.

Close

그림 4-1 | 오픈시에서 볼 수 있는 오류 메시지 (출처: 오픈시)

이 메시지는 오픈시에서 더 이상 해당 NFT, 정확히 말하면 NFT를 발행한 NFT를 지원하지 않아서 발생한다. 이 경우, 아쉽게도 오픈시에서는 더 이상 확인할 수 없다. 그럼 이 NFT는 더이상 볼 수 없는것일까? 그건 아니다.

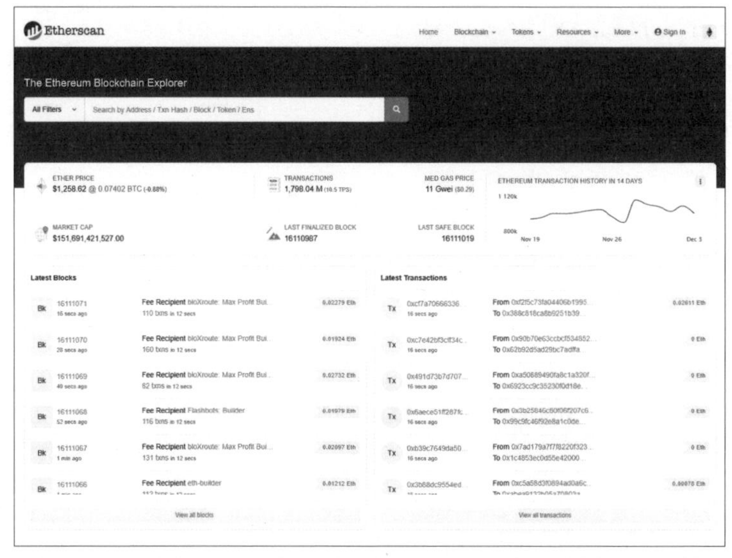

그림 4-2 | 이더스캔에서 NFT를 받은 지갑을 검색하면 NFT가 어디에 있는지 확인할 수 있다(출처: etherscan.io).

이 경우, 이더리움 기반의 모든 거래 내역을 볼 수 있는 이더스캔으로 가서 NFT가 들어 있는 지갑 주소(여기서는 본인의 지갑이 될 것이다.)를 입력하면 해당 지갑에 대한 정보가 모두 나타난다.

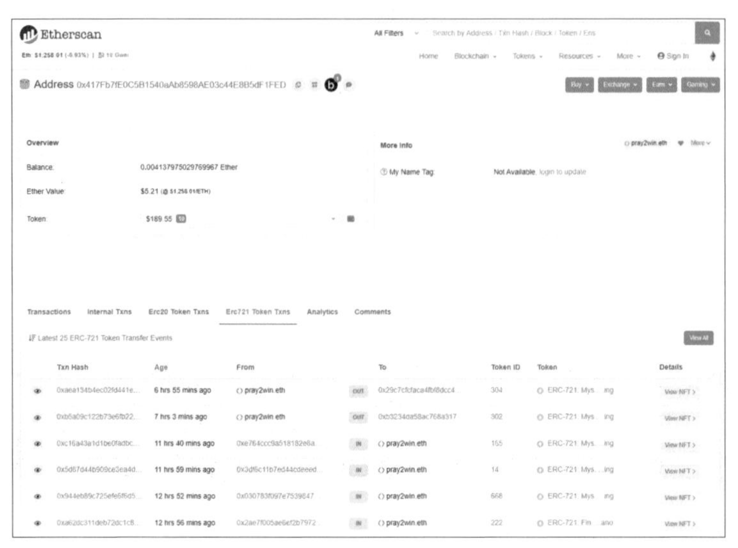

그림 4-3 | 해당 지갑 주소를 검색하면 이러한 화면이 나타난다. 이 중 ERC721를 클릭하면 지갑에 들어 있는 NFT를 볼 수 있다. 그다음 오른쪽에 있는 [View Nft]를 선택하면 해당 NFT에 관한 자세한 설명이 나타난다(출처: etherscan.io).

[View NET] 메뉴를 클릭하면, 해당 작품에 대한 자세한 설명을 볼 수 있다.

이 화면에서 해당 NFT에 대한 자세한 설명을 볼 수 있다. 예컨대 만든 사람은 누구인지, 원주인의 지갑 주소는 무엇인지, 지금까지 이 NFT는 몇 번의 거래가 이뤄졌는지이다. 여기서 우리가 자세히 살펴봐야 하는 부분은 '마켓플레이스(Marketplaces)'이다. 이 항목은 해당 NFT를 지원하는 마켓플레이스 목록을 알려 준다. 만약, 원하는 마켓플레이스에서 이 NFT가 보이지 않았다면 이더스캔 화면에 보이는 '마켓플레이스'로 이동해 보자. 아마도 바로 볼 수 있을 것이다.

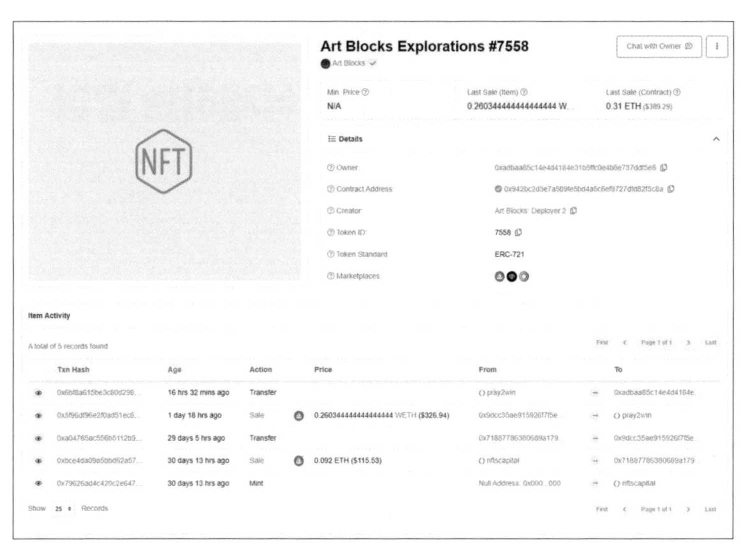

그림 4-4 | 세부 NFT 정보를 확인하면 마켓플레이스라는 항목이 보인다(출처: etherscan.io).

참고로 최근 이더리움 기반 지갑인 메타마스크의 기능이 향상되면서 마켓플레이스에 직접 접속하지 않더라도 메타마스크 자체에서 NFT를 볼 수 있게 됐다. 이 기능은 한국의 블록체인 스타트업 NFT뱅크(NFTBank)가 메타마스크 개발사 컨센시스(ConsenSys)와 협업한 결과이다.

실수로 발행한 NFT를 삭제하는 방법

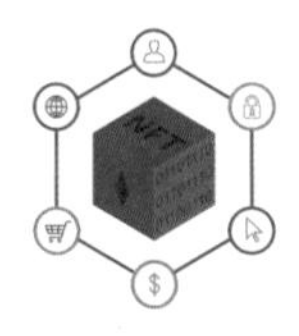

일단 큰 개념을 알고 있어야 한다. 한 번 발행된 NFT는 우리가 흔히 파일을 삭제하듯이 삭제 버튼을 누른다고 해서 지워지는 것이 아니다.

NFT는 따로 삭제하는 방법이 없다 보니 일종의 눈속임처럼 본인의 컬렉션을 바꾸는 방식으로 잘못 발행한 NFT가 보이지 않도록 하는 경우도 많다.

'오픈시 사용자 중에서는 민팅한 것을 그냥 삭제하면 되던데?' 라고 생각할지도 모른다. 오픈시는 '경매(List)'로 올리기 전까지 자체 서버에서 관리한다. 쉽게 말해 경매에 올리기 전에는 기술적으로 NFT가 발행됐다고 말할 수 없는 상태라는 것이다.

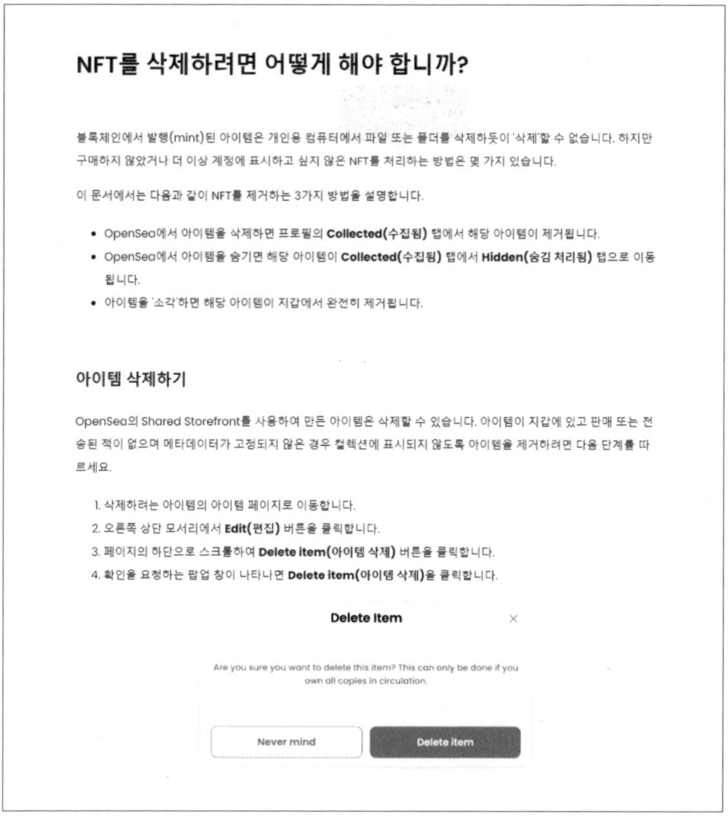

NFT를 삭제하려면 어떻게 해야 합니까?

블록체인에서 발행(mint)된 아이템은 개인용 컴퓨터에서 파일 또는 폴더를 삭제하듯이 '삭제'할 수 없습니다. 하지만 구매하지 않았거나 더 이상 계정에 표시하고 싶지 않은 NFT를 처리하는 방법은 몇 가지 있습니다.

이 문서에서는 다음과 같이 NFT를 제거하는 3가지 방법을 설명합니다.

- OpenSea에서 아이템을 삭제하면 프로필의 **Collected(수집됨)** 탭에서 해당 아이템이 제거됩니다.
- OpenSea에서 아이템을 숨기면 해당 아이템이 **Collected(수집됨)** 탭에서 **Hidden(숨김 처리됨)** 탭으로 이동됩니다.
- 아이템을 '소각'하면 해당 아이템이 지갑에서 완전히 제거됩니다.

아이템 삭제하기

OpenSea의 Shared Storefront를 사용하여 만든 아이템은 삭제할 수 있습니다. 아이템이 지갑에 있고 판매 또는 전송된 적이 없으며 메타데이터가 고정되지 않은 경우 컬렉션에 표시되지 않도록 아이템을 제거하려면 다음 단계를 따르세요.

1. 삭제하려는 아이템의 아이템 페이지로 이동합니다.
2. 오른쪽 상단 모서리에서 **Edit(편집)** 버튼을 클릭합니다.
3. 페이지의 하단으로 스크롤하여 **Delete item(아이템 삭제)** 버튼을 클릭합니다.
4. 확인을 요청하는 팝업 창이 나타나면 **Delete item(아이템 삭제)**을 클릭합니다.

Delete Item ×

Are you sure you want to delete this item? This can only be done if you own all copies in circulation.

Never mind | Delete item

그림 4-5 | 오픈시에서 공식적으로 밝히고 있는 NFT 삭제 방법. 숨김 처리하거나 DB상에서만 볼 수 없는 삭제를 하도록 안내하고 있다(출처: 오픈시).

그렇다면 잘못 발행한 NFT를 영원히 사라지게 만드는 방법은 없는 것일까? 그렇지 않다. 사실 생각보다 간단하다. 알게 되면 깜짝 놀랄 수도 있다. 해당 NFT를 소각 주소로 보내기만 하면 된다. 각 체인별 소각 주소는 상이하다.

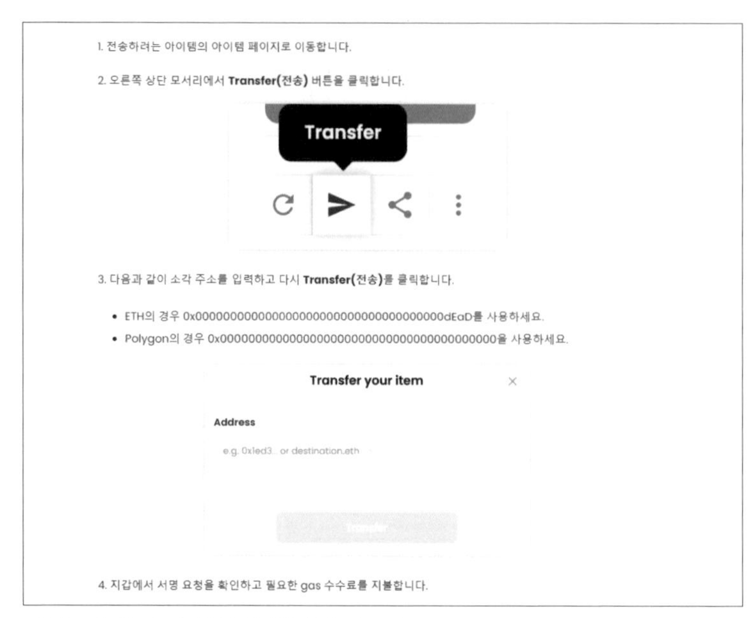

그림 4-6 | NFT를 영원히 지우는 방법(출처: 오픈시)

- **이더리움:** 0x000000000000000000000000000000000000dEaD 혹은 0x0000000000000000000000000000000000000000
- **폴리곤:** 0x0000000000000000000000000000000000000000
- **솔라나:** 솔라나는 전용 지갑인 팬텀(Phantom)을 사용하면 지갑 내 '스팸 NFT' 기능을 통해 보유 중인 NFT를 영구히 삭제할 수 있다.

내가 발행한 NFT를 갤러리로 만드는 방법

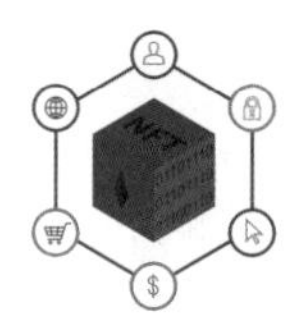

흔히 처음 오픈시나 매직에덴 등 NFT 마켓플레이스를 보면, 이걸 어떻게 사용해야 할지 고민스러울 때가 많다. 특히 마이 컬렉션(My Collections)이라는 항목 자체가 매우 어색한 경우가 있다.

그냥 내 계정 폴더에 이미지를 NFT로 만들어 넣고 싶은데 헷갈리는 경우도 있고 심지어 컬렉션을 만들지 않으면 NFT를 발행하지 못한다는 메시지가 나타나 당황스러울 때도 있다.

그림 4-7 | 마이 페이지에서 내가 보유한 NFT를 볼 수 있다(출처: 오픈시).

오픈시를 비롯해 대부분의 NFT 마켓플레이스는 컬렉션을 만들어야 한다. 여기서 컬렉션은 내 NFT 계정에 폴더로 구분해 주는 역할을 한다. 예컨대 '나무'와 관련된 NFT만 모아 두는 컬렉션을 만들거나 '바다'와 관련된 NFT만 모으는 방식이다. NFT는 다양한 분야나 콘셉트로 섞여 판매가 이뤄지기 때문에 이런 식으로 구분해 주는 것이다. 쉽게 말해 콜렉트(Collected) 메뉴를 누르면 내가 발행한 전체 목록이 나타나고, 크리에이티드(Created) 메뉴를 누르면 컬렉션별로 구분해서 볼 수 있다.

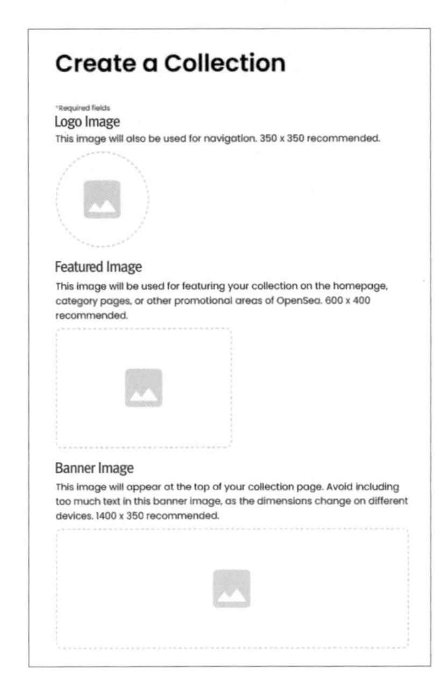

그림 4-8 | 오픈시에서 마이 컬렉션을 만드는 모습 1 (출처: 오픈시)

위에서부터 로고 이미지는 섬네일처럼 해당 컬렉션을 보여 주는 작은 형태의 공간에 들어간다. 피처드 이미지(Featured Image)는 섬네일과 함께 뜨는 공간으로, 컬렉션 목록의 전면에 보이게 된다. 배너 이미지는 마이 컬렉션에 접속했을 때 제목이 들어가는 상단에서 볼 수 있는 긴 형태의 공간에 들어간다.

그림 4-9 | 오픈시에서 마이 컬렉션을 만드는 모습 2 (출처: 오픈시)

이름 부분은 말 그대로 해당 컬렉션의 제목을 나타내는 것으로, 보유하고 있는 NFT에 맞춰 적절히 적어 주면 된다. URL은 해당 컬렉션으로 바로 갈 수 있는 링크를 보여 준다. 내가 만든 컬렉션을 다른 사람에게 보여 주고 싶을 때 이 링크를 공유하면 간단하게 해결된다. 디스크립션은 이 컬렉션에 대한 설명을 적는 공간이다. 카테고리를 누르면 아트, 게임 등 다양한 세션이 나타난다. 본인이 만든 컬렉션이 어느 분류에 속하는지 정하면 된다. 카테고리를 설정하면 오픈시, 매직에덴 등에서 해당 카테고리에 들어갔을 때 본인의 컬렉션과 작품이 나타날 수 있기 때문에 신중하게 골라야 한다.

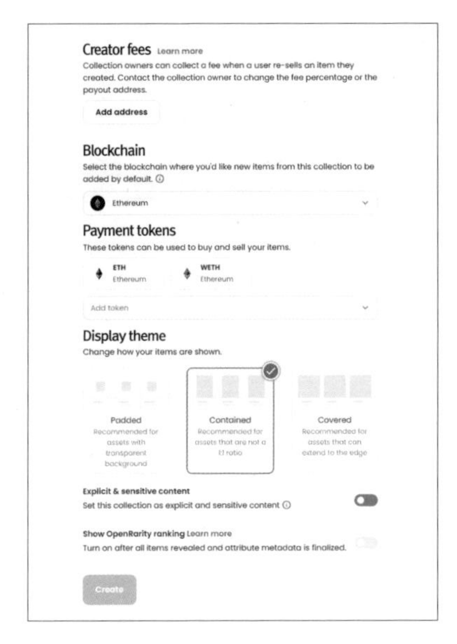

그림 4-10 | 오픈시에서 마이 컬렉션을 만드는 모습 3 (출처: 오픈시)

여기서 지불 수단(Payment Tokens)은 어떤 코인으로 내 컬렉션의 작품을 사고팔 수 있을 것인지를 정하는 메뉴이다. 다양한 토큰 중에서 선택하면 된다. 기본값은 이더리움과 랩이더(WETH)로, 어느 것을 선택해도 가치는 동일하다.

현재는 거의 유명무실해졌지만, 상단을 보면 Creator fees라는 메뉴가 있다. 이는 2차 판매 수수료라고 생각하면 된다. 만약 내 작품을 누군가가 사갔는데, 다시 그게 팔리면 내가 판매 가격의 일부를 보상받을 수 있는 기능이다. 최근에는 2차 판매 시장이 크게 줄어들었으며, 이런 수수료가 재판매를 제약한다는 논란이 생기면서 점차 사라지고 있다.

특정 NFT를 구입하는 방법: 화이트리스트로 등록된 NFT를 사는 방법

한 번쯤 '블랙리스트(Blacklist)'라는 단어를 들어 봤을 것이다. 여기에 등록된 사람은 이용할 수 없도록 제약을 하겠다는 의미로 활용된다. 그렇다면 '화이트리스트(Whitelist)'는 무엇일까? 블랙리스트의 반대말로, 여기에 등록된 사람은 우선적으로 사용할 수 있게 하겠다는 의미이다. 다시 말해 NFT 업계에서 화이트리스트는 해당 NFT를 우선적으로 구입할 수 있도록 등록해 준다. 혹은 NFT를 구입할 수 있는 권리를 보장하겠다는 정도의 의미를 갖는다. 흔히 화이트리스트를 줄여 '화리'라고 부른다. 이런 방식은 마케팅 수단으로 처음 등장했다.

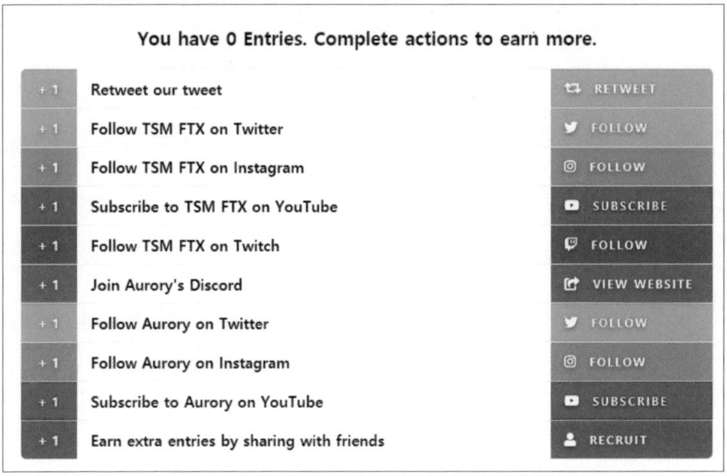

You have 0 Entries. Complete actions to earn more.

+ 1	Retweet our tweet	RETWEET
+ 1	Follow TSM FTX on Twitter	FOLLOW
+ 1	Follow TSM FTX on Instagram	FOLLOW
+ 1	Subscribe to TSM FTX on YouTube	SUBSCRIBE
+ 1	Follow TSM FTX on Twitch	FOLLOW
+ 1	Join Aurory's Discord	VIEW WEBSITE
+ 1	Follow Aurory on Twitter	FOLLOW
+ 1	Follow Aurory on Instagram	FOLLOW
+ 1	Subscribe to Aurory on YouTube	SUBSCRIBE
+ 1	Earn extra entries by sharing with friends	RECRUIT

그림 4-11 | NFT 프로젝트 오로리에서 사용하는 화이트리스트 방식(출처: Aurory)

SNS 구독이나 팔로우 등의 활동을 하고 인증을 하면 상위 NFT를 뽑을 수 있는 화이트리스트에 등록해 주는 식이다.

요즘은 NFT 업계에서 많이 사용하는 메신저 플랫폼 디스코드(Discord)에 프로젝트 공식 채널을 만들고 여기에 가입한 후 특정 행동(글 몇 개 이상, 반응 몇 개 이상, 추천인, 출석 체크 등)을 하면 화이트리스트 권한을 주는 방식으로 운영되고 있다.

화이트리스트는 철저히 마케팅 수단으로 활용된다. 화이트리스트는 특정 NFT를 우선적으로 뽑을 수 있는 기회를 준다. 특정 NFT를 뽑기 위해서는 이더리움 등 나의 가상자산을 써야 한다. 화이트리스트에 등록했다고 하더라도 좋은 NFT를 뽑을 수 있다는 확신은 없다. 결과적으로 나의 시간과 가상자산을 사용해 이 프로젝트를 구입한 것 이상은 아니다. 원래 화이트리스트는 해당 NFT 프로젝트에 오래전부터 기여한 사람들에게 혜택을 주는 것이었지만, 현재는 SNS나 디스코드에 화이트리스트 권한을 뿌리면서 참여를 격려하는 것 이상이라고 보기 힘들다. 특히 요즘에는 '확정 화리(확정된 NFT 물량을 발행할 수 있는 권한)'와 '경쟁 화리(화리를 얻은 인원끼리 경쟁해서 NFT를 발행하는 형식)' 등 화이트리스트가 있다고 해서 무조건 NFT를 발행할 수 있는 것은 아니다.

참고로 화이트리스트 등을 받기 위해서는 텔레그램이나 디스코드 등을 이용하는 것이 좋다. 대부분의 프로젝트는 이런 방식으로 화이트리스트나 에어드롭을 진행하기 때문이다.

화이트리스트나 NFT 관련 정보를 얻기 위한 디스코드 채널으로는 오픈시 디스코드(discord.com/invite/opensea)나 레딧 디스코드(www.reddit.com/r/discordapp), NFT 디스코드(discord.com/invite/rnft) 등을 들 수 있다.

내가 구입한 NFT의 가치는 얼마일까? NFT뱅크 등 NFT 평가 서비스 이용하기

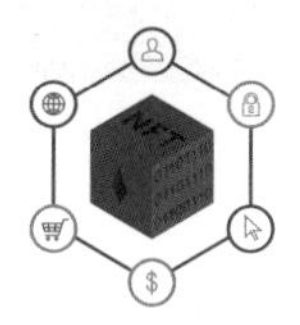

내가 구입한 NFT의 가치는 기본적으로 구입가 혹은 바닥 가격(Floor Price)에 따라 정해진다고 볼 수 있다. 여기서 구입가는 직접 NFT를 구입한 가격, 바닥가는 해당 NFT가 팔린 가장 낮은 가격을 의미한다. 일종의 가격 하한선이라 할 수 있다. 쉽게 말해 이 NFT는 최소 바닥 가격에는 팔린다는 의미이다.

바닥 가격을 알 수 있는 가장 쉬운 방법은 NFT 통계 사이트 댑레이더(dappradar.com)를 활용하는 것이다. 댑레이더에 접속하면, 약 21개에 달하는 블록체인별 NFT 프로젝트를 한눈에 볼 수 있다. 오버뷰를 보면 전체 혹은 각 체인마다 NFT 거래량이 얼마나 되는지, 가장 많이 팔린 NFT는 무엇인지 알 수 있다.

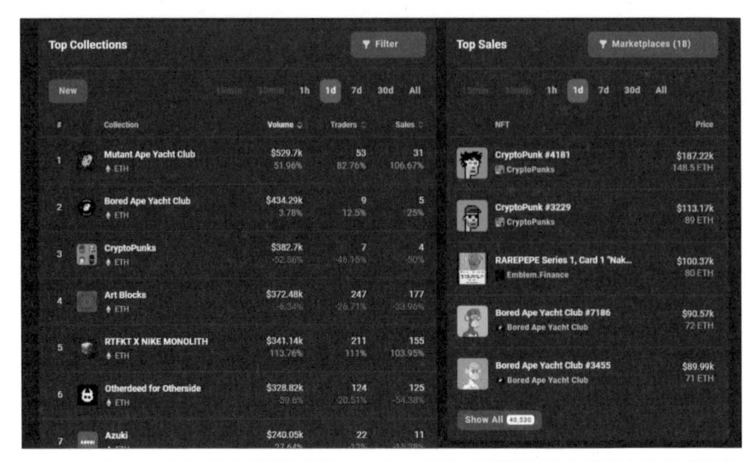

그림 4-12 | NFT 통계 사이트 댑레이더에서 각 NFT 프로젝트의 현황을 볼 수 있다(출처: 댑레이더).

톱 컬렉션(Top Collections)을 보면 NFT 프로젝트별 판매량과 보유자, 거래 규모, 바닥 가격과 평균 가격 등을 볼 수 있다. 만약, 개별 NFT가 얼마에 팔렸는지 알고 싶다면, 톱 세일(Top Sales)을 보면 된다.

여기서 중요한 부분은 바닥 가격과 평균 가격이다. 평균 가격은 비싸지만, 바닥 가격은 낮은 경우에는 해당 NFT 프로젝트의 소수의 작품이 평균 가격을 끌어올린 것으로 볼 수 있다. 이런 이유로 바닥 가격과 평균 가격의 격차가 많이 벌어진 것은 투자에 주의할 필요가 없다. 바닥 가격과 평균 가격이 비슷하다는 것은 NFT가 일정한 가격으로 판매되고 있다는 증거이기 때문이다.

인기 있는 NFT 프로젝트 보어드 에이프 요트 클럽(BYAC), 뮤턴트 에이프 요트 클럽(MYAC), 아더사이드(Otherside) 등은 바닥 가격과 평균 가격의 차이가 크지 않다는 것을 확인할 수 있다.

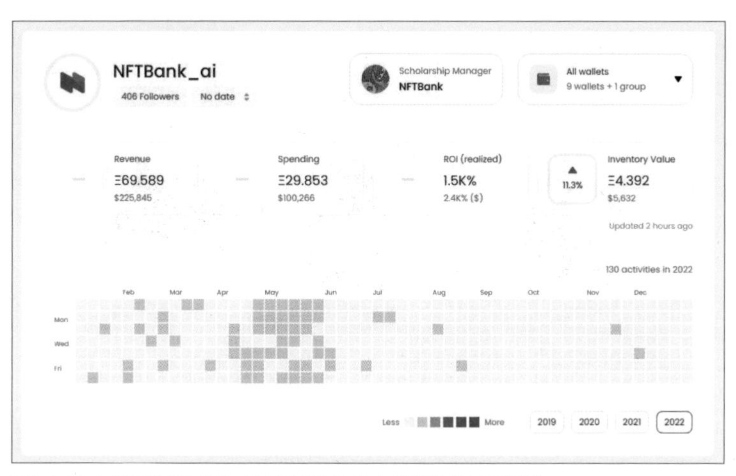

그림 4-13 | NFT뱅크의 서비스로 가치 평가를 할 수 있다(출처: NFT뱅크).

댑레이더 같은 통계 사이트를 통해 보유하고 있는 NFT의 가치 평가를 할 수 있지만, 좀 더 편리한 방법도 있다.

국내 스타트업인 NFT뱅크의 포트폴리오 기능을 활용하면, 내 지갑에 보유하고 있는 NFT 목록을 통해 언제, 얼마나 많이 구매했고 지갑 전체의 가치 평가와 ROI(투자자본 수익률)도 보여 준다. 여기서 그치지 않고 보유하고 있는 각각의 NFT 구입 날짜와 가격 그리고 현재 가치까지도 한눈에 확인할 수 있다.

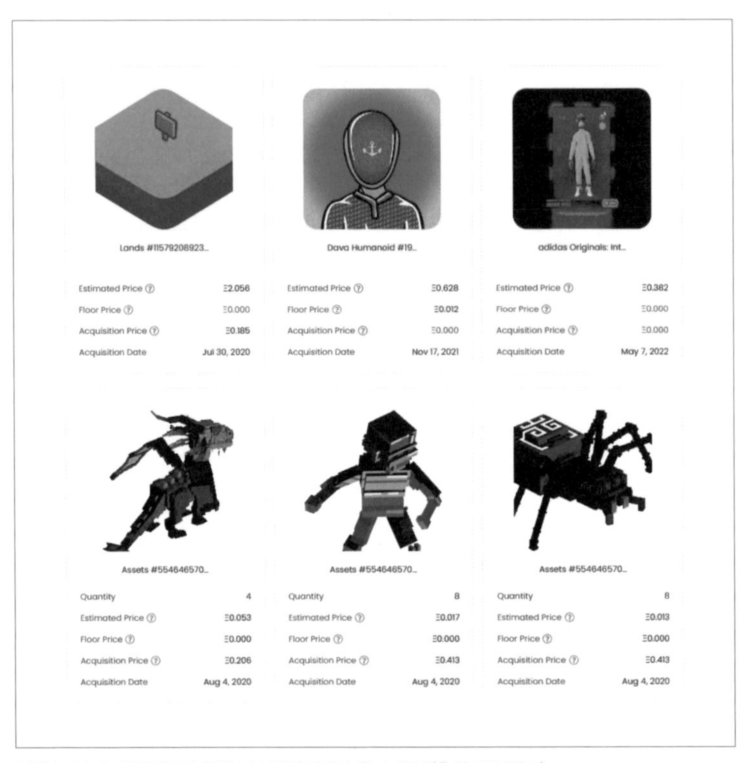

그림 4-14 | NFT뱅크의 서비스로 가치 평가를 할 수 있다(출처: NFT뱅크).

이처럼 NFT를 투자의 용도로 활용하고자 한다면 NFT뱅크(nftbank.ai), 댓앱(that.app) 등을 반드시 사용해 보길 권한다.

진짜보다 더 진짜같은 가짜를 '시뮬라르크(Simulacre)'라고 일컬으면서 물건뿐 아니라 기호까지도 다른 사람을 모방하여 소비하는 현대 자본주의 사회를 비판했다.

– 장 보드리야르((Jean Baudrillard)

"NFT 그 자체가 부가가치세의 과세 대상이라고 보기는 어렵다. 다만, NFT가 표상하는 권리, 자산이 무엇인지에 따라 그 권리, 자산의 '일체'로 부가가치세의 과세 대상이 될 수 있다."

– 한 법률 전문가, 모 학술대회에서

5
NFT에서 알아두면 좋은 법적 지식

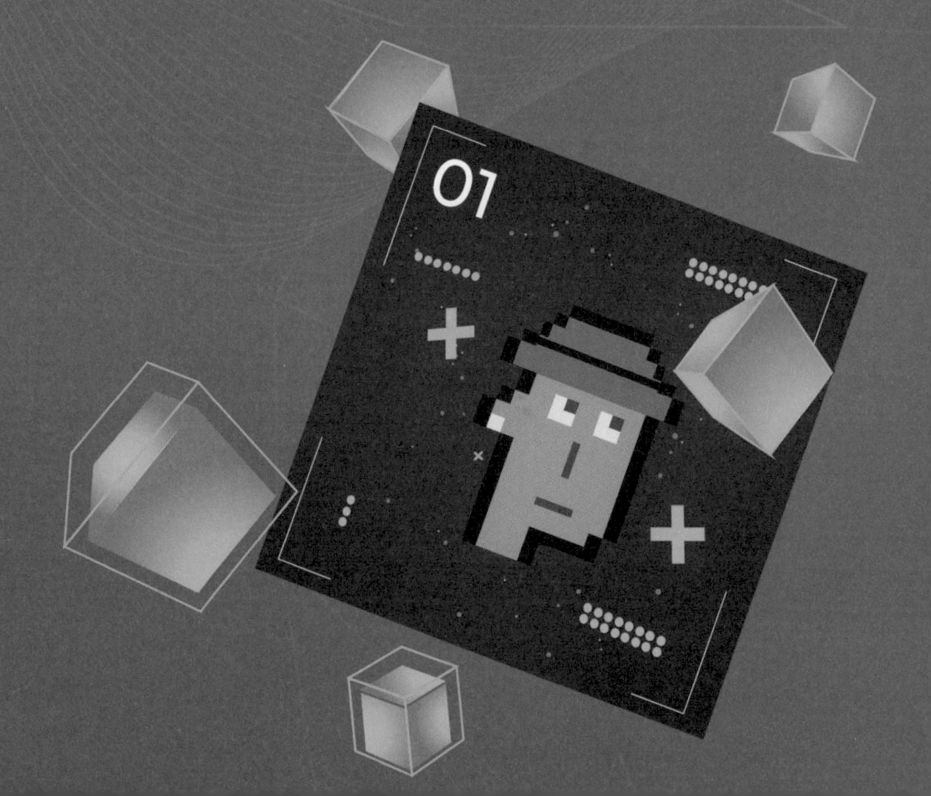

내가 만든 NFT, 아무런 문제가 없을까?

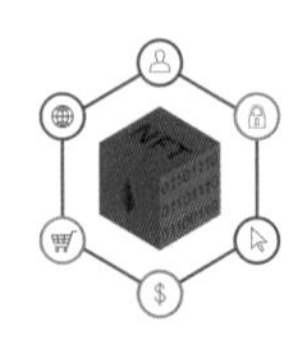

1. 내가 만든 NFT는 창작물일까, 복제물일까?

하늘 아래 새로운 것이 없듯 완벽한 창작품은 없다. 성서에는 이와 같은 구절이 있다. 하지만 모방이 지나쳤을까? 프랑스의 철학자이자 사회학자인 장 보드리야르(Jean Baudrillard, 1929~2007)는 진짜보다 더 진짜 같은 가짜를 '시뮬라르크(Simulacre)'라고 일컬으면서 물건뿐 아니라 기호까지도 다른 사람을 모방해 소비하는 현대 자본주의 사회를 비판했다.

장 보드리야르는 모방과 복제가 사회를 주를 이뤄 허상이 지배하는 사회를 비판했지만, 모방과 복제가 인류의 발전을 견인해 왔다는 것은 부정할 수 없을 것이다. 우리는 우리 부모님 세대의 전통을 답습하고 생활 양식을 계승한다. 그래서 인류에게 선대의 지식은 후대에게 귀중한 자산이 됐고 발전을 거듭해 오늘에 이를 수 있었다.

그렇다면 무엇이 모방(copy)이고, 무엇이 창조(create)일까? 모방과 창조의 경계는 어떻게 형성되는 것일까? 모방은 창조의 어머니라고 하는데 과연 모방과 창조를 명확하게 구별할 수 있는 것일까? 이러한 질문은 NFT에 관해서도 계속 언급되고 있다. 과연 NFT는 창작물(Creation)일까, 복제물(Copy)일까?

그림 5-1 | 프랑스의 철학자이자 사회학자인 장 보드리야르(Jean Baudrillard) (출처: flickr)

우선 창작물과 복제물이 무엇인지 살펴보자. 사전에 따르면 창작물은 인간이 독창적으로 만들어 낸 작품, 사람의 정신적 노력에 의한 산물을 통틀어 말한다. 저작물, 발명품, 실용 신안 및 의장에 관한 물건이나 상표 등이 이에 속한다. 그리고 복제품 원본과 똑같이 만든 물품을 말한다.

오늘날 NFT는 창작물이기보다는 복제물에 가깝다는 의견이 우세한 듯하다. NFT는 NFT로 발행할 것에 대한 디지털 파일 및 메타데이터를 인터넷 공간에 업로드하고 블록체인 프로그래밍 언어(Solidity, 솔리디티)로 스마트 계약을 작성해 NFT를 발행한다(Minting, 민팅).

일반적으로 이러한 NFT 발행 과정은 창작 활동이라기보다 단지 원본을 디지털로 변환하는 과정이라고 보는 시각이 보편적이다. 실물을 디지털로 전환하는 것은 '디지털 트윈'으로서 그 형식만 전환하는 것일 뿐, 새로운 구도를 택하거나 편집의 변화를 주는 것은 아니다. 결국 NFT가 창작물로 인정받기 쉽지 않은 상황이다. 예컨대 피사체를 충실하게 복제하는 데 그치는 사진이 저작물로 인정되지 않는 것처럼 법적으로 NFT도 저작물로 보기 어려워 보인다.

물론 이에 반대하는 견해도 존재한다. 디지털 시대에 복제되어 생성된 데이터는 최초의 데이터와 구분할 수 없을 정도로 완벽히 동일하게 복제돼 원본과 사본의 구별이 사실상 불가능하다. 그렇다고 해서 진품에 대한 갈망이 사라진 것은 아니며 진품이 갖는 희소성은 여전히 존재한다.

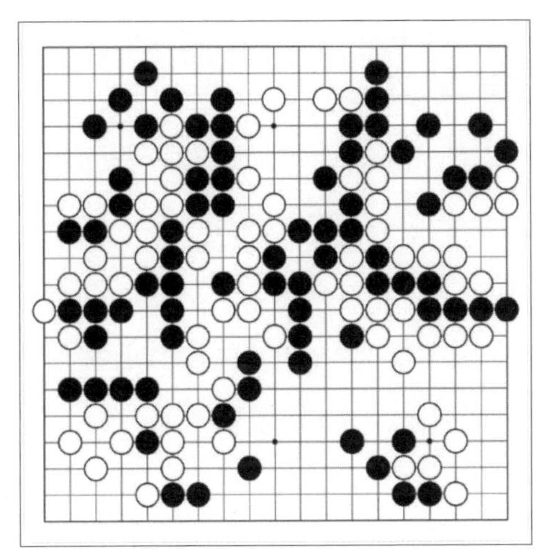

그림 5-2 | 이세돌과 알파고 제4국 NFT(출처: 오픈시)

NFT도 진품에 대한 갈망과 관련이 있는데, 이러한 진품에 대한 갈망의 핵심은 '권위를 가진 자'에 의해 진품성이 부여됐는지이다. 예컨대 알파고와 네 번째 대국에 관련된 기보나 영상에 진품성을 부여할 수 있는 권리를 가진 자는 대국의 당사자인 이세돌 9단이다. 그렇기 때문에 이세돌에 의해 만든 NFT는 진품으로 인정돼 큰 가치를 갖게 된다. 이와 같은 견해는 NFT가 아날로그 예술의 가치를 더욱 업그레이드하는 결과를 초래했다. NFT는 그 동안 진품이 존재할 수 없었던 디지털 콘텐츠에 진품성을 부여해 진품의 가치가 더 큰 가치로 자리매김할 것이라는 주장이다. 이와 같은 주장에 따르면, 권위를 가진 자의 의사에 따른 NFT는 '사상과 감정을 표현한 창작물'로 이해할 수 있다.

2. 창작물에 대한 법적 권리 – 저작권과 소유권은 무엇이며, 현행 법상 어떻게 규정돼 있는가?

창작물은 크게 '저작권'과 '소유권'으로 구분된다. 현행법은 저작권과 소유권을 구별하고 있다. 저작권을 가진 자와 소유권을 가진 자가 일치하는 경우도 있지만, 그렇지 않은 경우도 심심치 않게 발생한다. 후자의 경우에는 일반적으로 창작자는 저작권, 재료의 소유자는 소유권을 갖는 것으로 이해된다. 그럼 여기에서 말하는 저작권과 소유권은 무엇일까?

「저작권법」 제2조에 따르면, 저작권은 '저작자, 즉 인간의 사상 또는 감성을 표현한 창작물을 창작한 자의 권리'를 말한다. 과거 복제 기술이 발달하기 전에는 창작물에 대한 저작자의 권리를 특별히 보호하는 것이 필요치 않았다. 왜냐하면 창작물을 복제하는 것이 쉽지 않기 때문에 창작자에 의해 사상 또는 감성이 유형물에 표현되는 순간, 유일한 원본으로서의 배타적 지배가 가능했다. 따라서 창작물에 대한 권리를 특별히 인정할 필요 없이 유형물에 대한 재산권적 보호로 충분했다. 하지만 복제 기술, 특히 인쇄 기술이 발달하고 원본과 동일한 사본이 수없이 많이 인쇄되면서 원본의 가치가 크게 감소했고 원본에 대한 배타적 지배만으로는 저작자의 이익을 보호할 수 없게 됐다.

결과적으로 원본에 대한 소유권이나 점유의 취득보다 사본의 생성, 즉 복제(Copy) 행위가 더 큰 의미를 지니게 됐고 창작물에 대한 복제를 허락하거나 금지할 배타적 권리, 즉 저작권(Copyright, 판권)이 인정되기 시작했다. 결국 저작권이란 인간의 사상과 감성을 표현한 창작물에 대한 저작자의 권리'라고 이해할 수 있다.

그렇다면 소유권은 무엇일까? 「민법」 제211조에 따르면 소유권은 '소유자가 법률의 범위 내에서 소유물을 사용, 수익, 처분할 권리'를 말한다. 그리고 여기에서 소유물은 곧 물건으로 이해할 수 있다. 「민법」 제213조 소유물반환청구권 규정에서 소유자는 그 소유의 물건을 점유한 자에 대해 반환을 청구할 수 있다고 명시하고 있기 때문이다.

또한 「민법」 제98조에서 물건은 '유체물 및 전기 기타 관리할 수 있는 자연력'이라고 설명하고 있다. 그러므로 유체물뿐 아니라 유체물이 아닌 것도 물건, 즉 소유물이 될 수 있다. 그리고 '사용'은 물건의 용도에 따라 손상시키거나 성질을 변형시키지 않고 이용하는 것, '수익'은 물건으로부터 생기는 이익을 수취하는 것을 의미한다. '처분'은 물건이 갖는 교환 가치를 실현하는 것이다. 처분에는 물건의 소비, 변형, 개조, 파괴 등 사실적 처분과 매매 등의 양도나 담보권 설정과 같은 법률적 처분을 모두 포함한다.

3. 내 작품을 NFT로 만들어도 될까? 한 개가 아니라 여러 개를 만들면 어떻게 될까?

앞서 살펴봤듯이 현행법상 소유권과 저작권은 구별된다. 그렇기 때문에 하나의 작품에 대해 소유권을 소유한 자와 저작권을 소유한 자가 일치하지 않을 수 있다. 그리고 일반적으로 나의 것, 타인의 것을 말할 때는 저작권이 아니라 소유권을 중심으로 이야기 한다. 즉, 소유권을 내가 갖고 있으면 나의 것이고, 타인이 갖고 있으면 타인의 것이라고 본다. 그렇기 때문에 내 작품을 NFT로 만들 경우, 소유권과 저작권을 모두 내가 갖고 있는 나의 작품을 NFT로 만드는 경우와 소유권은 갖고 있지만, 저작권은 갖고 있지 않은 나의 작품을 NFT로 만드는 경우로 나눠 볼 수 있다.

그렇다면 우선 내가 저작권을 갖고 있는 나의 작품을 NFT로 만들어도 될까? 대답은 "그렇다."이다. NFT를 창작물로 볼 것인지, 복제물로 볼 것인지에 상관없이 내가 저작권을 갖고 있는 내 작품은 NFT로 만들 수 있다고 봐야 한다. 만일 NFT를 창작물로 이해한다면 내가 만든 NFT는 2차 저작물이라고 볼 수 있을 것이다. 즉, 원저작물의 저작자가 2차적 저작물을 작성한 셈이다.

원저작물의 저작자는 자신의 저작물을 2차적 저작물로 작성할 권리를 갖기 때문에 내가 저작권을 갖고 있는 나의 작품을 NFT로 만드는 것은 큰 문제가 되지 않는다. NFT를 복제물로 이해하더라도 자신의 작품을 NFT로 만드는 것은 문제가 없다. 내가 창작물에 대한 복제를 허락하거나 금지할 배타적 권리, 즉 저작권을 내가 갖고 있기 때문에 내가 나의 작품을 복제하는 것 또한 문제가 되지 않는다.

내가 저작권을 갖고 있는 나의 작품을 한 1개가 아닌 여러 개의 NFT로 만드는 것도 문제가 되지 않는다. NFT를 창작물로 보든, 복제물로 보든 내가 저작권을 갖고 있는 내 작품이므로 개수에 상관없이 NFT를 만드는 것에 아무런 문제가 발생하지 않는다.

여기서 중요한 질문이 있다. 내가 저작권을 갖고 있지 않은 나의 작품을 저작자의 허락 없이 NFT로 만드는 것은 허용될까? 이는 NFT를 창작물로 볼 것인지, 복제물로 볼 것인지에 상관없이 설사 내 작품이라고 하더라도 NFT는 만들 수 없다고 봐야 한다. 만일 NFT를 창작물로 본다면 저작권을 갖고 있지 않은 내 작품을 NFT로 만드는 것은 2차적 저작물 작성권 침해의 문제가 발생할 수 있다.

원저작물을 여러 가지 방법을 통해 창작한 창작물을 2차적 저작물이라고 하는데, 원저작물의 저작자는 자신의 저작물을 원저작물로 하는 2차적 저작물을 작성할 권리와 작성된 2차적 저작물을 이용할 권리를 가진다. 그리고 2차적 저작물을 작성할 권리는 원저작자의 배타적 권리이다. 그러므로 원저작자의 허락 없이 2차적 저작물을 작성했다면 이는 원저작자의 2차적 저작물 작성권을 침해한 것이 된다. 결국 NFT를 창작물로 본다면 NFT는 2차적 저작물로 이해할 수 있다. 따라서 원저작자의 허락 없이 나의 작품을 NFT로 만든 것은 원저작자의 2차적 저작물 작성권을 침해한 셈이다. 쉽게 말해 원저작자의 허락 없이 NFT로 만들면 안 된다.

다만, 이 NFT의 소유권 및 저작권을 제3자에게 양도했을 경우는 조금 다르다. 원저작자의 2차적 저작물 작성권을 침해한 NFT라도 제3자와의 관계에서는 독립된 저작물로 보호받는다. 2차적 저작물이 원저작자의 2차적 저작물 작성권을 침해하면서 작성된 것이라도 제3자와의 관계에서는 독립된 저작물로 보호받기 때문이다.

NFT를 창작물이 아닌 복제물로 이해하는 경우에도 저작권을 갖고 있지 않는 내 작품을 NFT로 만드는 것은 허용되지 않는다. 이 경우, 원저작자의 2차적 저작물 작성권 침해는 문제가 되지 않지만, 원저작자의 저작권 침해가 발생한다.

내가 저작권을 갖고 있지 않은 나의 작품을 저작자의 허락 없이 NFT로 만드는 것이 허용되지 않으므로 당연히 여러 개의 NFT를 만드는 것 또한 허용되지 않는다. NFT를 창작물로 이해한다면 원저작자의 2차 저작물 작성권 침해의 문제가 발생하고 NFT를 복제물로 이해한다면 원저작자의 저작권 침해의 문제가 발생한다. 하나의 NFT를 만드는 경우와 여러 개의 NFT를 만드는 경우가 크게 다르지 않다.

4. 위작을 NFT로 만들면 어떻게 될까?

내 작품이 아닌 남의 작품을 NFT로 만드는 것은 아무런 문제가 없을까? 앞서 살펴본 사례와 마찬가지로 이 사례도 두 가지 경우로 나눠 살펴봐야 할 것이다. 하나는 나에게 소유권은 없지만, 저작권을 갖고 있는 작품을 NFT로 만드는 경우와 또 다른 하나는 나에게 소유권도 없고 저작권도 없는 작품을 저작자의 허락 없이 NFT로 만드는 경우이다.

그렇다면 우선 나에게 소유권은 없지만 저작권을 갖고 있는 작품을 NFT로 만드는 경우를 살펴보자. 이러한 사례가 허용될까? 결론부터 말하면 "그렇다"라고 대답할 수 있다. 나에게 저작권이 있기 때문이다. 따라서 원작이 나의 것이 아니더라도 이를 NFT로 만드는 것은 가능하다고 볼 수 있다.

NFT를 저작물로 보든, 복제물로 보든 결론은 동일하다. 저작자에게는 창작물에 대한 복제를 허락할 권리를 가질 뿐 아니라 2차적 저작물 작성권도 인정되기 때문이다. NFT를 저작물로 인정하는 견해에 따르면 NFT를 2차적 저작물로 인정될 것이고, NFT를 복제물로 이해하는 견해에 따르면 NFT를 복제물로 판단할 것이다.

그렇다면 소유권뿐 아니라 저작권도 갖고 있지 않은 남의 작품을 저작자의 허락 없이 NFT로 만드는 것도 괜찮을까? 유감스럽게도 이는 허용되지 않는다. NFT를 저작물로 이해하면 이는 2차적 저작물 작성권을 침해하는 셈이 될 것이고, NFT를 복제물로 본다면 이는 저작권을 침해하는 셈이 될 것이다. 다만, 전자의 경우, NFT의 소유권 및 저작권을 제3자에게 양도했다면, 이것이 원저작자의 2차적 저작물 작성권을 침해한 NFT이더라도 제3자와의 관계에서는 독립된 저작물로 보호받는다. 2차적 저작물이 원저작자의 2차적 저작물 작성권을 침해하면서 작성된 것이라도 제3자와의 관계에서는 독립된 저작물로 보호받기 때문이다.

그렇다면 위작인 남의 작품을 NFT로 만들면 어떻게 될까? 가끔 위작을 진품이라 여기는 일이 종종 발생한다. 요하네스 페르메이르(Johannes Vermeer)의 〈진주 귀걸이를 한 소녀〉와 이를 모방한 메이헤런(Han Van Meegeren)의 〈미소 짓는 소녀〉라는 작품이 그 대표적인 예이다. 메이헤런은 아무도 자신의 작품에 관심을 갖지 않자 대가 페르메이르의 작품을 연구할 겸 따라서 그렸고, 감쪽같다는 주변의 반응에 그 그림을 미술 시장에 내보냈다. 그러자 미술 평론

가들은 메이헤런의 위작을 페르메이르의 작품이라고 여겨 극찬했고, 미술관에 진품으로 전시되기도 했다. 훗날 계속 위작을 그려 팔다가 법정에 서게 된 메이헤런은 자신의 작업이 결코 위조가 아니었다고 항변했다.

진품과 위작에 관련된 유명한 사건은 우리나라에도 쉽게 찾아볼 수 있다. 국립현대미술관이 소장하고 있던 천경자 화백의 미인도 작품은 천경자 화백이 자신의 작품이 아니라고 밝혔지만, 국립 현대미술관과 화랑 협회 산하의 감정위원회가 진품이라고 판정하면서 논란에 휩싸였다.

그림 5-3 | 요하네스 페르메이르의 〈진주귀걸이를 한 소녀〉(왼쪽)와 이를 모방한 메이헤런의 〈미소 짓는 소녀〉(오른쪽)

이처럼 남을 속일 목적으로 진품과 잘 구별되지 않는 위작을 NFT로 발행하면 어떻게 될까? 실제로 2021년 5월 31일 이중섭,

박수근, 김환기 작가의 작품이 NFT로 발행, 경매에 나온다는 소식이 전해졌다. 그래서 이에 대한 많은 관심이 집중됐지만, 박수근과 김환기의 저작권을 보유하고 있는 유족과 재단 측이 반발하였고 더욱이 위작 논란까지 함께 제기되자 경매를 중단했다. 하지만 이때 경매가 중단되지 않고 최종 낙찰까지 이뤄졌다면 어떻게 될까?

위작을 만들어 이를 NFT로 발행하는 것은 허용되지 않는다. 특정 작가의 작품으로 다른 사람을 속일 목적으로 만들어진 위작을 NFT로 만드는 것은 저작자의 복제권, 2차 저작물 작성권, 전송권 등을 침해한 것이 된다. 그리고 이러한 행위는 단순히 남의 작품을 저작자의 허락 없이 NFT로 발행하는 것보다 더 큰 문제를 일으킬 수 있다는 점을 명심해야 한다. 왜냐하면 작품의 진위 여부를 판단하는 것이 쉽지 않을 뿐 아니라 NFT 거래는 온라인상에서 이뤄지기 때문에 실물 거래보다 유통이 쉽기 때문이다. 따라서 위작을 NFT로 만들어 판매했을 때 발생할 수 있는 문제점을 바로잡는 것이 상당히 어렵다는 것을 인식해야 한다.

NFT 거래, 무엇을 주의해야 할까?

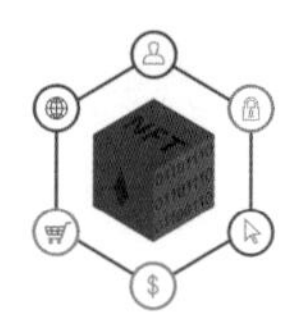

1. NFT 거래, 정확히 무엇을 사고파는 것일까?

NFT는 디지털 콘텐츠에 대한 권리와는 별도로 그 자체가 블록체인에서 작동하는 디지털 데이터 덩어리이다. NFT는 디지털 콘텐츠 및 실물자산 등과 그 보유자를 연결하는 가상 객체이고 NFT 자체는 블록체인 외부에 어떠한 영향도 미치지 않는다. 그리고 NFT를 디지털 콘텐츠와 연결하는 '링크'는 파일의 해시값을 이용해 문서화되지만, 링크도 NFT와 마찬가지로 기본적으로는 가상의 속성일 뿐이다. 그러므로 NFT 거래의 경우, 거래 대상이 무엇인지에 대한 검토가 필요하다.

실물자산에 대한 권리를 대변하는 NFT를 거래하는 경우, 실물 자산에 대한 소유권이 이전되는지가 문제가 된다. 예를 들어 갑이 예술 작품의 권리를 표상하는 NFT를 만들어 을에게 판매하는 경우, 해당 NFT는 물건이 아니므로 소유권의 객체가 될 수 없다. 하지만 해당 NFT와 연결된 예술 작품은 동산이므로 소유권의 대상이 된다.

이 경우, NFT 판매는 NFT에 대한 권리만 이전될 뿐, 해당 예술 작품의 소유권까지 이전되는 것은 아니며 예술 작품의 소유권을 이전하기 위해서는 오프라인에서 별도로 예술 작품에 대한 양도 계약이 필요하다. 특히, NFT 발행자가 NFT에 예술 작품의 인도 청구권을 표상하고 NFT의 구매자에 대해서는 채권적 인도 청구권이 양도된다는 뜻을 거래 플랫폼의 이용 약관 등에 규정한 경우, 해당 NFT 판매는 지명 채권의 양도 또는 계약상 지위의 이전으로 볼 수 있을 것이다. 그러므로 실물자산에 대한 권리를 표상하는 NFT를 거래하는 경우, NFT가 표상하는 권리가 무엇인지, 그리고 NFT의 이전과 NFT가 표상하는 실물자산에 관한 권리가 상호 어떤 연계성을 갖고 있는지를 확인할 필요가 있다.

2. 내가 소유하고 있는 NFT, 판매(증여)해도 괜찮을까?

NFT를 구입하거나 판매하는 경우를 살펴보자. NFT가 저작물이라는 견해에 따르면, NFT를 판매하거나 구입하는 경우는 두 가지로 나눠 살펴볼 수 있다. 하나는 저작권과 소유권을 모두 갖고 있는 사람의 NFT를 구입하거나 판매하는 경우이고 또 다른 하나는 소유권만 갖고 있는 사람의 NFT를 구입하거나 판매하는 경우이다.

그렇다면 NFT 거래가 괜찮은 것일까? NFT를 거래하면 소유권의 이전이 이뤄지는 것일까? 오늘날 NFT의 거래 당사자들은 NFT의 물건성을 당연한 것으로 인식하고 있다. 따라서 민법상의 물건성이 인정된 NFT에게는 소유권이 인정된다. 그러므로 NFT를 구입하거나 판매하는 것은 NFT의 소유권을 이전하는 것으로 이해되고 있다.

하지만 NFT의 소유권에 대한 학계의 견해는 이와 같은 현실과 정확히 일치하고 있지 않다. NFT는 물건의 속성을 갖고 있지 않으므로 물건을 전제로 한 소유권의 대상이 아니라고 보는 견해를 갖고 있는 학자는 NFT를 구입하거나 판매하는 것을 통해서는 소유권을 갖지 못한다고 주장한다.

이를 위해서는 민법상 소유권의 개념을 확장해 해석하므로 NFT의 소유권이 인정된다고 주장하는 견해도 있다. 이와 같은 주장에 따르면, NFT 구입 및 판매를 통해 소유권은 이전되며 NFT 구매자는 NFT에 대한 사용, 수익, 처분을 할 수 있는 권능을 가진다.

오늘날의 학설은 이와 같이 나뉘지만, NFT의 소유권을 부정하기는 어려울 것으로 보인다. 우리는 사회 변화에 대응하기 위해 법률을 개정하거나 법률 해석을 통해 변화된 사회 현실에 대응한다. 그러므로 민법상의 소유권 규정은 새로운 기술의 등장과 이로 인한 사회 변화에 대응해 달리 해석될 필요가 있다. 그리고 NFT의 거래가 활발하게 이뤄지고 있는 현시점에서 NFT의 소유권을 부정하면 NFT의 시장에 큰 혼란을 초래하게 되기 때문에 NFT의 소유권을 부정하는 것은 매우 신중해야 할 필요가 있다.

그렇다면 NFT를 거래할 때, 소유권만 이전하는 것인지, 그에 대한 저작권도 함께 이전하는 것인지 살펴볼 필요가 있다. NFT를 저작물로 인정하지 않는 견해에 따르면, NFT의 저작권도 거래의 대상이 아니므로 거래를 통한 NFT의 저작권 이전은 인정될 수 없다. 다만, NFT가 표상하는 자산은 NFT와 별개로 저작권의 보호를 받을 수 있다. 따라서 거래의 대상이 NFT와 NFT가 표상하는 자산일 경우, NFT가 표상하는 자산에 대한 저작권은 구매자에게 인정될 것이다.

하지만 NFT의 저작권을 인정하는 견해에 따르면, NFT의 저작권에 대한 거래도 인정될 수 있다. 그래서 만일 거래의 대상이 NFT와 NFT가 표상하는 자산일 경우, NFT와 NFT가 표상하는 자산에 대한 저작권 모두가 구매자에게 인정될 것이다.

3. 내가 판매한 NFT, 원저작물을 폐기해도 괜찮을까? 혹은 추가 발행해 판매하면 어떨까?

2021년 3월 초 뉴욕 브루클린에서 NFT 미술 애호가들이 뱅크시의 〈바보들(Morons)〉이라는 판화를 사들여 NFT로 전환하고 원본을 불태워버리는 퍼포먼스를 진행했다. NFT로 디지털화된 그래피티 아티스트 뱅크시의 작품이 오픈시에서 이더리움 228.69개(약 38만 달러)에 팔렸다. 이 퍼포먼스를 기획한 것으로 알려진 블록체인 회사인 인젝티브 프로토콜(Injective Protocol)은 해당 판화를 9만 5,000달러에 샀는데, 판화의 NFT는 원본보다 4배가량 더 비싼 값에 팔린 것이다.

그림 5-4 ǀ 뱅크시의 작품 〈바보들〉을 폐기하는 장면(출처: 오픈시)

이처럼 NFT를 판매한 후 원저작물을 폐기하는 것은 허용될까? 이는 두 가지 경우로 나눠 볼 수 있을 것이다. 하나는 원저작물의 저작권자이자 소유권자가 이를 폐기한 경우와 또 다른 하나는 원저작물의 소유자이기는 하지만 저작권은 갖고 있지 않은 자가 이를 폐기한 경우이다.

원저작물의 저작권자이자 소유권자가 이를 폐기한 경우에는 별다른 문제가 발생하지 않을 것이다. 하지만 원저작물의 저작권은 갖고 있지 않은 소유자가 저작권자의 허락을 받지 않고 원저작물을 폐기한 경우에는 이야기가 달라진다. 현행법상 저작자에게 인정되고 있는 여러 가지 권리가 침해될 수 있기 때문이다.

현행 저작권법은 저작자에게 그의 저작물을 복제할 권리(저작권법 제16조)와 공연할 권리(저작권법 제17조), 공중송신할 권리(저작권법 제18조), 미술 저작물 등 원본이나 그 복제물을 전시할 권리(저작권법 제19조), 저작물의 원본이나 그 복제물을 배포할 권리(저작권법 제20조) 등 저작 재산권을 가진다. 원저작물을 폐기하는 행위는 저작자의 이와 같은 권리를 침해할 가능성이 매우 높다.

그뿐 아니라 저작자에게는 동일성 유지권이 인정된다. 현행 저작권법 제13조는 저작 인격권의 내용으로서 저작물의 내용·형식 및 제호의 동일성을 유지할 권리를 규정하고 있다. 이는 저작자가 정성을 기울여 저작한 저작물은 저작자의 사상·감정을 표현한 것으로, 저작자의 인격이 구체화돼 있으므로 저작물의 수정·개변은 저작자만이 할 수 있도록 해서 저작자의 명예나 명성 등의 인격적 이익을 보호할 수 있도록 하고 있다. 여기에서 저작물을 전부 파괴하는 것은 저작물의 수정·개변에 포함하는 것으로 판단할 수 있기 때문에 허락 없이 원저작물을 폐기하는 것은 저작자의 동일성 유지권을 침해할 가능성이 높다.

이와 반대로 내가 판매한 NFT를 이후에 추가 발행해 판매하면 어떨까? 이와 비슷한 문제가 발생할 수 있는 판화의 경우를 살펴보자. 서양의 근대 반다이크, 렘브란트, 프란시스코 고야 등과 같이 유명한 작가들은 판화를 통해 이름을 널리 퍼뜨릴 수 있었다. 왜냐하면 회화는 수량이 극히 한정돼 널리 보급되기에는 한계가 있지만, 판화는 대량 복제가 가능했기 때문에 대중에게 손쉽게 접근할 수 있기 때문이다. 하지만 이와 동시에 판화는 대량 복제가 가능하기 때문에 작품의 희소성을 떨어뜨릴 가능성이 높다. 그리고 작품의 희소성은 작품의 가치에 영향을 미친다. 그래서 판화 작가들은 프린팅 수량, 즉 에디션의 수량을 처음부터 일정량으로 제한해 순서대로 일련 번호를 부여하고, 심지어 일정한 기간이 지난 후에 원판을 폐기해 에디션을 추가하는 것을 원천적으로 봉쇄하기도 했다.

그림 5-5 | 램브란트의 자화상. 하나의 동판에 수정 과정을 거치면 그 회수에 따라 여러 개의 스테이트가 생긴다. 이 작품이 램브란트의 판화 중 스테이트 수가 가장 많은 작품으로 11개 스테이트 중 10번째 작품이다. 우측 상단에 서명이 보이는데 1932년까지 이 서명을 사용했다(출처: flickr).

NFT도 원저작물이 존재하는 이상, 얼마든지 추가로 발생할 가능성이 존재한다. 판화가 대량으로 복제되면 작품의 희소성을 떨어뜨려 가치에 영향을 미치는 것처럼 NFT의 추가 발행이 NFT의 가치에 영향을 미칠 가능성도 배제할 수 없다. 그러므로 NFT의 추가 발행으로 인한 문제는 원저작자가 NFT를 발행해 판매된 이후에 이를 추가로 발행하는 경우가 가장 심각하다. 왜냐하면 2차 저작물 작성권을 갖고 있는 저작자에 의해 NFT가 발행된 것이기 때문에 추가 발행된 NFT 또한 정당하게 발행된 2차 저작물로 인정되기 때문이다. 만일 2차 저작물 작성권을 갖고 있지 않은 자에 의해 NFT가 발행된다면 2차 저작물 작성권을 갖고 있는 저작자에 의해 발행된 NFT와 달리 평가돼 저작자가 발행한 NFT의 가치에 큰 영향을 미치지 않을 수도 있다.

현재의 법 제도하에서는 NFT 추가 발행으로 인한 구매자의 권리를 보호하기 위한 가장 손쉬운 방법은 NFT 구입 시 계약을 통해 NFT의 추가 발행을 제한하는 것이다. 만약 NFT 발행인이 NFT의 판매 이후에 이를 추가로 발행해 손해가 발생한다면 계약 위반을 이유로 손해 배상을 청구할 수 있다. 그리고 이때의 손해 배상액은 NFT의 추가 발행이 기존의 NFT 교환 가치의 하락에 미친 영향을 고려해 산정하게 될 것이다.

4. 내가 거래한 NFT, 세금은 어떻게 될까?

정부는 곧 가상자산에 대한 양도소득세를 부과할 예정이다. 지금까지는 가상자산에 대한 소득세가 부과되지 않았다. 하지만 2023년 1월 1일 이후에는 가상자산을 양도하거나 대여함으로써 발생하는 소득에 소득세가 부과된다. 「소득세법」은 제21조 제1항 제27호에 「특정 금융거래정보의 보고 및 이용 등에 관한 법률」 제2조 제3호에 따른 가상자산을 대여함으로써 발생하는 소득을 기타소득에 포함해 가상자산은 소득세의 부과 대상이라는 것을 분명히 하고 있다.

그렇다면 NFT는 어떻게 될까? 과세 대상일까? 과세 대상이라면 어떤 세금이 부과될까? 여러 가지 세금 중 특히 사업자들에게는 부가가치세의 과세 여부, 개인에게는 소득세의 과세 여부가 큰 관심의 대상이 되고 있다. 왜냐하면 다른 세금에 비해 소득세와 부가가치세의 세율이 높을 뿐 아니라 빈번하게 부과되기 때문이다. 하지만 아직까지 이에 대한 과세 기준이 정립돼 있지 않다. 그래서 NFT에 대한 과세는 지금까지도 많은 논의가 있었지만, 앞으로도 많은 논의가 필요하다.

많은 전문가는 NFT가 표상하는 권리와 자산이 무엇인지에 따라 과세 여부와 적용되는 과세율이 달라질 것으로 보고 있다. 그렇다면 부가가치세는 무엇이며, 어떠한 경우에 NFT에 부가가치세가 부과될까? 부가가치세는 거래 단계별로 재화나 용역에 생성되는 부가가치(마진)에 부과되는 조세이다. 그리고 세금을 납부하는 주체와 세금을 실제로 부담하는 주체가 다른 간접세이다. 부가가치세를 납부하는 주체(납세 의무자)는 국내에서 영리 목적에 관계없이 독립적으로 사업을 하는 자이다. 개인(일반 과세자, 간이 과세자), 법인, 수입자, 국가·지방자치단체, 법인격 없는 사단·재단, 기타 단체가 이에 포함된다. 그리고 부가가치세를 실제로 부담하는 주체는 다름 아닌 소비자이다. 부가가치세는 소비할 때마다 과세되기 때문이다. 그렇기 때문에 연령이나 소득에 상관없이 전 국민이 부담할 수밖에 없고 그래서 어느 세금보다 파급력이 크다. 「부가가치세법」 제26조에 명시된 비과세 대상을 제외하고는 대부분의 물건, 권리, 서비스에 부과된다. 그러므로 NFT가 표상하는 권리와 자산이 이에 해당하는지 면밀히 살펴볼 필요가 있다. 예컨대 게임 아이템, 영화, 멤버십 등은 부가가치세 과세 대상이지만, 결제 수단, 증권, 미술·음악·사진 등에 속하는 창작품 등은 비과세·면세 대상이다.

개인은 부가가치세를 내지 않는다는 것 또한 유념해야 한다. 사업자가 부가가치세 대상인 NFT를 거래했을 때에만 부가가치세가 부과된다. 개인이 1회성으로 NFT를 거래했을 때는 부가가치세가 부과되지 않는다.

그렇다면 소득세는 무엇이며 어떻게 부과될까? 소득세는 개인이 얻은 소득에 대해 부과하는 조세이다. 소득세는 직접세이기 때문에 부가가치세와 달리, 세금을 납부하는 주체와 세금을 실제로 부담하는 주체가 동일하다. 소득세는 개인에게만 부과되는데, 국내에 주소를 두거나 183일 이상의 거소를 둔 거주자는 모든 소득에 대해 과세하며 비거주자는 국내 원천 소득에 대해서만 과세한다.

소득세는 1월 1일부터 12월 31일까지 1년분의 소득에 대해 과세되는데, 소득세법상 거주자의 소득은 종합 소득(이자 소득, 배당 소득, 부동산 임대 소득, 사업 소득, 근로 소득, 연금 소득과 기타 소득을 합산한 것), 퇴직 소득, 양도 소득으로 구별한다. 그리고 비거주자의 소득은 국내 원천 이자 소득, 배당 소득, 부동산 소득, 사업 소득, 인적 용역 소득, 근로 소득, 퇴직 소득, 부동산 양도 소득 등으로 구별한다. 현행법상 이와 같은 소득세가 NFT에 부과되려면 「소득세법」에 이를 새롭게 명시하거나 소득세법에 명시돼 있는 가상자산에 NFT를 포함시켜 해석해야 할 것이다.

사법부는 「소득세법」 제21조 제1항 제27호의 「특정 금융거래정보의 보고 및 이용 등에 관한 법률」 제2조 제3호에 따른 가상자산을 명시해 가상자산은 소득세의 부과 대상이라는 것을 분명히 하고 있지만, 이에 NFT가 포함되는지, 포함되지 않는지는 밝히지 않고 있다. 일각에서는 가상자산과 NFT는 분명히 구별되는 것으로 「소득세법」상 명시돼 있는 가상자산에 NFT가 포함되는 것으로 확대 해석하기에는 무리가 있다고 보는 견해도 있다. 하지만 오늘날 NFT의 과세 기준이 정립돼 있지 않으므로 NFT를 「소득세법」에 명시된 가상자산으로 보고 소득세가 부과될 가능성도 완전히 배제할 수는 없어 보인다.

물론 다수의 전문가는NFT가 표상하는 권리와 자산이 무엇인지에 따라 과세 여부가 달라질 것으로 예상하고 있지만, 그렇지 않은 경우도 생각해 봐야 할 것이다.

한 법률 전문가는 모 학술대회에서 "NFT 그 자체가 부가가치세 과세 대상이라고 보기는 어렵다. 다만, NFT가 표상하는 권리, 자산이 무엇인지에 따라 그 권리, 자산의 '일체'로 부가가치세의 과세 대상이 될 수 있다."라고 했다. 하지만 저작권과 관련해 미술 작품을 표상한 NFT는 미술 작품을 표상하고 있지만, 미술 작품과는 별개의 저작물로 보는 견해도 많은 비중을 차지한다.

이와 같은 주장에 따르면, 저작권과 관련해 원작과 NFT를 별개의 저작물로 인정하고 과세와 관련해 NFT가 표상하는 것과 NFT를 '일체'의 것으로 봐야 한다. 그런데 이처럼 원작과 NFT의 관계를 영역마다 각기 다르게 보는 것에 대한 합리적인 이유가 존재하지 않는 것으로 보인다. 특히 뱅크시의 〈바보들(Morons)〉이라는 판화를 NFT로 전환하고, 원본을 불태워버렸던 것처럼 NFT가 표상하는 자산이 존재하지 않을 경우에도 NFT를 NFT가 표상하는 자산과 일체의 것으로 볼 수 있는지도 고민해 봐야 한다.

부록

한눈에 보는 NFT 주요 프로젝트

최초의 NFT 디지털 아트부터 P2E 게임, 스포츠, 커뮤니티, 엔터테인먼트, 투자, 플랫폼에 이르는 NFT 역사의 한 페이지를 장식한 주요 프로젝트들을 모아 소개한다.

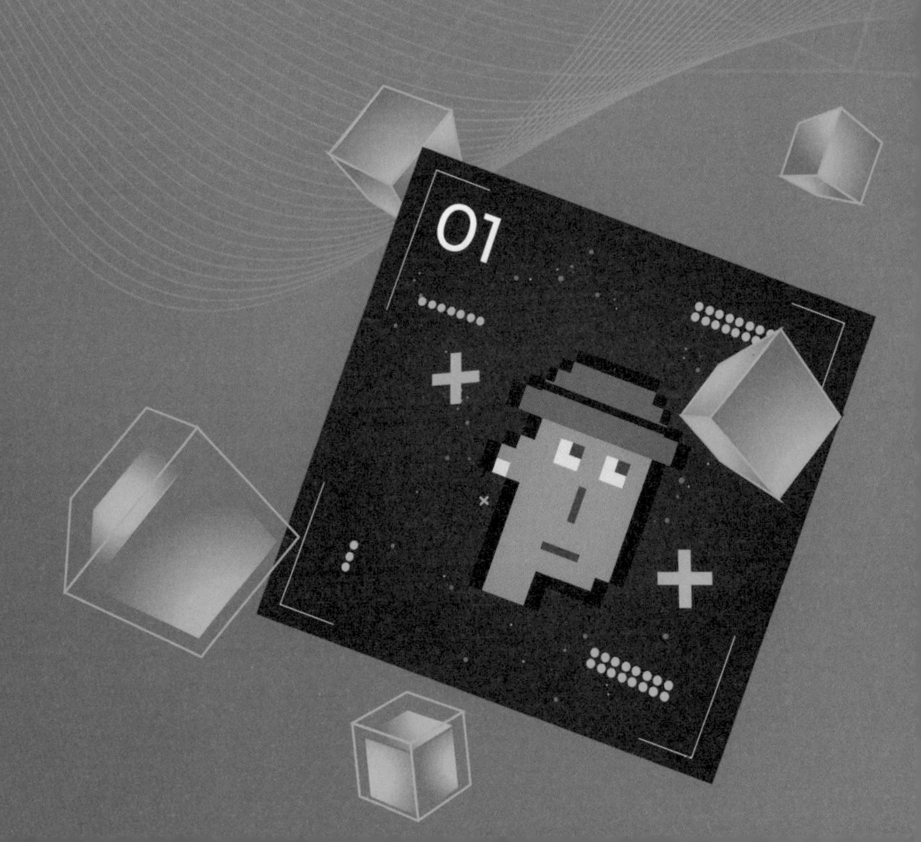

No.	분류	프로젝트명
1	게임	10KTF
2	게임	니프티모지(niftymoji)
3	게임	루이비통 〈Louis: The Game〉
4	게임	〈미르4 글로벌(Mir4 Global)〉
5	게임	〈스테픈(STEPN)〉
6	게임	〈액시인피니티(Axie Infinity)〉
7	게임	울프 게임
8	게임	〈크립토키티(Cryptokitties)〉
9	게임	포가튼 룬 위자드 컬트(Forgotten Runes Wizards Cult)
10	스포츠	NBA톱샷
11	스포츠	스포티움(Sportium)
12	스포츠	아토믹허브(ATOMICHUB)
13	스포츠	이세돌과 알파고
14	스포츠	일레븐 사커(eleven.soccer)
15	스포츠	크볼렉트(KBOLLECT)
16	스포츠	피트 알론소(Pete Alonso)
17	아트	데미안 허스트 〈화폐〉
18	아트	데이비드 호크니 〈예술가의 자화상〉
19	아트	데스몬드 폴 헨리 〈패턴〉 시리즈
20	아트	디레버 존스(Trevor Jones)
21	아트	디지털 아티스트 팍 〈더 스위치〉
22	아트	레픽 아나돌 〈머신 할루시네이션〉 시리즈
23	아트	렌 새서맨(Len Sassaman) 아스키 초상화
24	아트	매드독 존스(Mad Dog Jones)
25	아트	불타버린 뱅크시 〈바보들〉
26	아트	불타버린 프리다 칼로 〈불길한 유령들〉
27	아트	비플 〈POLITICS IS BULLSHIT〉
28	아트	비플 〈매일: 첫 번째 5,000일〉
29	아트	비플 〈휴먼 원〉
30	아트	빅터 랭글로이스의 〈퓨오셔스〉 시리즈
31	아트	오님(OHNIM)

공식 홈페이지	특징
https://10ktf.com/	비플의 위뉴가 만든 NFT 게임
https://niftymoji.com/	NFT 이모지 서비스. 한때 서비스가 중단되기도 했음
https://play.google.com/store/apps/details?id=com.louisvuitton.LV200&hl=en&gl=US	루이비통이 만든 NFT 게임
ttps://mir4global.com/forbidden	위메이드에서 만든 P2E 게임
https://stepn.com/	시스템 첫 공개
https://axieinfinity.com/	새계 최대 P2E 게임
https://wolf.game/	NFT 게임 서비스
ttps://www.cryptokitties.co/	세계 최초의 수집형 NFT 게임
https://www.forgottenrunes.com/	NFT 기반 게임, 만화 서비스
https://nbatopshot.com/	대퍼랩스가 만든 NFT 기반 NBA 카드 수집 플랫폼
https://www.sportium.fan/	블루베리 NFT가 만든 스포츠 NFT 마켓플레이스
https://wax.atomichub.io/	미국 메이저리그(MLB) NFT 프로젝트
https://opensea.io/assets/ethereum/0x495f947276749ce646f68ac8c248420045cb7b5e/103545492035353205877823839439808623137264462394650937197153789471763290128385e/103545492035353205877823839439808623137264462394650937197153789471763290128385	이세돌과 알파고의 제4국 바둑 기보
https://eleven.soccer/	한국 프로축구연맹(K 리그) NFT 프로젝트
https://m.sports.naver.com/kbollect	한국야구위원회(KBO)가 진행하는 KBO 공식 야구 NFT
https://www.gregorysiff.com/petealonso100	욕 메츠 피트 알론소의 NFT 프로젝트
https://leviathan.heni.com/	실물 작품과 NFT 작품을 판매해 소각하는 사회 과학 실험을 함
https://www.christies.com/features/David-Hockney-Portrait-of-an-Artist-Pool-with-Two-Figures-9372-3.aspx	현대 예술 거장 데이비드 호크니의 대표작
https://www.desmondhenry.com/	세계 최초의 디지털 아트
https://www.trevorjonesart.com/	NFT 디지털 아티스트
https://www.niftygateway.com/itemdetail/primary/0xc7cc3e8c6b69dc272ccf64cbff4b7503cbf7c1c5/2	소더비와 함께 진행한 디지털 아티스트 팍의 경매 작품
https://www.sothebys.com/en/digital-catalogues/machine-hallucinations-space-metaverse	레픽 아나돌과 나사(NASA)가 협업한 작품
https://en.wikipedia.org/wiki/Len_Sassaman	아스키(ASCII) 코드로 만든 디지털 아트
https://www.maddogjones.com/	NFT 디지털 아티스트
https://youtu.be/C4wm-p_VFh0	뱅크시의 작품 〈바보들〉을 불태운 후 NFT로 발행
https://www.fridanft.org/	멕시코의 화가 프리다 칼로의 작품을 불태운 후 NFT 발행
https://www.beeple-crap.com/	비플의 첫 NFT 디지털 아트
https://onlineonly.christies.com/s/beeple-first-5,000-days/beeple-b-1981-1/112924	6,934만 달러에 팔린 디지털 아티스트 비플의 NFT 작품
https://www.christies.com/features/Beeple-gets-real-with-human-one-11940-7.aspx	비플의 메타버스 NFT 디지털 아트
https://onlineonly.christies.com/s/hello-im-victor-fewocious-my-life/lots/2048	NFT 아티스트 퓨오셔스의 작품 시리즈
https://konkrit.io/originals/ohnim	아티스트 송민호의 NFT 시리즈

No.	분류	프로젝트명
32	아트	유근상 작가 시리즈
33	아트	장콸 〈Mirage cat 3〉
34	아트	케빈 맥코이 〈퀀텀〉
35	아트	콜디(Coldie)
36	아트	크퀄터러 〈To Mend Thy Broken Heart〉
37	아트	클론 X(Clone X)
38	아트	팍 〈검열(Censored)〉 중 〈클락(clock)〉
39	아트	팍 〈더 타이틀(The Title)〉 시리즈
40	아트	팍 〈머지(Merge)〉
41	아트	팍 〈클라우드 모뉴먼트(Cloud Monument)〉
42	아트	해카타오(Hackatao)
43	엔터테인먼트	아이 걸즈(ae girls)
44	엔터테인먼트	잭 도시 트위터 창업자 최초 트윗
45	커뮤니티	y00ts
46	커뮤니티	누라헬스 '수천 명의 생명을 구하세요' 캠페인
47	커뮤니티	디갓즈(DeGods)
48	커뮤니티	래비타즈(Rabbitars)
49	커뮤니티	릴리(LiLy)
50	커뮤니티	메타범즈(METABUMZ)
51	커뮤니티	모노리스(MNLTH)
52	커뮤니티	무너(MOONO)
53	커뮤니티	미비츠(Meebits)
54	커뮤니티	버버리x블롱코스 블록파티(Burberry x Blankos Block Party
55	커뮤니티	벨리곰(BELLYGOM)
56	커뮤니티	보어드 에이프 요트 클럽(BAYC)
57	커뮤니티	선미야 클럽(sunmiya club)
58	커뮤니티	soPSYety(소사이어티)
59	커뮤니티	슈퍼 구찌(SuperGucci)
60	커뮤니티	스타벅스 오디세이
61	커뮤니티	쑤기 월드(SSUGI WORLD)
62	커뮤니티	아더사이드(Otherside)
63	커뮤니티	아라비안 카멜(Arabian Camels)
64	커뮤니티	에이프 다오(APE DAO)
65	커뮤니티	오케이 베어(Okay Bears)

공식 홈페이지	특징
https://ksyoo.gallery/	실물 작품과 NFT 작품을 선택할 수 있는 '르네상스' 프로젝트
https://www.upbit.com/nft/marketplace/edition/c38e0300-9370-4d4b-8433-23d6a8643499	국내 NFT 아티스트 장콸의 작품
https://mccoyspace.com/	세계 최초의 NFT 디지털 아트
https://coldie3d.com/	NFT 디지털 아티스트
https://knownorigin.io/gallery/3743000-to-mend-thy-broken-heart?query_id=d2e54fc770644f93dae0da9b80a2ccdf&index=mainnet-marketplace-index_filters_createdTimestamp_desc&position=1	필리핀의 NFT 아티스트 크퀄터러의 2018년도 작품
https://clonex.rtfkt.com/	일본 현대 예술가 무라카미 타카시 NFT 시리즈
https://censored.art/clock	줄리안 어산지 지원을 위한 팍의 NFT 시리즈
https://www.niftygateway.com/collections/thetitle	팍의 NFT 대표 시리즈
https://www.niftygateway.com/collections/pakmerge	NFT 디지털 아티스트 팍(Pak)의 대표 작품
https://superrare.com/artwork-v2/cloud-monument-dark-7656	팍이 첫 NFT 작품
ttps://hackatao.com/	NFT 디지털 아티스트
https://metaverse.sothebys.com/aegirls	소더비와 에스파(asepa)가 진행한 메타버스 NFT 프로젝트
https://v.cent.co/tweet/20	벨류에이블즈에서 1630.6ETH에 팔림
https://www.y00ts.com/	솔라나 기반 NFT 프로젝트
https://opensea.io/assets/ethereum/0x495f947276749ce646f68ac8c248420045cb7b5e/96773753706640817147890456629920587151705670001482122310561805592519359070209	누라헬스가 진행한 NFT 캠페인
https://www.degods.com/	솔라나 기반 PFP NFT 프로젝트
https://opensea.io/collection/playboyrabbitars	플레이보이와 위뉴가 함께 만든 NFT 시리즈
https://magiceden.io/marketplace/lily	솔라나 기반 PFP NFT 프로젝트
https://opensea.io/collection/metabumz-official	래퍼 수퍼비의 PFP NFT 시리즈
https://mnlth.rtfkt.com/	나이키가 선 보인 NFT 시리즈
https://www.moononft.com/	LG유플러스가 만든 NFT 커뮤니티
https://meebits.app/	라바랩스가 만든 PFP 프로젝트
https://www.burberryplc.com/en/news/brand/2022/burberry-x-blankos-block-party--new-nft-collection-and-social-sp.html	버버리와 블롱코스가 함께 만든 NFT 시리즈
https://bellygom.com/	롯데홈쇼핑 멤버십 연동 NFT 서비스
https://boredapeyachtclub.com/#/	세계 최대 NFT 프로젝트
https://sunmiya.club/	아티스트 선미가 참여한 NFT 팬 커뮤니티
https://sopsyety.io/	가수 싸이의 NFT 팬 커뮤니티
https://superplastic.co/pages/gucci-supergucci	슈퍼플라스틱과 구찌가 함께 만든 NFT 커뮤니티
https://stories.starbucks.com/stories/2022/the-starbucks-odyssey-begins/	스타벅스가 만든 NFT 기반 웹 3.0 리워드 프로그램
ttps://chartpan.com/minting	치어리더 서현숙 PFP NFT 시리즈
https://otherside.xyz/	유가랩스가 만든 메타버스 NFT 프로젝트
https://arabiancamels.io/	NFT 영화 〈안타라(Antara)〉를 제작 중
https://theapedao.io/	BAYC 보유자만 참여할 수 있는 NFT 커뮤니티
https://magiceden.io/marketplace/okay_bears	솔라나 기반 PFP NFT 프로젝트

No.	분류	프로젝트명
66	커뮤니티	월드 오브 위민(World of Women) 시리즈
67	커뮤니티	주크박스(JOOCBOX)
68	커뮤니티	쿠터캣강
69	커뮤니티	크립토 세븐 소사이어티(Crypto SE7EN Society)
70	커뮤니티	크립토아즈
71	커뮤니티	크립토펑크(CryptoPunks)
72	커뮤니티	트리스AI(TreesAI)
73	커뮤니티	퍼지 펭귄
74	커뮤니티	포워드31(Forward31)
75	커뮤니티	푸빌라(PUUVILLA)
76	커뮤니티	플라이피시 클럽(Flyfish club)
77	투자	NFT뱅크
78	투자	가이아 프로토콜(Gaia protocol)
79	투자	메타퍼스(Metapurse)
80	투자	수퍼노바 다오(Supernova DAO)
81	투자	와이콤비네이터(Y Combinator)
82	투자	크로노스 다오(Kronos DAO)
83	패션	인투 더 메타버스
84	플랫폼	CCCV
85	플랫폼	Co2네트워크(Co2network)
86	플랫폼	NFT 매니아
87	플랫폼	NFT포굿(NFT4Good)
88	플랫폼	SBT(Soul Bound Token)
89	플랫폼	내모(NAEMO)
90	플랫폼	논펀지블닷컴(NonFungible.com)
91	플랫폼	니프티게이트웨이(nifty gateway)
92	플랫폼	댑레이더(DappRadar)
93	플랫폼	더 샌드박스(The Sandbox)
94	플랫폼	도시(DOSI)
95	플랫폼	듄 애널리틱스(Dune Analytics)
96	플랫폼	디센트럴랜드(Decentraland)
97	플랫폼	라리블(rarible)
98	플랫폼	룩스레어(looksrare)
99	플랫폼	마브렉스(MARBLEX)
100	플랫폼	매직에덴(Magic Eden)
101	플랫폼	메타라이징(Metarising)
102	플랫폼	메타마스크
103	플랫폼	메타파이(metapie)

공식 홈페이지	특징
https://www.worldofwomen.art/wow-galaxy	여성을 위한 NFT 커뮤니티
https://www.joocbox.space/	NFT 전통술 커뮤니티
https://guttercatgang.com/	NFT PFP 커뮤니티
https://cryptose7en.io/	아티스트 세븐의 NFT 팬 커뮤니티
https://www.cryptoadz.io/	NFT PFP 커뮤니티
https://www.larvalabs.com/cryptopunks	라바랩스가 만든 PFP 프로젝트
https://treesasinfrastructure.com/#/	NFT 기반 영국 글래스고 시 도시숲 만들기 프로젝트
https://www.pudgypenguins.com/	NFT PFP 커뮤니티
https://forward31.com/	포르셰가 만든 팬 커뮤니티
https://puuvillasociety.com/	신세계 백화점 멤버십 연동 NFT 서비스
https://www.flyfishclub.com/	미국의 식당 멤버십 NFT 프로젝트
https://nftbank.ai/	NFT 가치 분석 서비스
https://gaiagenesis.org/	투자형 PFP NFT 프로젝트
https://www.metapurse.art/	NFT 디지털 아트 전문 펀드(VC)
https://supernova.fund/	예치 투자형 NFT 프로젝트
https://www.ycombinator.com/	글로벌 벤처 캐피털(VC)
https://kronosdao.finance/	예치 투자형 NFT 프로젝트
https://www.adidas.com/metaverse	아이다스가 만든 NFT 컬렉션
https://cccv.to/	국내 블록체인 개발사 블로코가 만든 NFT 마켓플레이스
https://co2network.green/	NFT 탄소배출권 거래 서비스
https://nftmania.io/	국내 NFT 마켓플레이스
https://nft4good.com/	아시아인 혐오 반대 켐페인을 위한 NFT 프로젝트
https://academy.binance.com/en/articles/what-are-soulbound-tokens-sbt	비탈릭 부테린이 소개한 새로운 형태의 NFT
https://naemo.io/launchpads/main	빗썸이 만든 NFT 마켓플레이스
https://nonfungible.com/	NFT 시장 통계 분석 서비스
https://www.niftygateway.com/	가스비가 무료인 프리미엄 NFT 마켓플레이스
https://dappradar.com/hub/nft-explorer	NFT 시장 통계 분석 서비스
https://www.sandbox.game/kr/	NFT 메타버스 플랫폼
https://www.dosi.world/ko_KR	네이버 라인(LINE)이 만든 NFT 마켓플레이스
https://dune.com/browse/dashboards	NFT 시장 통계 분석 서비스
https://decentraland.org/	NFT 메타버스 플랫폼
https://rarible.com/	2020년에 문을 연 NFT 마켓플레이스
https://looksrare.org/ko	NFT 거래 시 LOOKS 코인을 지급하는 NFT 마켓플레이스
https://www.marblex.io/en	넷마블이 만든 P2E 게임 플랫폼
https://magiceden.io/	솔라나 기반 NFT 마켓플레이스
https://nft.metarising.io/	NFT 탄소배출권 거래 서비스
https://metamask.io/	가상자산 지갑 서비스
https://metapie.io/	국내 블록체인 개발사 코인플러그가 만든 NFT 마켓플레이스

No.	분류	프로젝트명
104	플랫폼	모스(Moss)
105	플랫폼	미르니(mirny)
106	플랫폼	바이낸스 NFT(Binance NFT)
107	플랫폼	볼트 아트 스페이스(Vault Art Space)
108	플랫폼	사이펄리(cyphrly)
109	플랫폼	세이브 티그레이(Save Tigray)
110	플랫폼	소더비 메타버스
111	플랫폼	솔라나트(Solanart)
112	플랫폼	솔시(SolSea)
113	플랫폼	수퍼레어(SuperRare)
114	플랫폼	아리아니(Arianee)
115	플랫폼	아우라(Aura)
116	플랫폼	아킬렉트(Archillect)
117	플랫폼	아티팩트(RTFKT)
118	플랫폼	앨릭스 레모네이드 스탠스 재단
119	플랫폼	업비트 NFT(UPbit NFT)
120	플랫폼	엑스플라(XPLA)
121	플랫폼	오토그래프(Autograph)
122	플랫폼	오픈시(OpenSea)
123	플랫폼	온사이버(onCyber)
124	플랫폼	옴니원 NFT(OMNIONE NFT)
125	플랫폼	위뉴(WENEW)
126	플랫폼	위믹스(WEMIX)
127	플랫폼	이더리움 네임 서비스(ENS)
128	플랫폼	이터넬 에디션즈(Ethernal Editions)
129	플랫폼	체리(CHERRY)
130	플랫폼	코빗 NFT
131	플랫폼	콘크리트(Konkrit)
132	플랫폼	크리스티 3.0
133	플랫폼	클리마다오(KlimaDAO)
134	플랫폼	클립 드롭스(klip drops)
135	플랫폼	탑포트(TopPort)
136	플랫폼	파운데이션(Foundation)
137	플랫폼	플로우(FLOW)
138	플랫폼	플로우카본(Flowcarbon)

공식 홈페이지	특징
https://nft.moss.earth/	아마존 열대우림 보호를 위한 NFT 판매 서비스
https://www.mirny.io/	클레이튼 기반이지만, 오픈시 등 연동 가능한 NFT 마켓플레이스
https://www.binance.com/en/nft/home	세계 최대 가상자산 거래소 바이낸스의 NFT 마켓플레이스
https://vaultartspace.gucci.com/	구찌가 만든 NFT 마켓플레이스
https://cyphrly.io/	람다256이 만든 NFT 마켓플레이스
https://www.save-tigray.net/	에티오피아 디그레이 지역 공정무역 공예품 NFT 판매 프로젝트
https://metaverse.sothebys.com/salgado	소더비가 만든 첫 NFT 마켓플레이스
https://solanart.io/	검증된 작품만 거래되는 솔라나 기반 NFT 마켓플레이스
https://solsea.io/	솔라나 기반 NFT 마켓플레이스
https://superrare.com/	아티스트를 위한 폐쇄형 NFT 마켓플레이스
https://www.arianee.org/	NFT 기반 정품 인증 서비스
https://auraluxuryblockchain.com/	LVMH, 까르띠에, 프라다 등이 참여한 블록체인 컨소시엄
https://archillect.com/	팍이 만든 이미지 큐레이션 서비스
https://rtfkt.com/	메타버스, 증강현실을 결합한 NFT 플랫폼
ttps://www.alexslemonade.org/	암 투병 아이들의 그림 NFT 경매로 치료비 지원
https://upbit.com/nft/	업비트가 만든 NFT 마켓플레이스
https://xpla.io/	컴투스가 만든 P2E 게임 플랫폼
https://autograph.io/	톰 브래디가 만든 NFT 마켓플레이스 겸 커뮤니티
https://opensea.io/	세계 최대 NFT 마켓플레이스
https://oncyber.io/	메타버스 NFT 전시 서비스
https://nft.omnione.net/nft/home/	라온화이트햇이 만든 NFT 마켓플레이스
https://wenewmoments.com/	비플이 만든 NFT 마켓플레이스
https://wemixnetwork.com/	위메이드가 만든 P2E 게임 플랫폼
https://ens.domains/ko/	이더리움 기반 인터넷 주소 서비스
https://market.eternaleditions.io/	워터밤 리그 NFT 마켓플레이스
https://givecherry.org/	NFT 기부 프로젝트
https://nft.korbit.co.kr/	국내 가상자산 거래소 코빗의 NFT 마켓플레이스
https://konkrit.io/	멋쟁이사자처럼이 만든 NFT 마켓플레이스
https://nft.christies.com/	크리스티가 만든 NFT 마켓플레이스
https://www.klimadao.finance/	NFT 탄소배출권 거래 서비스
https://klipdrops.com/	클레이튼 기반의 모바일 전용 NFT 마켓플레이스
https://www.topport.io/	SK텔레콤이 만든 NFT 마켓플레이스
https://foundation.app/	등록한 아티스트만 이용 가능한 NFT 마켓플레이스
https://flow.com/	대퍼랩스가 NFT를 위해 만든 블록체인 플랫폼
https://www.flowcarbon.com/	NFT 탄소배출권 거래 서비스

웹3와 소유 경제의 핵심
NFT 올 가이드

2023. 2. 15. 초 판 1쇄 인쇄
2023. 2. 22. 초 판 1쇄 발행

지은이 | 박근모
펴낸이 | 이종춘
펴낸곳 | BM (주)도서출판 성안당
주소 | 04032 서울시 마포구 양화로 127 첨단빌딩 3층(출판기획 R&D 센터)
10881 경기도 파주시 문발로 112 파주 출판 문화도시(제작 및 물류)
전화 | 02) 3142-0036
031) 950-6300
팩스 | 031) 955-0510
등록 | 1973. 2. 1. 제406-2005-000046호
출판사 홈페이지 | **www.cyber.co.kr**
ISBN | 978-89-315-5927-9 (03320)
정가 | 19,000원

이 책을 만든 사람들
책임 | 최옥현
기획 · 편집 | 조혜란
교정 · 교열 | 안종군
본문 디자인 | 강희연, 박원석
표지 디자인 | 강희연
홍보 | 김계향, 유미나, 이준영, 정단비
국제부 | 이선민, 조혜란
마케팅 | 구본철, 차정욱, 오영일, 나진호, 강호묵
마케팅 지원 | 장상범
제작 | 김유석